60分钟拿下自主招生物理

赵维玲 著

新编中学物理解题方法全书

（自主招生考试复习指定用书）

哈尔滨工业大学出版社

内容提要

本书包括力学、热学、电磁学、光学与近代物理几个部分,对历年自主招生试题精心研究,将考试内容进行专题归类、分析、梳理和总结,为考生提出复习和应试策略,帮助考生熟悉考试思路,把握命题趋势,特别是在"深化概念、拓展方法、增加内容、提高难度"这四个方面训练考生,提高考生应考能力。

本书是自主招生、奥赛同学很好的辅导参考书。

图书在版编目(CIP)数据

60分钟拿下自主招生物理/赵维玲著. —哈尔滨:哈尔滨工业大学出版社,2013.10
ISBN 978-7-5603-4231-3

Ⅰ.①6… Ⅱ.①赵… Ⅲ.①中学物理课-高中-升学参考资料 Ⅳ.①G634.73

中国版本图书馆 CIP 数据核字(2013)第 205559 号

策划编辑	王桂芝
责任编辑	李长波
封面设计	刘长友
出版发行	哈尔滨工业大学出版社
社　　址	哈尔滨市南岗区复华四道街10号　邮编150006
传　　真	0451-86414749
网　　址	http://hitpress.hit.edu.cn
印　　刷	哈尔滨工业大学印刷厂
开　　本	880mm×1230mm　1/16　印张 13.75　字数 383 千字
版　　次	2013年10月第1版　2013年10月第1次印刷
书　　号	ISBN 978-7-5603-4231-3
定　　价	48.00元

(如因印装质量问题影响阅读,我社负责调换)

前言

由于自主招生试卷由大学老师命题,针对的又是全国各地的优秀高中生,所以出题难度和范围并不严格受高考考纲限制。考生要特别对某些知识点有针对性地进行补充,这样才能有的放矢,利用有限的时间做有效的准备。

通过分析近几年来各自主招生联盟的物理试题,我们可以大致体会各个高校自主招生联盟物理考试命题的精髓,了解他们的命题风格、考查内容和考查方式,以及他们注重考查考生哪些方面的能力。三大联盟考试题目的设计在考查考生对所学物理知识灵活运用的能力及综合能力、综合素养等方面有共同的追求,而"华约"和"卓越联盟"还注重考查考生的实验动手能力和基本的实验素养等。

各联盟物理试题一个较大的特点是:命题不受各地物理高考大纲的限制,主要体现在以下两个方面:

(1)有相当一部分试题所涉及的知识点超出高考大纲规定的考查范围。

(2)试题大多具有物理竞赛试题的风格,试题难度明显高于高考相关试题,大部分试题约为全国竞赛初赛水平,部分试题达到复赛试题的难度水平。

因此,没有经过特别培训的考生,面对如此试题可能会一筹莫展,考试成绩不会理想。这就是当前形势下开设自主招生考试培训的必要性所在。

作者结合近年来自主招生物理考试的命题风格、试题范围、最新自主招生考试大纲等特点,撰写了此书,以期为准备参加自主招生考试的学子们提供一个快速、准确、有效的复习捷径,在短时间内尽可能掌握更多的物理知识和解题方法,提高应试能力。

在编写过程中,白雅君、张楠、夏欣、陈素云、李东、王玉、齐丽娜、赵慧、刘艳君、孙丽娜、王丽娟、张黎黎、张舫、何影对本书的编写也提供了大力支持,在此向他们深表谢意!

由于作者水平有限,书中难免存在疏漏与不妥之处,敬请有关专家、学者和广大读者批评指正。

作 者

2013 年 8 月

目 录

专题一 力学 1
    大纲要求 1
    习题 2

专题二 热学 56
    大纲要求 56
    习题 56

专题三 电磁学 78
    大纲要求 78
    习题 78

专题四 光学与近代物理 161
    大纲要求 161
    习题 161

附 录 184
    第一章 "金牌教练"的由来 185
    第二章 再创佳绩,勇往直前 193
    第三章 奥赛感言 198
    第四章 新时代的知性女人 209
    第五章 期待下一个神话 211

专题一 力 学

大 纲 要 求

一、运动学

1. 需深化的概念

描述一般曲线运动的基本物理量,如位置矢量、位移、速度、加速度、运动方程;相对运动、牵连运动与绝对运动间的关系,伽利略变换.

2. 需拓展的方法

应用运动的分解与合成思想处理一般曲线运动的方法;应用无限分割与叠加的思想处理随时间、空间变化问题的方法.

3. 需增加的内容

自然坐标系中的切向加速度和法向加速度;抛体运动;一般圆周运动的角量描述.

二、力与牛顿运动定律

1. 需深化的概念

主动力和被动力;约束与约束方程;非惯性系和惯性力;稳定平衡与非稳定平衡.

2. 需拓展的方法

应用牛顿定律解题的一般方法(画隔离体图分析受力,坐标系的建立与时间起点的确定,写出相应的动力学方程与约束方程,求解及结果的分析讨论等);在非惯性系中应用牛顿定律解题的方法.

3. 需增加的内容

常见力的规律与性质(重力、万有引力、摩擦力、弹性力);无固定转轴物体的平衡.

三、守恒定律

1. 需深化的概念

质点系(内力、外力、质心);势能(保守力做功与势能变化的关系,势能零点).

2. 需拓展的方法

变力做功的计算方法;分析和判断守恒定律成立与否的基本思想与方法.

3. 需增加的内容

常见力的功及相应的势能表达式;质点系的动能定理、功能原理与机械能守恒;动量和冲量;动量定理和动量守恒定律(质点、质点系);质心运动定理;反冲与碰撞问题;开普勒定律(角动量守恒).

四、机械振动与机械波

1. 需深化的概念

简谐振动的判据;简谐振动的相位;波的传播.

2. 需拓展的方法

旋转矢量法.

3. 需增加的内容

简谐振动表达式;一维平面简谐波表达式;波的叠加与干涉;多普勒效应.

习　题

1. 如图甲所示,在倾角为 θ 的光滑斜面顶端有一质点 A 自静止开始自由下滑,与此同时在斜面底部有一质点 B 自静止开始以匀加速度 a 背离斜面在光滑的水平面上运动. 设 A 下滑到斜面底部能沿着光滑的小弯曲部分平稳地朝 B 追去,为使 A 不能追上 B, a 的取值范围为多少?

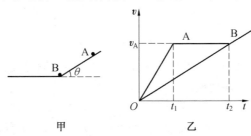

【解析】 解法一：

A 滑到水平面所需时间

$$t_1 = \frac{v_A}{g\sin\theta}$$

A 恰能追上 B 所需满足的条件：

(1) 又经 t_2 后 A 与 B 在水平面上运动距离相等,即

$$v_A t_2 = a(t_1 + t_2)^2 / 2$$

(2) A 追上 B 时, B 的速度恰为 v_A,即

$$v_A = a(t_1 + t_2)$$

由上面三式解得

$$t_1 = t_2, \quad v_A = a(t_1 + t_2) = 2at_1, \quad a = g\sin\frac{\theta}{2}$$

故为使 A 不能追上 B,必须满足

$$a > g\sin\frac{\theta}{2}$$

解法二：

利用 $v - t$ 图线,如图乙所示

$$v_A = g\sin\theta \cdot t_1$$

A: $t_1 \text{—} t_2$, B: $0 \text{—} t_2$, 面积相等

$$v_A(t_1 + t_2)/2 = v_A t_2$$
$$t_1 = t_2$$
$$v_A = a(t_1 + t_2) = g\sin\theta \cdot t_1$$

得

$$a = g\sin\frac{\theta}{2}$$

2. 如图甲所示,一条形磁铁置于水平转台上随转台一起做匀变速转动,一磁传感器位于转台边缘. 从而可以获得传感器所在位置的磁感应强度随时间的变化曲线,如图乙所示. 图乙中横坐标为时间轴,读数为 3 秒／每格,纵坐标为磁感应强度. 求:

(1) 转台在测量期间的平均角速度.
(2) 转台的角加速度.

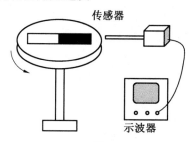
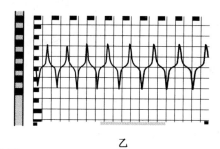
甲　　　　　　　　　　　　　　乙

【解析】 作 $\omega - t$ 图,直线的斜率即为角加速度

$$\overline{\omega} = \frac{\Delta\theta}{\Delta t} = \frac{6 \times 2\pi}{15 \times 3} \text{ rad/s} = \frac{4\pi}{15} \text{ rad/s}$$

3. 如图,在水平面 OB 上有一 A 点,$OA = L$,在 A 点以速度 v_0 抛出一小球,在不被倾角为 α 的 OC 面板弹回的前提下,问小球的最大射程是多少?

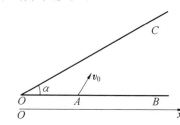

【解析】　　　　　　　　　$x = v_0 \cos\theta \cdot t, \quad y = v_0 \sin\theta \cdot t - \frac{1}{2}gt^2$

轨道方程　　　　　　　　　$y = x\tan\theta - \frac{gx^2}{2v_0^2 \cos^2\theta}$

OC 线方程　　　　　　　　$y = (x + L)\tan\alpha$

$$x\tan\theta - \frac{g}{2v_0^2 \cos^2\theta}x^2 = (x + L)\tan\alpha$$

取 $\theta = 45°$,则

$$\frac{g}{v_0^2}x^2 + (\tan\alpha - 1)x + L\tan\alpha = 0$$

为使小球不被 OC 面板弹回,方程应无解

$$\Delta = (\tan\alpha - 1)^2 - \frac{4gL}{v_0^2}\tan\alpha < 0$$

$$v_0^2 < \frac{4gL\tan\alpha}{(\tan\alpha - 1)^2}$$

此时最大射程　　　　　　　　$x = \frac{v_0^2}{g}$

若 $v_0^2 \geqslant \frac{4gL\tan\alpha}{(\tan\alpha - 1)^2}$,$\theta < 45°$,但 $\theta > \alpha$

故　　　　　　　　　　　　$\Delta = (\tan\alpha - \tan\theta)^2 - 4\frac{g}{2v_0^2 \cos^2\theta}L \cdot \tan\alpha$

为使小球不被 OC 面板弹回,方程应无解或只有一解,整理得

$$\Delta = \sin^2(\alpha - \theta) - \frac{gL}{v_0^2}\sin 2\alpha \leqslant 0$$

由于 $\theta > \alpha$，故

$$\sin^2(\theta - \alpha) \leq \frac{gL}{v_0^2}\sin 2\alpha$$

得

$$\theta \leq \alpha + \arcsin\frac{\sqrt{gL\sin 2\alpha}}{v_0}$$

所以，小球的最大射程为

$$x_{\max} = \frac{v_0^2}{g}\sin 2(\alpha + \arcsin\frac{\sqrt{gL\sin 2\alpha}}{v_0})$$

4. 将一小球从某点以初速度 v_0 竖直向上抛出，当小球落回该抛出点时速率为 v_t，已知小球在运动过程中受到的空气阻力大小与小球的速度大小成正比，求小球从抛出到落回原处所用的时间.

【解析】 空气阻力正比于运动速度，物体上升与下落整个过程的速度时间曲线一定是分布于时间轴的上下两面，且由于上升与下落过程经过的距离相等，即时间轴上下两侧曲线所围的面积相等，而速度时间曲线等价于阻力时间曲线，所以在整个运动过程中空气阻力的冲量等于零. 由动量定理得

$$mgt = mv_t - (-mv_0)$$

故

$$t = \frac{v_0 + v_t}{g}$$

上升阶段：

$$-mg - kv = ma$$

$$\frac{\Delta v}{\Delta t} = -g - \frac{k}{m}\cdot\frac{\Delta x}{\Delta t}$$

故

$$-v_0 = -gt_1 - \frac{k}{m}h$$

下降阶段：

$$mg - kv = ma'$$

$$\frac{\Delta v'}{\Delta t} = g - \frac{k}{m}\cdot\frac{\Delta x}{\Delta t}$$

故

$$v_t = gt_2 - \frac{k}{m}h$$

$$v_t + v_0 = g(t_1 + t_2) = gt$$

解得

$$t = \frac{v_0 + v_t}{g}$$

5. 匀速提绳上升，绳（m、l）均匀，求提起 x 时手对绳端的力.

【解析】 以整段绳为研究对象，对其列动量定理

$$(F + N - mg)\Delta t = p(t + \Delta t) - p(t)$$

$$p(t) = \frac{m}{l}x \cdot v$$

$$p(t + \Delta t) = \frac{m}{l}(x + \Delta x)\cdot v$$

故

$$(F + N - mg)\Delta t = \frac{m}{l}(x + \Delta x)\cdot v$$

由于

$$\frac{\Delta x}{\Delta t} = v, \quad N = \frac{m}{l}(l - x)g$$

故

$$F = mg - \frac{m}{l}(l - x)g + \frac{m}{l}v^2 = \frac{m}{l}x\cdot g + \frac{m}{l}v^2$$

6. 质量为 M 的静止粒子 A 与质量为 m、具有速度 v_0 的粒子 B 碰撞，实验发现，当 B 的动能小于

某个数值时,A、B 为弹性碰撞,只有当 B 的动能大于此值时,A、B 发生非弹性碰撞,此时 B 将吸收数值为 ΔE 的固定能量.计算 B 所应具有的这一动能值.

【解析】 系统合外力为零,所以质心速度不变

$$v_c = \frac{m}{m+M}v_0$$

由于系统能量守恒

$$\frac{1}{2}mv_0^2 = \frac{1}{2}(m+M)v_c^2 + \frac{1}{2}mv^2 + \frac{1}{2}MV^2 + \Delta E$$

v、V 为相对质心的速度,为使 v 最小,要求碰撞后相对质心速度为零,即完全非弹性碰撞,所以

$$\frac{1}{2}mv^2 = \frac{1}{2}MV^2 = 0$$

$$v_0 = \sqrt{\frac{2}{m}\left(1+\frac{m}{M}\right)\Delta E}$$

故

$$E_k = \left(1+\frac{m}{M}\right)\Delta E$$

7. 如图,一颗子弹穿入厚为 l 的木块后停留在木块的前部,同时木块在桌面上向前移动了 s 距离,求这一过程中子弹与木块之间的摩擦力所做的总功.

【解析】 地面参考系:$A_{f1} = f \cdot s$(木块), $A_{f2} = -f \cdot (s+l)$(子弹)
木块参考系:$A_{f1} = 0$(木块), $A_{f2} = -f \cdot l$(子弹)
子弹参考系:$A_{f1} = -f \cdot l$(木块), $A_{f2} = 0$(子弹)
$$A_f = A_{f1} = A_{f2} = -f \cdot l$$

8. 如图,长为 l 的木板 A 的质量为 M,板上右端有质量为 m 的物块 B(不计大小),物块与木板间的滑动摩擦因数为 μ,它们一起静止在光滑的水平面上,则质量为 m 的物块 C 至少以_____的速率与木板左端发生完全非弹性碰撞时,方可使 B 脱离 A 板.

【答案】 $\dfrac{\sqrt{2g\mu l(m+M)(2m+M)}}{m}$

【解析】 $mV_C = (m+M)V_{A+C} = (2m+M)V_{A+B+C} - mg\mu l =$
$$\frac{1}{2}(2m+M)V_{A+B+C}^2 - \frac{1}{2}(m+M)V_{A+C}^2$$

$$V_C = \frac{\sqrt{2g\mu l(m+M)(2m+M)}}{m}$$

9. 如图,半径为 R,质量为 M,表面光滑的半球放在光滑水平面上,在其正上方置一质量为 m 的小滑块.当小滑块从顶端无初速地下滑后,在图示的 θ 角位置处开始脱离半球.已知 $\cos\theta = 0.7$,求 M/m.

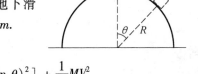

【解析】 $MV = m(v'\cos\theta - V)$
$$mgR(1-\cos\theta) = \frac{1}{2}[(v'\cos\theta - V)^2 + (v'\sin\theta)^2] + \frac{1}{2}MV^2$$

解得
$$v' = \left[\frac{2gR(1-\cos\theta)(m+M)}{M+\sin^2\theta}\right]^{\frac{1}{2}}$$

由于滑块脱离半球的瞬间 $N=0$

所以
$$g\cos\theta = \frac{v'^2}{R}$$

以 v' 代入后解得
$$\frac{M}{m} = \frac{2(1-\cos\theta) - (1-\cos^2\theta)\cos\theta}{\cos\theta - 2(1-\cos\theta)} = 2.43$$

10. 如图,两个质量分别为 m_1 和 m_2 的木块 A、B,用一劲度系数为 k 的轻弹簧连接,放在光滑的水平面上,A 紧靠墙.今用力推 B 块,使弹簧压缩 x_0 然后释放.已知 $m_1 = m$,$m_2 = 3m$,求:

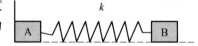

(1) 释放后 A、B 两滑块速度相等时瞬时速度的大小.
(2) 弹簧的最大伸长量.

【解析】 设弹簧恢复到原长时滑块 B 的速度为 V_{B0}

由机械能守恒:
$$\frac{1}{2}kx_0^2 = \frac{3mV_{B0}^2}{2}, \quad V_{B0} = x_0\sqrt{\frac{k}{3m}}$$

A 块离墙后:
$$m_1v_1 + m_2v_2 = m_2V_{B0}$$

$v_1 = v_2 = v$ 时:
$$mv + 3mv = 3mV_{B0}$$

$$v = \frac{3}{4}V_{B0} = \frac{3}{4}x_0\sqrt{\frac{k}{3m}}$$

由机械能守恒:
$$\frac{1}{2}kx^2 + \frac{1}{2}m_1v_1^2 + \frac{1}{2}m_2v_2^2 = \frac{1}{2}m_2V_{B0}^2$$

当弹簧处于最大伸长量时,必有 $v_1 = v_2 = v = 3V_{B0}/4$

$$\frac{1}{2}kx^2 + \frac{1}{2}m\frac{9}{16}V_{B0}^2 + \frac{1}{2}3m\frac{9}{16}V_{B0}^2 = \frac{1}{2}3mV_{B0}^2$$

化简得
$$\frac{1}{2}kx^2 = \frac{3}{8}mV_{B0}^2 = \frac{3}{8}m\left(x_0\sqrt{\frac{k}{3m}}\right)^2 = \frac{1}{8}kx_0^2$$

$$x_{\max} = \frac{1}{2}x_0$$

11. 人造地球卫星质量为 m,其圆轨道半径为 r.
(1) 求总机械能.
(2) 受微小阻力 f,假设绕一平均圆轨道运动,求每运行一周半径的改变量 Δr.
(3) 求每运行一周动能的改变量 ΔE_k.

【解析】(1)
$$\frac{GMm}{r^2} = \frac{mv^2}{r}$$

$$E_k = \frac{1}{2}mv^2 = \frac{GMm}{2r}$$

$$E_p = -\frac{GMm}{r}$$

所以
$$E = E_k + E_p = -\frac{GMm}{2r}$$

(2)
$$-2\pi f = \Delta E = -\frac{GMm}{2}\left(\frac{1}{r+\Delta r} - \frac{1}{r}\right) = \frac{GMm}{2r^2}\Delta r$$

解得
$$\Delta r = \frac{-4\pi r^3 f}{GMm}$$

（3）
$$\Delta E_k = \frac{GMm}{2}\left(\frac{1}{r+\Delta r} - \frac{1}{r}\right) = -\frac{GMm}{2r^2}\Delta r = 2\pi rf$$

$$\Delta E_k = 2\pi rf > 0$$

$$A_G - 2\pi rf = \Delta E_k, \quad A_G = -\frac{GMm}{r^2}\Delta r = 2\Delta E_k$$

引力做功，一半用于克服阻力，一半用于增加动能．

12. 试从开普勒第二定律（即行星绕日运动时日星连线单位时间内所扫过的面积为恒量）出发，证明开普勒第三定律，即行星绕日运动的椭圆轨道半长轴 a 与运动周期 T 满足 $T^2 = a^3$ 为恒量．

【解析】 如图所示，行星与太阳连线在单位时间内扫过的面积为

$$\frac{\Delta A}{\Delta t} = \frac{1/2 r \Delta r \sin\theta}{\Delta t} = \frac{1}{2}rv\sin\theta = \text{const}$$

在近日点和远日点附近特例

$$\frac{\Delta A}{\Delta t} = \frac{1}{2}r_A v_A = \frac{1}{2}r_B v_B$$

则行星运动的周期为 $T = \dfrac{\pi ab}{\Delta A/\Delta t}$，角动量守恒．

在近日点和远日点由机械能守恒

$$\frac{1}{2}mv_A^2 - G\frac{Mm}{r_A} = \frac{1}{2}mv_B^2 - G\frac{Mm}{r_B}$$

$$v_A^2 = \frac{2GMr_B}{(r_A + r_B)r_A}$$

有数学关系式
$$\begin{cases} r_A = a - c \\ r_B = a + c \\ a^2 = b^2 + c^2 \end{cases}$$

$$v_A = \sqrt{\frac{GM}{a}}\sqrt{\frac{r_B}{r_A}}$$

$$\frac{\Delta A}{\Delta t} = \frac{1}{2}r_A v_A = \frac{1}{2}\sqrt{\frac{GM}{a}}\sqrt{r_A r_B} = \frac{b}{2}\sqrt{\frac{GM}{a}}$$

$$T = \frac{\pi ab}{\Delta A/\Delta t} = 2\pi a\sqrt{\frac{a}{GM}}$$

所以
$$\frac{T^2}{a^3}\frac{4\pi^2}{GM} = \text{const}$$

13. 地球可看作是半径 $R = 6\,400$ km 的球体，卫星在地面上空 $h = 800$ km 的圆形轨道上以 7.5 km/s 的速度绕地球运动．在卫星外侧发生一次爆炸，其冲量不影响卫星当时的切向速度 $v_t = 7.5$ km/s，但使卫星获得一个指向地心的径向速度 $v_n = 0.2$ km/s．求这次爆炸后卫星轨道的最低点和最高点各位于地面上空多少千米？

【解析】
$$\frac{1}{2}mv_t^2 + \frac{1}{2}mv_n^2 - \frac{GMm}{r} = \frac{1}{2}mv'^2 - \frac{GMm}{r'}$$

$$mv_t r = mv' r', \quad \frac{GMm}{r^2} = \frac{mv_t^2}{r}, \quad GM = rv_t^2$$

所以
$$(v_t^2 - v_n^2)r'^2 - 2v_t^2 rr' + v_t^2 r^2 = 0$$
$$[(v_t + v_n)r' - v_t r][(v_t - v_n)r' - v_t r] = 0$$
所以 $h_{\max} = r'_1 - R$，$h_{\min} = r'_2 - R$

14. 如图，质量为 m_1，速度为 v_1 的粒子被一静止的核俘获后，产生一质量为 m_2 的粒子，沿垂直于 v_1 的方向射出，余下的核的质量为 m_3，在此过程中有量值为 Q 的非机械能转化为机械能，求新粒子的动能。

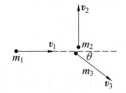

【解析】
$$m_1 v_1 = m_3 v_3 \cos\theta \qquad ①$$
$$m_2 v_2 = m_3 v_3 \sin\theta \qquad ②$$
由①、②得
$$m_1^2 v_1^2 + m_2^2 v_2^2 = m_3^2 v_3^2 \qquad ③$$
$$\frac{1}{2}m_1 v_1^2 + Q = \frac{1}{2}m_2 v_2^2 + \frac{1}{2}m_3 v_3^2 \qquad ④$$

将③代入④中，得
$$\frac{1}{2}m_1 v_1^2 + Q = \frac{1}{2}m_1 v_1^2 \frac{m_1}{m_3} + \frac{1}{2}m_2 v_2^2\left(1 + \frac{m_2}{m_3}\right)$$

所以 $E_k = \frac{1}{2}m_2 v_2^2 = \frac{m_3}{m_2 + m_3}\left[Q + \frac{1}{2}m_1 v_1^2\left(\frac{m_3 - m_1}{m_3}\right)\right]$

15. 如图，有两个悬挂在同一点的完全相同的等长度单摆，设开始时，两个单摆分别向左右两侧分开，与自由悬挂位置的夹角分别为 θ 和 2θ（$2\theta < 5°$）。若把两个单摆从静止时同时释放，设经历 t_0 时间后发生第一次完全弹性的对心碰撞。从发生对心碰撞开始计时，则左右两个单摆摆动到各自与竖直方向间夹角为 θ 的位置时所经历的时间分别为 _____，_____。

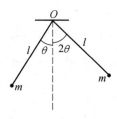

【答案】 t_0；$t_0/3$
【解析】 单摆做简谐振动，周期相等. 且 $T = 4t_0$
弹性对心碰撞，速度交换
右摆最大摆角为经历了 1/4 周期，即 t_0；左摆最大摆角为 2θ，周期仍为 $4t_0$.
由旋转矢量图可得，由平衡位置运动到 θ 需 1/12 周期.

16. 如图，摆球 m 固定在轻质等边三角形框架定点 A，可绕 BC 摆动，α 很小，求 T.

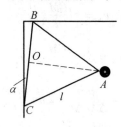

【解析】

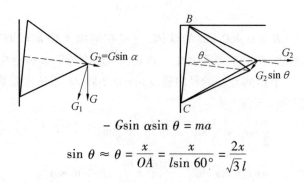

$$-G\sin\alpha \sin\theta = ma$$
$$\sin\theta \approx \theta = \frac{x}{OA} = \frac{x}{l\sin 60°} = \frac{2x}{\sqrt{3}\,l}$$

$$a = -\frac{2g\sin\alpha}{\sqrt{3}l}x$$

$$T = 2\pi\sqrt{\frac{\sqrt{3}l}{2g\sin\alpha}}$$

17. 如图,质量为 M 的圆盘悬挂在劲度系数为 k 的轻弹簧下端,一套在弹簧上质量为 m 的圆环从离盘高 h 处自由下落,落在盘上后随盘一起做简谐振动,问:环碰到盘后多久到达最低点?

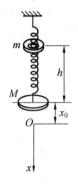

【解析】
$$mgh = \frac{1}{2}mv^2$$

$$mv = (m+M)v_0$$

$$\omega = \sqrt{\frac{k}{m+M}}$$

初始条件: $\qquad x_0 = -\frac{mg}{k}, \quad v_0 = \frac{m}{m+M}\sqrt{2gh}$

$$\begin{cases} x_0 = A\cos\varphi \\ v_0 = -\omega A\cos\varphi \end{cases}$$

$$\tan\varphi = -\frac{v_0}{\omega x_0}$$

$$\varphi = \arctan\frac{v_0 k}{mg\omega}$$

$$\omega t = \pi - \varphi$$

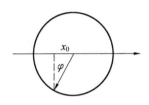

18. 已知 $t = 0$ 时的波形曲线为 Ⅰ,波沿 x 方向传播,经 $t = 1/2$ s 后波形变为曲线 Ⅱ. 已知波的周期 $T > 1$ s,试根据图中条件求 A 点的振动式.

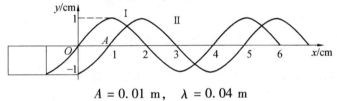

【解析】 $\qquad A = 0.01$ m, $\quad \lambda = 0.04$ m

波速: $\qquad u = \frac{x_1 - x_0}{t} = \frac{0.01}{1/2}$ m/s $= 0.02$ m/s

$$T = \frac{\lambda}{u} = \frac{0.04}{0.02} \text{ s} = 2 \text{ s}, \quad \omega = \frac{2\pi}{T} = \pi \text{ s}^{-1}$$

原点振动: $\qquad y_0 = A\cos(\omega t + \varphi)$

初始条件: $\qquad 0 = A\cos\varphi \to \varphi = \pm\frac{\pi}{2}$

$$u = -\omega A\sin\varphi < 0, \quad \sin\theta > 0 \quad \to \varphi = \frac{\pi}{2}$$

$$y_0 = 0.01\cos\left(\pi t + \frac{\pi}{2}\right)$$

A 点振动比 O 点滞后,落后的时间为

$$\Delta t = \frac{\Delta x}{u} = \frac{0.01}{0.02} \text{ s}$$

若 O 开始振动时刻 $t = 0$,则 A 在 $t = \Delta t$ 时刻的振动状态与 O 在 $t = 0$ 时刻的振动状态相同

A 点振动式:
$$y_A = 0.01\cos\left[\pi(t-\Delta t) + \frac{\pi}{2}\right]$$
$$y_A = 0.01\cos\pi t$$

19. 如图,一列沿 x 轴正方向传播的简谐横波,振幅为 2 cm,波速为 2 m/s,在波的传播方向上两质点 a、b 的平衡位置相距 0.4 m(小于一个波长). 当质点 a 在波峰位置时,质点 b 在 x 轴下方与 x 轴相距 1 cm 的位置,则( ).

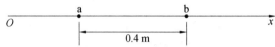

A. 此波的周期可能为 0.6 s
B. 此波的周期可能为 1.2 s
C. 从此时刻起经过 0.5 s,b 点可能在波谷位置
D. 从此时刻起经过 0.5 s,b 点可能在波峰位置

【答案】 ACD

【解析】 a 在波峰位置时,b 在 x 轴下方与 x 轴相距 1 cm 的位置可能有两个

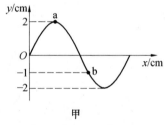
甲

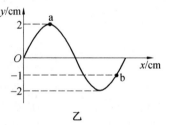
乙

图甲:再过 $t = \left(\frac{1}{4} + \frac{1}{12}\right)T = \frac{1}{3}T$,b 运动至波峰位置;

$\frac{1}{3}T \cdot 2 = 0.4$,经 0.5 s(5/6T),b 运动至波谷位置.

图乙:再过 $t = \left(\frac{1}{2} + \frac{1}{6}\right)T = \frac{2}{3}T$,b 运动至波峰位置;

$\frac{2}{3}T \cdot 2 = 0.4$,经过 0.5 s(5/3T),b 运动至波谷位置

所以 A、C、D 选项正确.

20. (2012·华约联盟) 利用光电计时器测量重力加速度的实验装置如图. 所给器材有:固定在底座上带有刻度的竖直钢管,钢球吸附器(固定在钢管顶端,可使钢球在被吸附一段时间后由静止开始自由下落),两个光电门(用于测量钢球从第一光电门到第二光电门所用的时间间隔),接钢球用的小网.

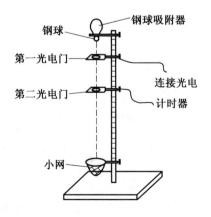

实验时,将第一光电门固定在靠近钢球开始下落的位置. 测量并求出钢球下落不同路程的平均速度,通过作图得到重力加速度的数值.

(1) 写出实验原理.
(2) 写出实验步骤,并指明需测量的物理量.

【解析】 (1) 实验所依据的原理是:

$$\bar{v}_i = \frac{\Delta h_i}{\Delta t_i}, \quad \bar{v}_i = v_0 + \frac{g}{2}\Delta t_i$$

式中,下标 i 表示第 i 次实验;Δh_i 是两个光电门之间的距离;Δt_i 是光电计时器读出的时间;v_0 和 $\overline{v_i}$ 分别表示通过第一个光电门时的速度和 Δt_i 内的平均速度.

(2)① 调整第二光电门使其与第一光电门相距一定距离,从竖直钢管的刻度上读取两光电门之间的距离 Δh_1;

② 释放钢球,记录钢球通过两光电门所用的时间间隔 Δt_1;

③ 多次重复步骤①②,获得多组数据 Δh_i 和 Δt_i;

④ 计算各组数据对应的平均速度 $\overline{v_i}$,画出 $\overline{v} - \Delta t$ 图线;

⑤ 从 $\overline{v} - \Delta t$ 图中的拟合直线求出其斜率,此斜率数值的两倍即为所求重力加速度的数值.

21.(2012·华约联盟) 如图甲,小球从台阶上以一定初速度水平抛出,恰落到第 1 级台阶边缘,反弹后再次落下经 0.3 s 恰落至第 3 级台阶边界,已知每级台阶宽度及高度均为 18 cm,取 $g = 10 \text{ m/s}^2$,且小球反弹时水平速度不变,竖直速度反向,但变为原速度的 1/4.

(1)求小球抛出时的高度及距第 1 级台阶边缘的水平距离.

(2)问小球是否会落到第 5 级台阶上?说明理由.

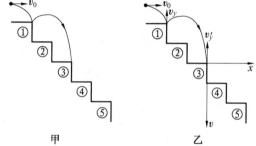

甲   乙

【解析】 (1)因小球从第 1 级台阶边缘反弹后再次落下经 0.3 s 恰落至第 3 级台阶边缘,故在水平方向上有

$$0.36 = v_0 t$$

解得 $v_0 = 1.2 \text{ m/s}$

在竖直方向上有 $-0.36 = v_y t - \frac{1}{2} g t^2$

其中 $v_y = \frac{\sqrt{2gh}}{4}$

解得 $h = 0.072 \text{ m}$

因小球从开始至第 1 级台阶边缘的下落时间为 $t_0 = \sqrt{\frac{2h}{g}} = 0.12 \text{ s}$

故水平距离 $x = v_0 t_0 = 0.144 \text{ m}$

(2)如图乙,考虑第一次反弹与第二次反弹的速度

$$v_y = \frac{\sqrt{2gh}}{4} = 0.3 \text{ m/s}, \quad v'_y = \frac{\sqrt{v_y^2 + 2g \cdot 2h}}{4} = 0.675 \text{ m/s}$$

以第 3 级台阶边界为原点建立直角坐标系如图乙,由第二次反弹后有

$$x = v_0 t, \quad y = v'_y t - \frac{1}{2} g t^2$$

得到第二次反弹后小球运动的轨迹方程为

$$y = 0.5625 x - 3.47 x^2$$

① 令 $x = 0.36 \text{ m}$,得 $y = -0.01125 \text{ m}$,$|y| < 0.18 \text{ m}$,说明小球不会撞到台阶 4.

② 令 $x=0.36$ m,得 $y=-0.2472$ m,$|y|<0.36$ m,说明小球不会撞到台阶5.

22.（2012·华约联盟） 如图所示,一简谐横波沿 x 轴正方向传播,图中实线为 $t=0$ 时刻的波形图,虚线为 $t=0.286$ s 时刻的波形图.该波的周期 T 和波长 λ 可能正确的是（ ）.

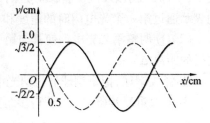

A.0.528 s,2 m　　　B.0.528 s,4 m

C.0.624 s,2 m　　　D.0.624 s,4 m

【答案】 BD

【解析】 由 $t=0$ 时刻的波形图可知,$x=0$ 处质点的振动初相位为

$$\varphi_0(0)=\frac{3\pi}{4}$$

但在邻近点 $x=0.5$ 处的质点振动的初相位为

$$\varphi_0(0.5)=\frac{\pi}{2}$$

$\Delta x=0.5$ 的距离上相位改变为 $\Delta\varphi=\frac{\pi}{4}$,故波长为

$$\lambda=\frac{2\pi}{\Delta\varphi}\Delta x=4\text{ m}$$

由虚线波形图可知,$x=0$ 处质点在 $t=0.286$ s 时刻相位为

$$\varphi_t(0)=\frac{\pi}{6}\quad\text{或}\quad\varphi_t(0)=\frac{11\pi}{6}$$

在 $\Delta t=0.286$ s 时间内,$x=0$ 处的质点相位改变了

$$\Delta\varphi'=\varphi_0(0)-\varphi_t(0)=\frac{11\pi}{12}\quad\text{或}\quad\frac{13\pi}{12}$$

所以周期为

$$T=\frac{2\pi}{\Delta\varphi'}\Delta t=0.624\text{ s}\quad\text{或}\quad 0.528\text{ s}$$

故 B、D 选项正确.

23.（2012·华约联盟） 物理小组同学用如图所示器材测定重力加速度,实验器材由底座带有标尺的竖直杆、光电门计时器 A 和 B、铜制小球和网兜组成.试设计实验,通过测量小球在不同路程下的平均速度,作图求出重力加速度的值.

（1）写出实验原理.

（2）写出实验步骤及需要测量的物理量.

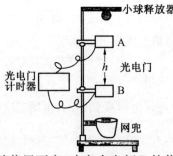

【解析】 （1）保持光电门 A 的位置不变,改变光电门 B 的位置,测出 A、B 之间的距离 h 及运动时间 t.设小球经过光电门 A 时的瞬时速度为 v_A,则 $h=v_At+\frac{1}{2}gt^2$,变形得 $\bar{v}=\frac{h}{t}=v_A+\frac{1}{2}gt$,以 $\bar{v}$ 作

为纵坐标,t 作为横坐标作图,图线的斜率即为 $g/2$.

(2)① 按图所示装配好实验器材,让小球、两个光电门和网兜在同一竖直线上.

② 量出两个光电门中心间的距离 h(可以测量多次取平均值).

③ 先打开光电门计时器,再释放小球,记录光电门计时器记录下小球经过两个光电门的时间 t.

④ 保持光电门 A 的位置不变,改变光电门 B 的位置,再次测量两个光电门中心间的距离 h 和小球经过两个光电门的时间 t.

⑤ 在坐标纸上作出 $\bar{v}$ - t 图,由图象的斜率求出当地重力加速度 g.

本实验为了提高精度,光电门的光束应该调得较细,并适当增大两光电门 A、B 间的距离,使时间测量的相对误差减小.

24. (2012·华约联盟) 已知一列正弦波向 x 轴正方向传播,$t = 0$ 时波形图为图中实线,$t = 1.3$ s 时第一次出现图中虚线所示的波形,则该正弦波的振动周期及波长分别是( ).

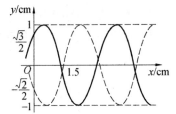

A. 周期 $T = 2.4$ s,波长 $\lambda = 4$ m

B. 周期 $T = (156/35)$ s,波长 $\lambda = 4$ m

C. 周期 $T = 2.4$ s,波长 $\lambda = 1.5\sqrt{5}$ m

D. 周期 $T = (156/35)$ s,波长 $\lambda = 1.5\sqrt{5}$ m

【答案】 A

【解析】 将波源的振动方程记为 $y = \sin(\frac{2\pi}{T} \cdot t + \varphi_0)$,当 $t = 0$ 时 $y = \frac{\sqrt{3}}{2}$,且该点速度方向向下,由 $\sin\varphi_0 = \frac{\sqrt{3}}{2}$ 得 $\varphi_0 = \frac{2}{3}\pi$. 而 $t = 1.3$ s 时,$y = -\frac{\sqrt{2}}{2}$,且该点速度方向向上,故 $\frac{2\pi}{T} \times 1.3 + \frac{2}{3}\pi = \frac{7}{4}\pi$,得 $T = 2.4$ s. 所以,波源的振动方程记为 $y = \sin(\frac{5}{6}\pi t + \frac{2}{3}\pi)$,相应的波动方程为

$$y = \sin\left[\frac{5}{6}\pi\left(t - \frac{x}{v}\right) + \frac{2}{3}\pi\right]$$

由题图知 $t = 1.3$ s 时刻,$x = 1.5$ m 处质点的位移 $y = 0$,且速度方向向下,故

$$\frac{5}{6}\pi\left(1.3 - \frac{1.5}{v}\right) + \frac{2}{3}\pi = \pi$$

同时,$v = \frac{\lambda}{2.4}$,解得 $\lambda = 4$ m. 故 A 选项正确.

25. (2012·清华保送) 在离海平面高 200 m 的悬崖上有一个雷达,可以发射波长为 5 m 的无线电波,若在离悬崖 20 km 且离海面 125 m 上方处接收到的电磁波信号最强,今有一架飞机在离悬崖 20 km 处从接近海平面处开始竖直向上飞行,则其在另一处离海平面最近处接收到的信号又最强的点距海平面_____ m.

【答案】 375

【解析】 如图所示,从雷达 A 处直接发射的无线电波和通过海平面反射的无线电波在 B 处相遇,如果两者的光程差为波长的整数倍,则发生相长干涉,即信号最强,但必须注意在海平面处反射的无线电波会有半波损失. 题中给出的 125 m 即为光程差为 0 对应的情形,即

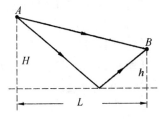

$$\sqrt{L^2 + (H+h)^2} - \sqrt{L^2 + (H-h)^2} = \frac{\lambda}{2}$$

而下一个信号最强的点则对应光程差为 $\dfrac{3\lambda}{2}$ 的情形,即

$$\sqrt{L^2+(H+h)^2}-\sqrt{L^2+(H-h)^2}=\dfrac{3\lambda}{2}$$

解得 $h=375\ \text{m}$

26.(2012·卓越联盟) 如图甲,固定在水平桌面上的两个光滑斜面 M、N,其高度相同,斜面的总长度也相同.现有完全相同的两物块 a、b 同时由静止分别从 M、N 的顶端释放,假设 b 在通过斜面转折处时始终沿斜面运动且无能量损失,则( ).

A. 物块 b 较物块 a 先滑至斜面底端
B. 两物块滑至斜面底端时速率相等
C. 两物块下滑过程中的平均速率相同
D. 两物块开始下滑时加速度大小相等

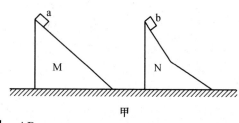

【答案】 AB

【解析】 (1) 从题设条件可知,a 滑块加速度确定,而 b 滑块前段时间加速度大于 a 滑块加速度,后段时间加速度小于 a 滑块加速度.在 v-t 图上,v 图线下的面积为物体运动的路程,而两个滑块的运动路程相同,即在 v-t 图上,两滑块 v 线下的面积相同,则两滑块的运动规律应如图乙所示.从图中可以看出,$t_b < t_a$,所以,A 选项正确.

(2) 因 b 在通过斜面转折处时始终沿斜面运动且无能量损失,由机械能守恒,两滑块从系统高度沿不同斜面从静止开始下滑,则两物块滑至斜面底端时动能相同,则它们的速率应该相等,所以,B 选项正确.

(3) 因为两个物块滑至斜面底端时速率相等,但所用的时间不同,它们的平均速率不可能相同,所以,C 选项错误.

(4) 由牛顿定律,两滑块开始下滑时沿不同倾角的斜面下滑,加速度不可能相同,所以,D 选项错误.

27.(2012·北约联盟) 两质量相同的人造地球卫星,绕地球做匀速圆周运动的轨道半径之比为 $R_1:R_2=1:2$,则如下说法正确的是( ).

A. 两卫星的加速度大小之比为 $a_1:a_2=2:1$
B. 两卫星的速度大小之比为 $v_1:v_2=2:1$
C. 两卫星的轨道周期之比为 $T_1:T_2=2:1$
D. 两卫星的动能大小之比为 $E_{k1}:E_{k2}=2:1$

【答案】 D

【解析】 质量为 m 的卫星沿半径为 R 的圆轨道运动时,按照牛顿第二定律和牛顿万有引力定律可知卫星的速度满足

$$m\dfrac{v^2}{R}=G\dfrac{mM}{R^2}$$

则卫星的速度大小为 $v=\sqrt{\dfrac{GM}{R}}$

其中,M 为地球的引力质量;G 为引力常量.

因此,当两质量相同的人造地球卫星,绕地球做匀速圆周运动的轨道半径之比为 $R_1:R_2=1:2$ 时:

(1) 加速度大小比为

$$a_1:a_2=(G\frac{M}{R_1^2}):(G\frac{M}{R_2^2})=R_2^2:R_1^2=4:1$$

则 A 项选择错误.

(2) 速度大小比为

$$v_1:v_2=\sqrt{\frac{GM}{R_1}}:\sqrt{\frac{GM}{R_2}}=\sqrt{R_2}:\sqrt{R_1}=\sqrt{2}:1$$

则 B 选项错误.

(3) 两卫星的轨道周期之比为

$$T_1:T_2=(\frac{2\pi R_1}{v_1}):(\frac{2\pi R_2}{v_2})=\sqrt{R_1^3}:\sqrt{R_2^3}=1:2\sqrt{2}$$

则 C 选项错误.

(4) 两卫星的动能大小之比为

$$E_{k1}:E_{k2}=v_1^2:v_2^2=R_2:R_1=2:1$$

则 D 选项正确.

28.(2012·卓越联盟) 我国于2011年发射的"天宫一号"目标飞行器与"神舟八号"飞船顺利实现了对接.在对接过程中,"天宫一号"与"神舟八号"的相对速度非常小,可以认为具有相同速率.它们的运动可以看作绕地球的匀速圆周运动,设"神舟八号"的质量为 m,对接处距离地球中心为 r,地球的半径为 R,地球表面处的重力加速度为 g,不考虑地球自转的影响,"神舟八号"在对接时( ).

A. 向心加速度为 $\frac{gR}{r}$ B. 角速度为 $\sqrt{\frac{gR^2}{r^3}}$

C. 周期为 $2\pi\sqrt{\frac{r^3}{gR^3}}$ D. 动能为 $\frac{mgR^2}{2r}$

【答案】 BD

【解析】 已知质量为 m 的卫星沿半径为 r 的圆轨道运动时,按照牛顿第二定律和牛顿万有引力定律可知卫星的速度大小为 $v=\sqrt{\frac{GM}{r}}$.地球表面处的重力加速度大小为 $g=\frac{GM}{R^2}$,其中 M 为地球的引力质量,G 为引力常量,R 为地球半径.用重力加速度大小表示,卫星的速度大小为 $v=\sqrt{\frac{gR^2}{r}}$.

(1)"神州八号"(卫星)的向心加速度为

$$a=\frac{v^2}{r}=\frac{gR^2}{r^2}$$

则 A 选项错误.

(2)"神州八号"的角速度大小

$$\omega=\frac{2\pi}{T}=\frac{2\pi}{(\frac{2\pi r}{v})}=\frac{v}{r}=2\pi\sqrt{\frac{gR^2}{r^3}}$$

则 B 选项正确.

(3)"神州八号"的周期为

$$T = \frac{2\pi r}{v} = \frac{2\pi r}{\sqrt{\frac{gR^2}{r}}} = 2\pi\sqrt{\frac{r^3}{gR^2}}$$

则 C 选项错误.

(4)"神州八号"的动能为

$$E_k = \frac{1}{2}mv^2 = \frac{1}{2}m\frac{gR^2}{r}$$

则 D 选项正确.

29.（2012·北约联盟） 车轮是人类在搬运东西的劳动中逐渐发明的,其作用是使人们能用较小的力量搬运很重的物体.假设匀质圆盘代表车轮,其他物体取一个正方形形状.我们现在就比较在平面和斜面两种情形下,为使它们运动(平动、滚动等)所需要的最小作用力.假设圆盘半径为 b,正方形物体的每边长也为 b,它们的质量都是 m,它们与地面或斜面的摩擦因数都是 μ,给定倾角为 θ 的斜面.

(1)假使圆盘在平面上运动几乎不需要作用力,则使正方形物体在平面上运动,需要的最小作用力 F_1 是多少？

(2)在斜面上使正方形物体向上运动所需要的最小作用力 F_2 是多少？

(3)在斜面上使圆盘向上运动所需要的最小作用力 F_3 是多少？限定 F_3 沿斜面方向.

【解析】 (1)设作用力 F_1 与水平面的夹角为 β，N 为地面对物体的支持力

竖直方向　　　　　　　　　$N = mg - F_1\sin\beta$
水平方向　　　　　　　　　$F_1\cos\beta = \mu N$
由此得到　　　　　　　　　$F_1(\cos\beta + \sin\beta) = \mu\cos\beta$
最后得到　　　　　　　　　$F_1 = \dfrac{\mu mg}{\sqrt{1+\mu^2}}$

(2)设作用力 F_2 与斜面的夹角为 α，向上偏转为正．N 为斜面对物体的支持力

垂直斜面　　　　　　　　　$N = mg\cos\theta - F_2\sin\alpha$
平行斜面　　　　　　　　　$F_2\cos\alpha = mg\sin\theta + \mu N$
由此得到　　　　　　　　　$F_2(\cos\alpha + \mu\sin\alpha) = mg(\sin\theta + \mu\cos\alpha)$
F_1 取最小条件　　　　　　$\sin\alpha = \mu\cos\alpha$
最后得到　　　　　　　　　$F_2 = \dfrac{mg(\sin\theta + \mu\cos\theta)}{\sqrt{1+\mu^2}}$

(3)圆盘向上滚动,斜面提供斜面向上的摩擦力．相对于圆盘与斜面的接触点，F_3 的最大力臂是 $2a$，在此条件下列出相关方程

力矩平衡方程　　　　　　　$2F_3 a = mga\sin\theta$
沿斜面方向受力方程　　　　$F_3 + \mu N = mg\sin\theta$
垂直斜面方向　　　　　　　$N = mg\cos\theta$
摩擦力　　　　　　　　　　$f = \mu mg\cos\theta$
由此得到　　　　　　　　　$\mu = \dfrac{1}{2}\tan\theta$

分情况讨论：

如果 $\mu \geq \dfrac{1}{2}\tan\theta, F_3 = \dfrac{1}{2}mg\sin\theta$.

30.（2012·北约联盟） 一个质量为 m_0、初速度大小为 v_0 的小球 1，与另一个质量 M 未知、静止的小球 2 发生弹性碰撞．若碰后球 1 的速度反向、大小为初速度的一半，则待测质量 $M =$ _____；若碰撞后球 1 的速度方向不变、大小为初速度的三分之一，则 $M =$ _____．

【答案】 $3m_0$；$m_0/2$

【解析】 按照题意，系统运动为一维运动，设两个小球正碰前后的速度分别为 v_1, v_2, v'_1, v'_2，由动量守恒定律和动能守恒得

$$m_0 v_1 + M v_2 = m_0 v'_1 + M v'_2$$

$$\frac{1}{2} m_0 v_1^2 + \frac{1}{2} M v_2^2 = \frac{1}{2} m_0 v'^2_1 + \frac{1}{2} M v'^2_2$$

已知 $v_1 = v_0, v_2 = 0$，解方程得

$$v_1 = \frac{m_0 - M}{m_0 + M} v_0$$

$$v_2 = \frac{2 m_0}{m_0 + M} v_0$$

按题设条件：

（1）第一种情况，$v_1 = \frac{m_0 - M}{m_0 + M} v_0 = -v_0/2$，即 $\frac{m_0 - M}{m_0 + M} = -1/2$，解得 $M = 3m_0$．

（2）第二种情况，$v_1 = \frac{m_0 - M}{m_0 + M} v_0 = v_0/3$，即 $\frac{m_0 - M}{m_0 + M} = 1/3$，解得 $M = m_0/2$．

31.（2012·卓越联盟） 一质量为 $m = 40$ kg 的孩童，站在质量为 $M = 20$ kg 的长木板的一端，孩童与木板在水平光滑冰面上以 $v_0 = 2$ m/s 的速度向右运动．若孩童以 $a = 2$ m/s² 相对木板的匀加速度跑向另一端，并从端点水平跑离木板时，木板恰好静止．

（1）判断孩童跑动的方向．

（2）求出木板的长度 l．

【解析】 （1）孩童应沿着木板运动的方向跑动，即孩童开始时应站在木板的左端，向右跑．

（2）设孩童跑离木板时相对木板的速度为 u，根据匀加速直线运动规律得

$$u^2 = 2al \qquad ①$$

设孩童跑离木板时木板相对于冰面的速度为 v，孩童相对冰面的速度为

$$v' = u + v \qquad ②$$

由于冰面光滑，孩童和木板组成的系统在水平方向上不受外力，所以动量守恒．选冰面为参照系，v_0 的方向为坐标正方向，则有

$$(M + m) v_0 = Mv + mv' \qquad ③$$

若木板恰好静止，即要求木板相对冰面的速度 $v = 0$，由此可得

$$u = \frac{M + m}{m} v_0 \qquad ④$$

综合上述各式得

$$l = \frac{1}{2a} \left(\frac{M + m}{m}\right)^2 v_0^2 \qquad ⑤$$

将已知数据代入上式得

$$l = 2.25 \text{ m} \qquad ⑥$$

32.（2012·卓越联盟） A、B 为一列简谐横波上的两个质点，它们在传播方向上相距 20 m，当 A 在波峰时，B 恰在平衡位置．经过 2 s 再观察，A 恰在波谷，B 仍在平衡位置，则该波（　　）．

A. 最大波长是 80 m B. 波长可能是 $\frac{40}{3}$ m

C. 最小频率是 0.25 Hz D. 最小波速是 20 m/s

【答案】 AC

【解析】 波峰到平衡位置的两质元之间的距离,一定是四分之一波长的奇数倍,即

$$(2n+1)\frac{\lambda}{4} = 20 \text{ m}$$

所以波长为

$$\lambda = \frac{80}{2n+1} \text{ m}$$

最大波长为 80 m,故 A 选项正确.

A 点由波峰到波谷一定经历了半个周期的奇数倍

$$(2n+1)\frac{T}{2} = 2 \text{ s}$$

所以频率为

$$\nu = \frac{1}{T} = \frac{2n+1}{4} \text{ s}$$

最小频率是 0.25 Hz,C 选项正确.

33.(2011·华约联盟) 如图甲所示,在纸面内有两根足够长的细杆 ab、cd,都穿过小环 M,杆 ab 的两端固定,杆 cd 可以在纸面内绕过 d 点且与纸面垂直的轴转动. 若杆 cd 从图示位置开始按照图中箭头所示的方向以确定的角速度转动,则小环 M 的加速度( ).

A. 逐渐增加 B. 逐渐减小

C. 先增加后减小 D. 先减小后增加

【答案】 A

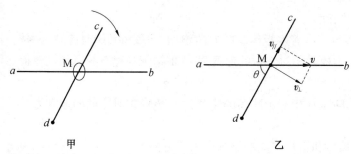

甲 乙

【解析】 小环 M 的运动实际上是沿 ab 的直线运动,设小环 M 的运动速度为 v,可以把小环的速度 v 分解为沿 dc 方向的分量 $v_{\parallel}$ 和垂直于 dc 方向的分量 $v_{\perp}$,如图乙所示.

设 d 点到 M 的距离为 r,t 时刻 cd 与 ad 的夹角为 θ,有 $v_{\perp} = v\sin\theta = r\omega$,则小环 M 的运动速度大小为 $v = \frac{r\omega}{\sin\theta}$.

同样,小环 M 的加速度 a 也可以做类似的分解,其中 $a_{\perp} = a\sin\theta$. 分量 $a_{\perp}$ 包括两部分,其中之一为 M 到 d 点的距离增大而引起的速度分量 $v_{\perp}$ 的增大部分,大小为 $a_{\perp_1} = \frac{\omega \Delta r}{\Delta t} = \omega v_{\parallel}$. 另外一部分为在 dc 的旋转过程中速度分量 $v_{\parallel}$ 的方向变化对 $a_{\perp}$ 的贡献,大小为 $a_{\perp_2} = \frac{v_{\parallel}(-\Delta\theta)}{\Delta t} = \omega v_{\parallel}$. 两部分的贡献大小完全相同,则在垂直于 dc 方向的加速度分量大小为

$$a_{\perp} = 2\omega v_{\parallel} = 2v\cos\theta\omega = \frac{2r\omega^2\cos\theta}{\sin\theta}$$

小环 M 的加速度大小为

$$a = \frac{a_\perp}{\sin\theta} = \frac{2r\omega^2\cos\theta}{\sin^2\theta}$$

在 cd 杆的旋转过程中，cd 与 ab 的夹角为 θ 逐渐减小，M 的加速度逐渐增大，则 A 选项正确．

34．（2011·华约联盟） 如图，质量为 $3m$ 和 m 的木块 A、B，用一根轻弹簧连接，放在光滑的水平面上，木块 B 紧靠墙放置．今用力推木块 A，使弹簧压缩后释放，压缩过程中外力做功为 W．求：

（1）释放后到木块 B 离开墙壁的过程中墙对木块 B 的冲量．
（2）在木块 B 离开墙壁后的运动过程中木块 A、B 的速度最小值．

【解析】（1）木块 B 离开墙壁时，弹簧为原始长度，弹性势能为零，设此时 A 的速度大小为 v_0，由功能原理得 $W = \frac{1}{2}(3m)v_0^2$，则 $v_0 = \sqrt{\frac{2W}{3m}}$．再由系统动量定理，在题设过程中墙壁对系统的冲量为 $I = 3mv_0 = \sqrt{6mW}$，这也是墙壁对木块 B 的冲量．

（2）很显然，木块 B 的最小速度 $v_B = 0$．木块 B 脱离墙后，弹簧开始伸长，木块 A 开始减速．当弹簧再次恢复到原长时，木块 A 的速度最小．设此时 A、B 的速度分别 v_A、v_B，则由动量守恒和能量守恒得

$$(3m)v_0 = (3m)v_A + mv_B$$

和

$$\frac{1}{2}(3m)v_0^2 = \frac{1}{2}(3m)v_A^2 + \frac{1}{2}mv_B^2$$

由此解得

$$v_A = \frac{1}{2}v_0 = \sqrt{\frac{W}{6m}}$$

35．（2011·华约联盟） 水流以与水平方向成角度 α 的速度冲入水平放置的水槽中，则从左面流出的水量和从右面流出的水量的比值可能为（　　）．

A．$1 + 2\sin^2\alpha$　　　　　B．$1 + 2\cos^2\alpha$
C．$1 + 2\tan^2\alpha$　　　　　D．$1 + 2\cot^2\alpha$

【答案】 D

【解析】 当 $\alpha = 0°$ 时，只有从左面流出的水而没有从右面流出的水，即比值趋向于无穷大，因此 D 选项正确．

36．（2011·华约联盟） 如图甲所示，AB 杆以恒定角速度绕 A 点转动，并带动套在水平杆 OC 上的小环 M 运动．运动开始时，AB 杆在竖直位置，则运动中小环 M 的加速度将（　　）．

A．逐渐增大　　　　　B．先减小后增大
C．先增大后减小　　　D．逐渐减小

【答案】 A

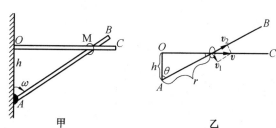

【解析】 如图乙所示，环沿 OC 向右运动，其速度 v 可分解为垂直于 AB 杆的速度 v_1 和沿 AB 杆的速度 v_2，由于

$$v_1 = \omega r = \frac{\omega h}{\cos\theta}$$

故
$$v = \frac{v_1}{\cos\theta} = \frac{\omega h}{\cos^2\theta}$$

由加速度的定义式可知,环的加速度为

$$a = \frac{\Delta v}{\Delta t} = \frac{\Delta v}{\Delta(\cos\theta)} \cdot \frac{\Delta(\cos\theta)}{\Delta\theta} \cdot \frac{\Delta\theta}{\Delta t}$$

即
$$a = \frac{-2\omega h}{\sin^3\theta} \cdot (-\cos\theta) \cdot \omega = \frac{2\omega^2 x\cos\theta}{\sin^3\theta}$$

由于 θ 变小,则 a 变大,故 A 选项正确.

37. (2011·华约联盟) 竖直墙面和水平地面均光滑,质量分别为 $m_A = m$、$m_B = 3m$ 的 A、B 两物体如图所示放置,其中物体 A 紧靠墙壁,A、B 之间由质量不计的轻弹簧相连,现对物体 B 缓慢施加一个向左的力,该力做功为 W,使 AB 间弹簧被压缩且系统保持静止,然后突然撤去向左的推力解除压缩,求:

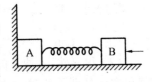

(1) 从撤去外力到物块 A 开始运动,墙壁对 A 的冲量多大?

(2) A、B 都运动后,A、B 两物体的最小速度各为多大?

【解析】 (1) 压缩弹簧时,外力做的功全部转化为弹性势能;撤去外力后,物体 B 在弹力作用下做加速运动;在弹簧恢复原长的过程中,系统的机械能守恒.设弹簧恢复原长时,物体 B 的速度为 v_{B0},则有

$$W = \frac{3}{2}mv_{B0}^2$$

解得
$$v_{B0} = \sqrt{\frac{2W}{3m}}$$

此过程中墙壁对 A 的冲量大小等于弹簧对 A 的冲量大小,也等于弹簧对 B 的冲量大小,则有

$$I = 3mv_{B0}$$

联立解得
$$I = \sqrt{6mW}$$

(2) 当弹簧恢复原长后,物体 A 的速度为最小值 v_{A0},故 $v_{A0} = 0$.

当物体 A 离开墙壁后,弹簧伸长,A 的速度逐渐增大,物体 B 的速度逐渐减小. 当弹簧恢复原长时,物体 A 达到最大速度 v_A,物块 B 的速度减小到最小值 v_B,在此过程中系统的动量守恒、机械能守恒,则有

$$3mv_{B0} = mv_A + 3mv_B \qquad ①$$

$$\frac{1}{2} \times 3mv_{B0}^2 = \frac{1}{2}mv_A^2 + \frac{3}{2}mv_B^2 \qquad ②$$

将式①、②化简得

$$3(v_{B0} - v_B) = v_A \qquad ③$$

$$3(v_{B0} + v_B)(v_{B0} - v_B) = v_A^2 \qquad ④$$

则
$$v_{B0} - v_B = \frac{1}{3}v_A \qquad ⑤$$

$$v_{B0} + v_B = v_A \qquad ⑥$$

联立解得
$$v_B = \frac{1}{2}v_{B0} = \sqrt{\frac{W}{6m}}$$

故 A 的最小速度为 0,B 的最小速度为 $\sqrt{\dfrac{W}{6m}}$.

38.（2011·卓越联盟） 如图,光滑水平面上有一质量为 M 的物块 A,左侧与一个固定在墙上的弹簧相连,弹簧劲度系数为 k;物块 A 上有一个质量为 m 的物块 B,A、B 之间的最大静摩擦力为 f_0. 现用一水平力缓慢向左推动物块 A,使弹簧压缩. 若在撤去此力后物块 A 与 B 间没有相对运动,弹簧压缩的最大距离为（　　）.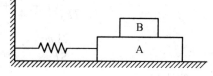

A. $\dfrac{M}{mk}f_0$ 　　　　　　B. $\dfrac{M+m}{mk}f_0$

C. $\dfrac{M}{(m+M)k}f_0$ 　　　D. $\dfrac{m}{(m+M)k}f_0$

【答案】 B

【解析】 对物块 A、B 分别列动力学方程
$$F - f_0 = Ma_A$$
$$F_0 = ma_B$$
其中 $F = kx$,x 为压缩的距离. 要求无相对滑动,即 $a_B = a_A = a$,则 $kx - ma = Ma$,由此可得
$$x = \dfrac{M+m}{k}a = \dfrac{M+m}{km}f_0$$
则 B 选项正确.

39.（2011·卓越联盟） 一质量为 m 的质点以速度 v_0 运动,在 $t = 0$ 时开始受到恒力 F_0 作用,速度大小先减小后增大,其最小值为 $v_1 = \dfrac{1}{2}v_0$. 质点从开始受到恒力作用到速度最小的过程中的位移为（　　）.

A. $\dfrac{3mv_0^2}{8F_0}$ 　　　　　　B. $\dfrac{\sqrt{6}mv_0^2}{8F_0}$

C. $\dfrac{\sqrt{3}mv_0^2}{4F_0}$ 　　　　D. $\dfrac{\sqrt{21}mv_0^2}{8F_0}$

【答案】 D

【解析】 解法一：

当质点受到 F_0 的作用后,其加速度为 $a = F_0/m$,因加速度为常量,则质点从开始受到恒力作用到速度最小的过程经历的时间 Δt 满足
$$v_1 = v_0 + \dfrac{F_0}{m}\Delta t$$
这段时间内质点的位移为
$$r = v_0\Delta t + \dfrac{1}{2}\dfrac{F_0}{m}\Delta t^2 = \dfrac{1}{2}(v_0 + v_1)\Delta t$$
位移大小为
$$|\Delta r| = \dfrac{1}{2}|v_0 + v_1|\Delta t = \dfrac{m}{2F_0}|v_0 + v_1||v_1 - v_0|$$
由题设条件,质点速度大小最小时,质点速度在 F_0 方向的分量为零,只剩下在垂直于 F_0 方向上的分量 v_1,$|v_1| = \dfrac{1}{2}v_0$. 由此可知,v_0 在 F_0 方向的分量大小为 $|v_\parallel| = |v_0 - v_1| = \sqrt{v_0^2 - v_1^2} = \dfrac{\sqrt{3}}{2}v_0$,所以 v_1 与 v_0 间的夹角为 $60°$,则

$$|\Delta r| = \frac{m}{2F_0}(v_0^2 + v_1^2 + 2v_0v_1\cos 60°)^{1/2}(v_0^2 + v_1^2 - 2v_0v_1\cos 60°)^{1/2} =$$

$$\frac{m}{2F_0}(1 + \frac{1}{4} + 2 \times \frac{1}{2}\cos 60°)^{1/2}(1 + \frac{1}{4} - 2 \times \frac{1}{2}\cos 60°)^{1/2} =$$

$$\frac{\sqrt{21}mv_0^2}{8F_0}$$

解法二：

设质点从开始受到恒力作用到速度最小的过程经历的时间为 Δt，利用动量定理得

$$F_0\Delta t = mv_1 - mv_0$$

则

$$\Delta t = \frac{m}{F_0}|v_1 - v_0|$$

由题设条件，质点速度大小最小时，质点速度在 F_0 方向的分量为零，把 v_0 分解成在 F_0 方向的分量 v_2，$|v_2| = \frac{\sqrt{3}}{2}v_0$，和垂直于 F_0 方向上的分量 v_1，$|v_1| = \frac{1}{2}v_0$。质点在 F_0 方向上的运动是匀减速运动，加速度大小为 $a = F_0/m$，因此在 Δt 时间内，质点在 F_0 方向上的位移大小为

$$|\Delta r_2| = v_2\Delta t - \frac{1}{2}\frac{F_0}{m}\Delta t^2$$

在垂直 F_0 方向上的运动是匀速运动，相应的位移大小为

$$|\Delta r_1| = v_1\Delta t$$

在 Δt 时间内，质点的位移大小为

$$|\Delta r| = \sqrt{|\Delta r_1|^2 + |\Delta r_2|^2} = \sqrt{(v_1\Delta t)^2 + (v_2\Delta t - \frac{1}{2}\frac{F_0}{m}\Delta t^2)^2} = \frac{\sqrt{21}mv_0^2}{8F_0}$$

与解法一结果相同．

40. (2011·卓越联盟) 如图甲，两段不可伸长细绳的一端分别系于两竖直杆上的 A、B 两点，另一端与质量为 m 的小球 D 相连．已知 A、B 两点高度相差 h，$\angle CAB = \angle BAD = 37°$，$\angle ADB = 90°$，重力加速度为 g．现使小球发生微小摆动，则小球摆动的周期为(   )．

A. $\pi\sqrt{\frac{17h}{3g}}$　　　　　　B. $\frac{\pi}{2}\sqrt{\frac{85h}{3g}}$

B. $\pi\sqrt{\frac{h}{3g}}$　　　　　　D. $2\pi\sqrt{\frac{h}{g}}$

【答案】　D

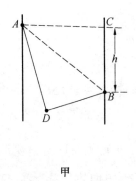
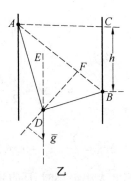

甲　　　　　乙

【解析】　因为 $\angle CAB = \angle BAD = 37°$，所以 $\overline{DB} = h$．如图乙，作竖直辅助线 DE，AB 的垂线 DF，F 为垂足．单摆可看为是摆长为

$$l = \overline{DF} = \overline{DB}\cos\angle BDF = h\cos\angle BDF$$

而重力加速度在该方向的投影为

$$g_{\text{eff}} = g\cos\angle EDF = h\cos\angle BDF$$

最后单摆的周期为

$$T = 2\pi\sqrt{\frac{1}{g_{\text{eff}}}} = 2\pi\sqrt{\frac{h}{g}}$$

正确答案为 D.

41.（2011·复旦大学） 物体从具有共同底边但倾斜角不同的若干光滑斜面顶端由静止开始自由下滑,当倾斜角为(　　)度时,物体滑到底端所需时间最短.

A. 30 B. 45
C. 60 D. 90

【答案】 B

【解析】 如图所示,设光滑斜面的底边长为 L,斜面与水平面的夹角为 θ,则物体沿斜面下滑时加速度的大小为 $a = g\sin\theta$,斜面下滑的位移 $x = \dfrac{L}{\cos\theta}$,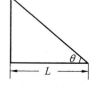
由 $x = \dfrac{1}{2}at^2$,解得 $t = \sqrt{\dfrac{4L}{g\sin 2\theta}}$,所以当 $\theta = 45°$ 时,物体滑至斜面底端所需时间最短,所以 B 正确.

42.（2011·复旦大学） 在桌上有一杂志,质量为 m_1. 杂志上有一书,质量为 m_2. 杂志和桌面的动摩擦因数为 μ_1,杂志和书之间的动摩擦因数为 μ_2. 要想将杂志从书下抽出,则至少要用的力的大小为(　　).

A. $(\mu_1 + \mu_2)(m_1 + m_2)g$ B. $\mu_1(m_1 + m_2)g + \mu_2 m_2 g$
C. $(\mu_1 + \mu_2)m_2 g$ D. $(\mu_1 m_1 + \mu_2 m_2)g$

【答案】 A

【解析】 设杂志的加速度为 a_1,书的加速度为 a_2,
根据牛顿第二定律,对书则有

$$a_2 = \mu_2 g$$

根据牛顿第二定律,对杂志则有

$$F - \mu_2 m_2 g - \mu_1(m_1 + m_2)g = m_1 a_1$$

把杂志抽出来必须满足

$$a_1 > a_2$$

即

$$\frac{F - \mu_2 m_2 g - \mu_1(m_1 + m_2)g}{m_1} > \mu_2 g$$

$$F > \mu_1(m_1 + m_2)g + \mu_2(m_1 + m_2)g$$

因此,正确答案为 A.

43.（2011·复旦大学） 一根轻绳跨过一轻定滑轮,绳的一端被一个质量为 m 的人抓着,另一端系一物体,质量为 $\dfrac{m}{2}$. 当人相对于绳匀速上爬时,已知重力加速度为 g,则物体上升的加速度为(　　).

A. $\dfrac{2}{3}g$ B. $\dfrac{1}{3}g$

C. $\dfrac{1}{2}g$ D. g

【答案】 B

【解析】 把物体视为研究对象,设物体的加速度为 a,绳中的拉力为 F,由牛顿第二定律得

$$F - \frac{m}{2}g = \frac{m}{2}a \quad ①$$

把人视为研究对象,人相对于绳匀速运动,说明人与绳有相同的加速度,由牛顿第二定律得

$$mg - F = ma \quad ②$$

联立①、②解得 $a = \frac{1}{3}g$

因此 B 选项正确.

44.（2011·中科大） 如图甲所示,汽车沿倾斜角为 α 的斜坡,以恒定速率 v_0 行驶,并且用一条长为 L 的轻绳拉动位于水平路面上的一个质量为 m 的小车.若不计小车与路面的摩擦力,求当轻绳与水平面成 α 角时绳中的张力.

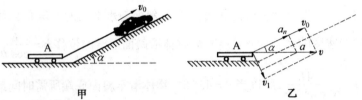

【解析】 解法一:变换参考系.

如图乙所示,以汽车为参考系,当轻绳与水平面成 α 角时,小车做速度为 $v_0\tan\alpha$、半径为 L 的圆周运动,其向心加速度为

$$a_n = \frac{v_1^2}{L} = \frac{v_0^2\tan^2\alpha}{L}$$

设小车的加速度为 $a_n = a\cos\alpha$,则

$$a = \frac{a_n}{\cos\alpha} = \frac{v_0^2\tan^2\alpha}{L\cos\alpha}$$

根据牛顿第二定律,对小车有 $T\cos\alpha = ma$,得

$$T = m\frac{v_0^2\tan^2\alpha}{L\cos^2\alpha}$$

解法二:求导法.

当轻绳与水平面成 α 角时,小车的速度为 $v = \frac{v_0}{\cos\alpha}$

小车的加速度为

$$a = \frac{dv}{dt} = \frac{v_0\sin\alpha}{L\cos\alpha}$$

根据牛顿第二定律,对小车有 $T\cos\alpha = ma$,得

$$T = m\frac{v_0^2\tan^2\alpha}{L\cos^2\alpha}$$

45.（2011·南京大学） 如图,在光滑的水平面上有一带有光滑圆弧轨道的斜面,质量为 m,圆弧轨道半径为 R,圆心角为 $60°$;一质量也为 m 的物体以 v_0 向斜面运动.

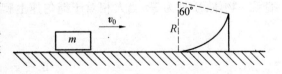

（1）若使物体不能飞出轨道,求速度 v_0 的范围.

（2）求当 $v_0 = 3\sqrt{gR}$ 时,物体脱离圆弧轨道时斜面的速度大小.

(3) 求当 $v_0 = 3\sqrt{gR}$ 时,物体能到达的最大高度.

【解析】 (1)光滑的水平面上有物体 m 和斜面体 m,物体 m 以 v_0 速度向斜面运动. 当物体速度 v_0 足够小时,设接近0,则物体不能冲上斜面,即不可能飞出轨道. 当物体 m 的速度 v_0 足够大时,则物体 m 具备飞出斜面的条件. 设物体飞出斜面体时临界值为 v,这样物体 m 刚刚运动到斜面最高点且和斜面有共同速度 v'.

由动量守恒定律有

$$mv = 2mv'$$

由此可得

$$v' = v/2$$

由机械能守恒定律有

$$\frac{1}{2}mv^2 = \frac{1}{2}mv'^2 + mgR(1 - \cos 60°)$$

解得

$$v = \sqrt{2gR}$$

所以若使物体不能飞出轨道,速度 v_0 的范围为

$$0 < v_0 < \sqrt{2gR}$$

(2)当 $v_0 = 3\sqrt{gR}$ 时,大于临界值 $v_0 = \sqrt{2gR}$,所以物体将飞出斜面体. 设物体脱离斜面时的速度为 v_2,方向为水平向右;物体飞离斜面体时相对斜面的速度为 Δv,Δv 方向与斜面体末端相切.

设物体的竖直速度为 v_y,由水平方向动量守恒可得

$$m \cdot 3\sqrt{gR} = m(v_2 + \Delta v\cos 60°) + mv_2 \quad \text{①}$$

由系统机械能守恒可得

$$\frac{1}{2}m(3\sqrt{gR})^2 = \frac{1}{2}m[(v_2 + \Delta v\cos 60°)^2 + (\Delta v\sin 60°)^2] + \frac{1}{2}mv_2 + mgR(1 - \cos 60°) \quad \text{②}$$

①、②联立解得

$$\Delta v = 6\sqrt{gR} - 4v_2$$

解得

$$v_2 = \sqrt{gR} \quad \text{或} \quad v_2 = 2\sqrt{gR} \quad \text{③}$$

将 v_2 代入③,舍去 $v_2 = 2\sqrt{gR}$,所以物体脱离斜面时斜面体的速度为 $v_2 = \sqrt{gR}$,$\Delta v = 2\sqrt{gR}$.

(3)物体脱离斜面体时的竖直速度

$$v_y = \Delta v\sin 60° = 2\sqrt{gR} \times \frac{\sqrt{3}}{2} = \sqrt{3gR}$$

根据竖直上抛公式有

$$h = \frac{v_y^2}{2g} = \frac{3}{2}R$$

46. (2011·北约联盟) 一辆质量为 $2m$ 的小车停在水平面上,忽略小车与水平面间摩擦. 有几个队员和一个队长列队前行,队长走在最后,每名队员的质量都为 m. 当队员和队长发现前面小车时,都以相同速度 v_0 跑步,每名队员在接近小车时又以 $2v_0$ 速度跑着上车坐下,队长却因跑步速度没有改变而恰好未能上车.

(1)问共有几名队员?

(2)后来队长速度变为比 $\frac{v_0}{2}$ 略大,队员一个个以相对车速 u 和车同方向跳下,结果队长恰能上车,问队员总共消耗多少内能?

【解析】 (1)在队员们一个个接连跳上小车的过程中,系统动量守恒,临界情况对应 N 个队员跳上车后,车的速度为 v_0,则

$$Nm2v_0 = (N + 2)mv_0$$

解得 $N = 2$

（2）设第 1 个队员跳下后车的速度变为 v_1，则

$$(2m + 2m)v_0 = (2m + 2m)v_1 + mu$$

第 2 个队员跳下后车的速度变为 $\frac{v_0}{2}$，则

$$3mv_1 = 2m(\frac{v_0}{2}) + m(\frac{v_0}{2} + u)$$

解得 $u = \frac{6v_0}{7}$，$v_1 = \frac{11v_0}{14}$

在这一过程中，所有队员消耗的内能和为

$$W = \frac{1}{2} \times 3mv_1^2 + \frac{1}{2}m(v_1 + u)^2 - \frac{1}{2} \times 4mv_0^2 + \frac{1}{2} \times 2m(\frac{v_0}{2})^2 - \frac{1}{2} \times 3mv_1^2 = \frac{51}{98}mv_0^2$$

47.（2011·北约联盟） 在电场强度为 E 的足够大的匀强电场中，有一条与电场线平行的几何线，如图甲中虚线所示，几何线上有两个静止的小球 A 和 B，质量均为 m，A 球带电荷量 $+Q$，开始时两球相距 L，在电场力的作用下，A 球开始沿直线运动，并与 B 球发生正碰，碰撞中 A、B 两球的总动能无损失，设在每次碰撞过程中，A、B 两球间无电量转移，且不考虑重力及两球间的万有引力，求：A、B 两球发生第八次碰撞到发生第九次碰撞之间的时间间隔．

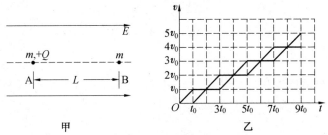

【解析】 最开始时，A 球在电场力作用下做匀加速直线运动，加速度 $a = \frac{QE}{m}$，设 A 与 B 碰前的速度为 v_0，则 $v_0^2 = 2aL$，所需的时间 $t = \frac{v_0}{a}$．

以后与 B 球要相碰，发生弹性碰撞后交换速度，即 A 球静止，B 球以 $v = at$ 的速度向右匀速运动．之后，A 球从静止开始，做匀加速运动，加速度为 a，直到追上 B 球，两球发生第二次碰撞，再次交换速度……按照这种方式重复运动．由此分析，在原惯性系 S 可以依次计算第一次与第二次碰撞之间的时间间隔，第二次与第三次碰撞之间的时间间隔……注意找寻计算结果的规律，可完成本题的解答，但步骤比较烦琐．

在第一次碰撞后，如果改取随 B 球一起运动的惯性系 S_1，在 S_1 系中 B 球静止，A 球以初速度 v 向左运动，S 系中 A 球所受电场力不变，所得向右加速度 a 不变，在 S_1 系中，A 球也具有这一加速度．因此也经 $t = \frac{v}{a}$ 时间降到零速度，且向左走过 L 距离．而后在 S_1 系中 A 球又在 t 时间向右走过 L 距离再次与 B 球相碰．S_1 系中相碰前 A 球的右行速度又达到上述 v 值．因此要 S_1 系中第二次碰撞完全等同于在 S 系中的第一次碰撞，两次碰撞之间的时间间隔为 $T = 2t$，接着又可选取 B 球第二次碰撞后一起匀速运动的 S_2 系，再将 A 球在 S 系中算得的 v 代入到 S_2 系中去，第二次碰撞后与第三次碰撞之间的讨论内容，与在 S_1 中第一次碰撞到第二次碰撞这段的讨论内容完全相同，因此第二次到第三次碰撞之间的时间间隔仍为上述 T 值．每次碰撞后都采取换惯性系的办法，于是便可知相邻两次碰撞时间间隔相等的结论，这一时间间隔量即为所求量，因此 $T = 2\sqrt{\frac{2mL}{QE}}$．

本题也可画出 v-t 图线解答,较容易理解.

48.(2010·华约联盟) 如图,大小斜块的质量分别为 M 和 m,大斜块的顶角为 θ,设所有接触面均光滑.现将系统由静止释放,求在 m 沿斜面下滑过程中 M 的加速度大小.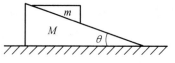

【解析】 设 M 相对于地面的加速度大小为 a_M,方向向左;m 相对于地面的加速度大小为 a'_m,方向沿斜面向下;m、M 间的相互作用力为 N、N',方向垂直于斜面.M 在水平方向的动力学方程为
$$N\sin\theta = Ma_M$$
以 M 为参考系,m 受到重力、M 对 m 的作用力 $N' = N$ 和惯性力 ma_M(方向向右)的作用.在垂直于斜面方向上,m 没有相对运动,则有力平衡方程
$$N\sin\theta + ma_M\theta = mg\cos\theta$$
从两个方程可以解得 M 相对于地面的加速度大小为
$$a_M = \frac{mg\sin\theta\cos\theta}{M + m\sin\theta}$$

49.(2010·华约联盟) 如图,AB 为一光滑水平横杆,杆上套一质量为 M 的小圆环,环上系一长为 L 质量不计的细绳,绳的另一端拴一质量为 m 的小球,现将绳拉直,且与 AB 平行,由静止释放小球,则当线绳与 AB 成 θ 角时,圆环移动的距离是多少?这时小球的速度为多大?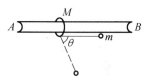

【解析】 系统在水平方向上动量守恒.设细绳与 AB 成 θ 角时小球的水平速度为 $-v_x$,圆环的水平速度为 V,则由水平动量守恒有
$$MV - mv_x = 0$$
在运动过程中设圆环在水平方向上移动的距离为 $d = \sum V\Delta t$,则小球在水平方向上移动距离为
$$\sum v_x\Delta t = (L - L\cos\theta) - d$$
满足 $$Md - m[(L - L\cos\theta) - d] = 0$$
设小球相对于圆环的速度为 v',则由水平动量守恒有
$$MV + m(V - v'\cos\theta) = 0$$
由动能定理得
$$mgL\sin\theta = \frac{1}{2}MV^2 + \frac{1}{2}m(V - v'\cos\theta)^2 + \frac{1}{2}m(v'\sin\theta)^2$$
由上述两个方程可以得到
$$v' = \sqrt{\frac{2m(m+M)gL\sin\theta}{M + m\sin^2\theta}}$$
小球相对于地面的速度大小为
$$v = \sqrt{(V - v'\cos\theta)^2 + v'^2\sin^2\theta} = \frac{v'}{m+M}\sqrt{M^2 + m(m + 2M)\sin^2\theta}$$

50.(2010·华约联盟) 如图,在水平面上有两个质量均为 m 的小球用长为 $2l$ 的细绳连接,初始时细线刚好绷直.现用沿垂直于两球连线、大小为 F 的恒力作用在连线中点,求碰撞前瞬间两球的接近速度.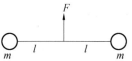

【解析】 按照对称性,在两球相碰瞬间的速度大小相同,设在碰撞前瞬间,在两球连线方向的速度大小为 v_x,在垂直于两球连线方向的速度大小 v_y.利用质心运动定理
$$F = 2ma_{Cy}$$
在垂直于两球连线方向上(y 方向)由动量定理

$$F\Delta t = 2mv_y$$

以及动能定理

$$F(l + \Delta y_C) = 2 \times \frac{1}{2}m(v_x^2 + v_y^2)$$

其中

$$\Delta y_C = \frac{1}{2}a_{C,y}(\Delta t)^2 = \frac{F}{4m}(\Delta t)^2$$

可得

$$v_x^2 = \frac{Fl}{m}$$

则

$$v_x = \sqrt{\frac{Fl}{m}}$$

碰撞前瞬间两球的接近速度为

$$u = 2v_x = 2\sqrt{\frac{Fl}{m}}$$

51.（2010·华约联盟） 一个质量为 M 的卫星在半径为 $3R$（R 为地球半径）的轨道上运动,后来沿运动方向发射出一个质量为 m 的探测器,该探测器的速度刚好可以脱离地球的引力场. 然后卫星开始做椭圆运动,近地点距地球中心的距离为 nR（$n \sim 3$）,求卫星与探测器的质量比.

【解析】 设卫星在半径为 $3R$ 的圆轨道上运行的速度大小为 v_{M0},则

$$G\frac{M_E(M+m)}{(3R)^2} = (M+m)\frac{v_{M0}^2}{3R}$$

得

$$v_{M0} = \sqrt{\frac{GM_E}{3R}}$$

按照题意,沿运动方向发射出一个质量为 m 的探测器,其速度刚好可以脱离地球的引力场,则探测器的速度大小 v_m 满足

$$\frac{1}{2}mv_m^2 - G\frac{M_E m}{3R} = 0$$

得 $v_m = \sqrt{\frac{2GM_E}{3R}}$. 卫星发射探测器的过程满足动量守恒,即

$$mv_m + Mv_M = (M+m)v_{M0}$$

其中, v_m 为卫星发射探测器后的瞬时速度大小. 卫星发射探测器后的轨道是一个椭圆轨道,远地点就是卫星发射探测器后的瞬时位置,距地球中心的距离是 $3R$；近地点距地球中心的距离为 nR. 设卫星在近地点的速度大小为 $v_{M近}$,则卫星在运动过程中满足机械能守恒和相对于通过地心垂直于卫星轨道平面的转轴的角动量守恒,即

$$\frac{1}{2}m^2v_M - G\frac{M_E M}{3R} = \frac{1}{2}mv_{M近}^2 - G\frac{M_E M}{nR}$$

$$Mv_M \cdot 3R = Mv_{M近} \cdot nR$$

由此可得

$$v_M = \sqrt{\frac{2GM_E}{3R}}\sqrt{\frac{n}{3+n}}$$

把 v_M、v_m 和 v_{M0} 代入动量守恒式可得

$$m\sqrt{\frac{2GM_E}{3R}} + M\sqrt{\frac{2GM_E}{3R}}\sqrt{\frac{n}{3+n}} = (M+m)\sqrt{\frac{GM_E}{3R}}$$

即

$$m\sqrt{2} + M\sqrt{\frac{2n}{3+n}} = M+m$$

可得
$$\frac{M}{m} = \frac{\sqrt{2}-1}{1-\sqrt{\frac{2n}{3+n}}} = \frac{(\sqrt{2}-1)(3+n+\sqrt{2n(3+n)})}{3-n}$$

可以证明,当 $n \sim 3(n < 3)$ 时,$\frac{M}{m} \gg 1$.

52.(2010·华约联盟) 在参考系 S 中有三个力 F_1、F_2、F_3 的作用,在此参考系中动量守恒、能量守恒,则在另一个相对 S 以速度 v 做匀速直线运动的参考系中,动量和能量是否守恒?试证之.

【解析】 按照题意,在参考系 S 中有三个力 F_1、F_2、F_3 作用在系统上时,系统的动量守恒,能量也守恒,这表明三个力满足动量守恒和能量守恒的条件
$$F_1 + F_2 + F_3 = 0$$
和
$$F_1 \cdot \Delta r_1 + F_2 \cdot \Delta r_2 + F_3 \cdot \Delta r_3 = 0$$
Δr_1、Δr_2、Δr_3 分别为外力 F_1、F_2、F_3 作用点在一段时间内的位移.

在另一个相对 S 以速度 v 做匀速直线运动的参考系 S′ 中,首先,按照牛顿力学假设,作用力与参考系无关,即 $F'_1 = F_1$、$F'_2 = F_2$、$F'_3 = F_3$. 因此,参考系 S′ 中有
$$F'_1 + F'_2 + F'_3 = 0$$
则在参考系 S′ 中系统的动量仍然守恒.

另外,参考系 S′ 中各力的作用点的位置矢量 Δr_i 与相应的 S 参考系中位置矢量 Δr 满足
$$\Delta r_1 = \Delta r_i + \Delta r_0$$
由以上讨论可知,在参考系 S′ 中各力在一段时间内做的总功为
$$F'_1 \cdot \Delta r'_1 + F'_2 \cdot \Delta r'_2 + F'_3 \cdot \Delta r'_3 =$$
$$F_1 \cdot (\Delta r_1 - \Delta r_0) + F_2 \cdot (\Delta r_2 - \Delta r_0) + F_3 \cdot (\Delta r_1 - \Delta r_0) \Delta r_i =$$
$$(F_1 \cdot \Delta r_1 + F_2 \cdot \Delta r_2 + F_3 \cdot \Delta r_3) - (F_1 + F_2 + F_3) \Delta r_0 = 0 + 0 = 0$$
则在参考系 S′ 中系统的能量也仍然守恒.

53.(2010·华约联盟) 一质点沿直线做简谐振动,相继通过距离为 16 cm 的两点 A 和 B,历时 1 s,并且在 A、B 两点处具有相同的速率;再经过 1 s,质点第二次通过 B 点.该质点运动的周期和振幅分别为( ).

A. 3 s,$8\sqrt{3}$ cm B. 3 s,$8\sqrt{2}$ cm

C. 4 s,$8\sqrt{3}$ cm D. 4 s,$8\sqrt{2}$ cm

【答案】 D

【解析】 可以分析 A、B 两点一定在平衡位置的两侧,如图所示.而且 O 到 B、B 到 C 所用时间分别为

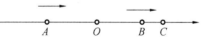

$$t_{OB} = 0.5 \text{ s}$$
$$t_{BC} = 0.5 \text{ s}$$
所以周期为
$$T = 4(t_{OB} + t_{BC}) = 4 \text{ s}$$
另外由题意知,质点在 $t_1 = \frac{T}{8}$ 到 $t_2 = \frac{T}{4}$ 的位移为 8 cm,即
$$A\left(\cos\frac{2\pi t_1}{T} - \cos\frac{2\pi t_2}{T}\right) = 8 \text{ cm}$$
所以
$$A = \frac{8}{\cos\frac{2\pi t_1}{T} - \cos\frac{2\pi t_2}{T}} = 8\sqrt{2} \text{ cm}$$

故 D 选项正确.

54. (2010·华约联盟) 如图, 在 xOy 平面内有一列沿 x 轴传播的简谐横波, 频率为 2.5 Hz. 在 $t=0$ 时, P 点位于平衡位置, 且速度方向向下, Q 点位于平衡位置下方的最大位移处. 则在 $t=0.35$ s 时, P、Q 两质点的( ).

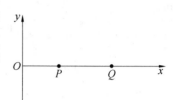

A. 位移大小相等、方向相反　　B. 速度大小相等、方向相同
C. 速度大小相等、方向相反　　D. 加速度大小相等、方向相反

【答案】 ABD
【解析】 简谐波的周期为

$$T = \frac{1}{2.5} = 0.4 \text{ s}$$

根据题中条件可知, P 点和 Q 点的初相位分别为

$$\varphi_{0P} = \frac{\pi}{2}, \quad \varphi_{0Q} = \pi$$

在 $t=0.35$ s 时, 相位分别增加了

$$\Delta\varphi = \frac{2\pi}{T}t = \frac{2\pi \times 0.35}{0.4} = \frac{7\pi}{4}$$

所以 P 点和 Q 点的相位变为

$$\varphi_P = \varphi_{0P} + \frac{7\pi}{4} = 2\pi + \frac{\pi}{4}$$

$$\varphi_Q = \varphi_{0Q} + \frac{7\pi}{4} = 2\pi + \frac{3\pi}{4}$$

因为 $\cos\varphi_P = -\cos\varphi_Q$, 所以 P 点和 Q 点的位移大小相等, 方向相反;
因为 $\sin\varphi_P = \sin\varphi_Q$, 所以 P 点和 Q 点的速度大小相等, 方向相同;
因为加速度与位移成正比, 所以 P 点和 Q 点的加速度大小相等, 方向相反;
所以, A、B、D 选项正确.

55. (2010·清华等五校联考) 如图甲所示, 放在光滑水平面上的一个斜面, 质量为 m_1, 倾角为 θ, 一个质量为 m_2 的物体放在斜面上, 若斜面是光滑的, 当 m_2 沿斜面下滑时, 求 m_1 的加速度.

【解析】 解法一:
设 m_2 的加速度大小为 a_2, 与斜面法线之间的夹角为 α, 则 m_1 和 m_2 的受力分析如图乙所示.

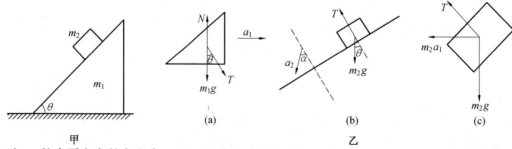

对 m_1 的水平方向的方程为

$$T\sin\theta = m_1 a_1 \quad ①$$

对 m_2 的斜面法向方程为

$$m_2 g\cos\theta - T = m_2 a_2 \cos\alpha \quad ②$$

对 m_2 的斜面切向方程为

$$m_2 g\sin\theta = m_2 a_2 \sin\alpha \quad ③$$

斜面法向两物体加速度之间的连接关系为

$$a_1 \sin\theta = a_2 \cos\alpha \quad ④$$

综合①、②、③、④解得

$$a_1 = \frac{m_2 g \sin\theta \cos\theta}{m_1 + m_2 \sin^2\theta}$$

解法二：
因 m_1 有向右加速度,故分析 m_2 受力时可引入惯性力 $m_2 a_1$,如图乙(c)所示.
在垂直斜面方向上则有

$$T + m_2 a_1 \sin\theta = m_2 g \cos\theta$$

对 m_1 有 $T\sin\theta = m_1 a_1$

解得 $$a_1 = \frac{m_2 g \sin\theta \cos\theta}{m_1 + m_2 \sin^2\theta}$$

56. （2010·清华等五校联考） 如图甲,把质量均为 m 的两个小钢球用长为 $2L$ 的细线连接,放在光滑的水平面上.在线的中央 O 处作用一个恒定的拉力,其大小为 F,其方向沿水平方向且与开始时连线的方向垂直.连线是非常柔软且不会伸缩的,质量可忽略不计.试求:

（1）当两连线的张角为 2θ 时,如图乙,在与力 F 垂直的方向上钢球所受的作用力是多大？

（2）钢球第一次碰撞时,在与力 F 垂直的方向上,钢球的对地速度为多大？

（3）经过若干次碰撞,最后两个钢球一直处于接触状态下运动,试求由于碰撞而失去的总能量为多大？

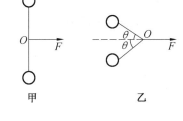

【解析】 （1）对结点 $O:F = 2T\cos\theta$

对其中任一球: $F_y = T\sin\theta$

故 $F_y = \dfrac{F\tan\theta}{2}$

（2）设 m 沿 F 方向运动 x,F 的作用点拉过 $(x+L)$,则

$$F(L+x) = 2 \cdot \frac{m(v_x^2 + v_y^2)}{2} = mv_x^2 + mv_y^2$$

x 方向上 $F = 2ma_x$

且 $v_x^2 = 2a_x x$

得 $v_y = \sqrt{\dfrac{FL}{m}}$

（3）最后两球一起处于接触状态,故原有的速度 v_y 都将损失掉,故

$$\Delta E_k = 2 \cdot \frac{mv_y^2}{2} = mv_y^2 = FL$$

57. （2010·华约联盟） 卫星携带一探测器在半径为 $3R$（R 为地球半径）的圆轨道上绕地球飞行.在 a 点,卫星上的辅助动力装置短暂工作,将探测器沿运动方向射出（设辅助动力装置喷出的气体质量可忽略）.若探测器恰能完全脱离地球的引力,而卫星沿新的椭圆轨道运动,其近地点 b 距地心的距离为 nR（n 略小于3）,求卫星与探测器的质量比.（质量分别为 M、m 的两个质点相距为 r 时的引力势能为 GMm/r,G 为引力常量）

【解析】 设地球质量为 M,卫星质量为 m,探测器质量为 m',当卫星与探测器一起绕地球做圆

周运动时,由万有引力定律和牛顿第二定律得

$$\frac{GM(m+m')}{(3R)^2} = (m+m')\frac{v^2}{3R} \quad ①$$

$$v^2 = \frac{GM}{3R} \quad ②$$

设分离后探测器速度为 v',探测器刚好脱离地球引力应满足

$$\frac{1}{2}m'v'^2 - \frac{GMm'}{3R} = 0 \quad ③$$

$$v' = \sqrt{\frac{2GM}{3R}} = \sqrt{2}v \quad ④$$

设分离后卫星速度为 u,由机械能守恒定律可得

$$\frac{1}{2}mv_{近}^2 - \frac{GMm}{nR} = \frac{1}{2}mu^2 - \frac{GMm}{3R} \quad ⑤$$

由开普勒第二定律有

$$nRv_{近} = 3Ru \quad ⑥$$

联立解得

$$u = \sqrt{\frac{2n}{3+n}}v \quad ⑦$$

由分离前后动量守恒可得

$$(m+m')v = mu + m'v' \quad ⑧$$

联立式④、⑦、⑧ 得

$$\frac{m}{m'} = \frac{\sqrt{2}-1}{1-\sqrt{\frac{2n}{3+n}}}$$

58.(2010·清华等五校联考) 在光滑的水平面上有一质量为 M、倾角为 θ 的光滑斜面,其上有一质量为 m 的物块,如图甲所示. 物块在下滑的过程中对斜面压力的大小为( ).

A. $\dfrac{Mmg\cos\theta}{M+m\sin\theta\cos\theta}$ B. $\dfrac{Mmg\cos\theta}{M-m\sin\theta\cos\theta}$

C. $\dfrac{Mmg\cos\theta}{M+m\sin^2\theta}$ D. $\dfrac{Mmg\cos\theta}{M-m\sin^2\theta}$

【答案】 C

【解析】(1)解法一:

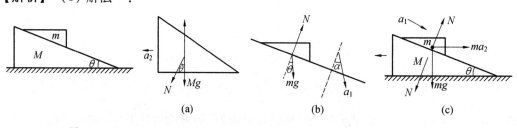

甲　　　　　　　　乙

设 m 的加速度大小为 a_1,与斜面法线之间的夹角为 α,则 M 和 m 组成的整体的受力分析如图乙所示. 对 M 列出水平方向的方程为

$$N\sin\theta = Ma_2$$

对 m 列出斜面法向和切向的方程分别为

$$mg\cdot\cos\theta - N = ma_1\cos\alpha$$

再列出斜面法向两物体加速度之间的连接关系

$$a_2\sin\theta = a_1\cos\alpha$$

由此可得
$$N = \frac{Mmg\cos\theta}{M + m\sin^2\theta}$$

故 C 选项正确.

（2）解法二：

设物块对斜面的压力为 N，物块 m 相对斜面的加速度为 a_1，斜面的加速度为 a_2，方向向左；则物块 m 相对地面的加速度为

$$a_x = a_1\cos\theta - a_2, \quad a_y = a_1\sin\theta$$

对物体考虑水平和竖直方向有

$$N\sin\theta = ma_x = m(a_1\cos\theta - a_2); \quad mg - N\cos\theta = ma_y = ma_1\sin\theta$$

对斜面有
$$N\sin\theta = Ma_2$$

同样可得 N 值.

（3）解法三：

如图乙(c)所示，对斜面
$$N\sin\theta = Ma_2$$

加入惯性力后对物块
$$N + ma_2\sin\theta = mg\cos\theta$$

同样可得 N 值.

59.（2010·清华等五校联考） 一个卫星在半径为 $3R$（R 为地球半径）的轨道上运动，后来发射出一个探测器，该探测器的速度刚好可以脱离地球的引力场. 然后卫星开始做椭圆运动，近地点距离地球中心为 $nR(n \to 3)$，远地点距地球中心为 $6R$，求卫星与探测器的质量比. 忽略发射探测器过程中喷气质量的减少.

【解析】 设卫星和探测器的质量分别为 m_1 和 m_2，地球质量为 M，则卫星在半径为 $3R$ 轨道上做圆周运动时满足

$$G \cdot \frac{M(m_1 + m_2)}{(3R)^2} = (m_1 + m_2) \cdot \frac{v_0^2}{3R}$$

得
$$v_0 = \sqrt{\frac{GM}{3R}}$$

从卫星上发射的探测器能够脱离地球的引力场，发射速度 v_2 满足

$$-G \cdot \frac{Mm_2}{3R} + \frac{1}{2}m_2v_2^2 = 0$$

得
$$v_2 = \sqrt{\frac{2GM}{3R}}$$

而对刚发射掉探测器的卫星，设其速度为 v_1，由机械能守恒定律得

$$-G \cdot \frac{Mm_1}{3R} + \frac{1}{2}m_1v_1^2 = -G \cdot \frac{Mm_1}{6R} + \frac{1}{2}m_1v^2$$

且 $v_1 \cdot 3R = v \cdot 6R$（开普勒第二定律所得）

式中速度 v 指发射掉探测器的卫星在远地点处的速度，解得

$$v_1 = \sqrt{\frac{4GM}{9R}}$$

因题中发射探测器的卫星做椭圆运动的近地点十分接近 $3R$，这表明发射探测器前后卫星的速度都只在切向方向发生变化，而没有径向速度，故在发射过程中由动量守恒关系得

$$(m_1 + m_2)v_0 = m_1v_1 - m_2v_2$$

即
$$\frac{m_1}{m_2} = \frac{\sqrt{3} + \sqrt{6}}{2 - \sqrt{3}} = 15.6$$

或
$$(m_1 + m_2)v_0 = m_2v_2 - m_1v_1$$

即
$$\frac{m_1}{m_2} = \frac{\sqrt{6} - \sqrt{3}}{2 + \sqrt{3}} = 0.19$$

60. (2010·清华等五校联考) A、B、C 三个物体(均可视为质点)与地球构成一个系统,三个物体分别受恒定外力 F_A、F_B、F_C 的作用. 在一个与地面保持静止的参考系 S 中,观测到此系统在运动过程中动量守恒、机械能也守恒. S' 系是另一个相对 S 系做匀速直线运动的参考系,讨论上述系统的动量和机械能在 S' 系中是否也守恒. (功的表达式可用 $W_F = F \cdot s$ 的形式,式中 F 为某个恒力, s 为在力 F 作用下的位移)

【解析】 在 S 系中,因动量和机械能守恒,故
$$F_A + F_B + F_C = 0$$
$$F_A \cdot \Delta s_A + F_B \cdot \Delta s_B + F_C \cdot \Delta s_C = 0$$

由于受力与惯性参考系无关,故在 S' 系的观察者看来系统所受合外力仍为 0,故系统动量仍守恒.

设在同时间间隔 Δt 内,S' 系相对于 S 系的位移为 $\Delta s'$,在 S' 系中观察 A、B、C 三个物体的位移分别为 $\Delta s'_A$、$\Delta s'_B$、$\Delta s'_C$,在 S' 系的观察者看来外力做功之和为
$$F_A \cdot \Delta s'_A + F_B \cdot \Delta s'_B + F_C \cdot \Delta s'_C =$$
$$F_A \cdot (\Delta s_A - \Delta s') + F_B \cdot (\Delta s_B - \Delta s') + F_C \cdot (\Delta s_C - \Delta s') =$$
$$F_A \cdot \Delta s_A + F_B \cdot \Delta s_B + F_C \cdot \Delta s_C - (F_A + F_B + F_C) \cdot \Delta s' = 0$$

即在 S' 系中系统的机械能也守恒.

61. (2009·清华大学) 光滑水平面上质量为 2 kg 的静止小车受到与水平面成 60°角的 20 N 的推力 F 作用,时间为 5 s,则 F 产生的冲量的大小为_____ N·s,5 s 末小车动量的大小为_____ kg·m/s,小车的速度大小为_____ m/s.

【答案】 100;50;25

【解析】 $I = Ft = 20 \times 5$ N·s = 100 N·s;故产生的加速度为
$$a = \frac{F\cos\theta}{m} = 5 \text{ m/s}$$
$$v = at = 25 \text{ m/s}, p = mv = 50 \text{ (kg·m)/s}$$

62. (2010·北京大学) 如图甲所示,一个质量为 M、棱边长为 L 的立方体放在粗糙的平面上,在左上棱施力,使立方体向前或向后翻转,立方体不与平面发生相对滑动,求向前和向后施加力的最小值以及对应的摩擦因数.

【解析】 对于向前拉的情况,如图甲所示. 在拉力达到能把物体向前翻转时,物体除在 a 点与地面有接触外,其他位置与地面的作用力均为零. 列出此时系统受力对 a 点的力矩平衡方程
$$F \cdot \sqrt{2}L\sin\left[\pi - \left(\frac{\pi}{4} + \theta\right)\right] = Mg \cdot \frac{L}{2}$$

由此可得
$$F = \frac{\sqrt{2}Mg}{4\sin\left(\frac{3\pi}{4} - \theta\right)}$$

当 $\theta = \frac{\pi}{4}$ 时,需施加的力最小,其最小值为 $F_{\min} = \frac{\sqrt{2}Mg}{4}$

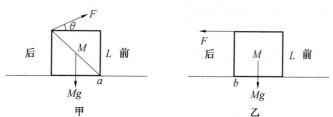

因题目要求在立方体发生翻转时不能与平面发生相对滑动,则要求力 F 在水平方向的分量小于地面的最大静摩擦力,即 $F\cos\theta \leq \mu(Mg - F\sin\theta)$. 因 $\theta = \dfrac{\pi}{4}$,则 $F_{\min} \cdot \dfrac{\sqrt{2}}{2} \leq \mu(Mg - F_{\min} \cdot \dfrac{\sqrt{2}}{2})$.

由此可得地面与立方体间的摩擦因数需要满足 $\mu \geq \dfrac{1}{3}$.

如图乙所示,当向后拉时,在拉力达到能把物体向前翻转时,物体除在 b 点与地面有接触外,其他位置与地面的作用力均为零. 分析可知,当力与竖直棱边垂直时的值最小. 列出此时系统受力对 b 点的力矩平衡方程

$$F_{\min} \cdot L = Mg \cdot \dfrac{L}{2}$$

由此可得
$$F_{\min} = \dfrac{Mg}{2}$$

要求在立方体发生翻转时不能与平面发生相对滑动,则要求 $F_{\min} \leq \mu Mg$. 由此可得地面与立方体间的摩擦因数需要满足 $\mu \geq \dfrac{1}{2}$.

63. (2010·北京大学) 如图,光滑平面上,两个相隔一定距离的小球分别以 v_0 和 $0.8v_0$ 反向匀速运动,它们中间另有两个小球(小球1和小球2). 将一弹簧压紧,小球1和小球2的质量分别为 m 和 $2m$,弹簧的弹性势能为 E_p. 现将弹簧由静止释放,求:

(1) 小球1和小球2各自的速度.

(2) 若小球1能追上左边的以 v_0 运动的球,而小球2不能追上右边以 $0.8v_0$ 运动的球,求 m 的取值范围.

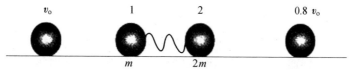

【解析】 (1) 设小球1和小球2各自的速度分别为 v_1 和 v_2,由动量守恒定律和机械能守恒定律

$$mv_1 = 2mv_2 \qquad ①$$

$$mv_1^2 + \dfrac{1}{2}(2m)v_2^2 = E_p \qquad ②$$

解①、②得
$$v_1 = 2\sqrt{\dfrac{E_p}{3m}}, \quad v_2 = \sqrt{\dfrac{E_p}{2m}}$$

(2) 由题意得

$$v_1 = 2\sqrt{\dfrac{E_p}{3m}} > v_0 \qquad ③$$

$$v_2 = \sqrt{\dfrac{E_p}{3m}} \leq 0.8 v_0 \qquad ④$$

解得
$$\dfrac{25E_p}{48v_0^2} \leq m < \dfrac{4E_p}{3v_0^2}$$

64.（2010·北京大学） 物体做如图所示的斜抛运动.

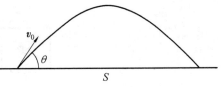

（1）已知抛出速度 v_0 和抛射角 θ，求物体的水平位移 S.

（2）假设一个人站在光滑冰面上，以相对自己的速度 v_0 斜向上抛出一个球，当小球下落至抛出点高度时，水平位移为 L，设人与球的质量分别为 M 和 m，求抛出速度 v_0 的最小值，以及小球抛出时速度与水平方向的夹角 θ.

【解析】 （1）斜抛运动的水平和竖直位移分别为
$$S = (v_0\cos\theta)t$$
$$(v_0\sin\theta)t - \frac{1}{2}gt^2 = 0$$

解得
$$S = \frac{v_0^2\sin 2\theta}{g}$$

（2）人与球水平方向动量守恒
$$-Mu + m(v_0\cos\theta - u) = 0$$

解之得小球速度的水平分量为
$$v_{0x} = v_0\cos\theta - u = \frac{M}{M+m}v_0\cos\theta$$

而竖直分量为
$$v_{0y} = v_0\sin\theta$$

再由斜抛运动的位移公式得
$$L = v_{0x}t$$
$$0 = v_{0y}t - \frac{1}{2}gt^2$$

解得
$$v_0 = \sqrt{\frac{(M+m)gL}{M\sin 2\theta}}$$

当 $\theta = 45°$ 时，$v_{0\min} = \sqrt{\frac{(M+m)gL}{M}}$

65.（2010·复旦大学） 一个质量为 m 的物体静置在与水平面成 β 角的光滑斜面的底端，从某时刻开始有一个沿斜面方向向上的恒力 F 作用在物体上，使物体沿斜面向上滑动，经过一段时间 t，再撤去这个力，又经过时间 $2t$，物体返回到斜面的底部，则（ ）.

A. F 与 $mg\sin\beta$ 的比为 $3∶7$ B. F 与 $mg\sin\beta$ 的比为 $9∶5$

C. F 与 $mg\sin\beta$ 的比为 $7∶3$ D. F 与 $mg\sin\beta$ 的比为 $5∶9$

【答案】 B

【解析】 当撤去外力 F 时，瞬时速度
$$v_0 = at = \frac{F - mg\sin\beta}{m}t$$

根据题意可知
$$\frac{1}{2}\frac{F - mg\sin\beta}{m}t^2 = -\left[v_0 \cdot 2t - \frac{1}{2}g\sin\beta(2t)^2\right]$$

解得
$$F∶mg\sin\beta = 9∶5$$

因此 B 选项正确.

66.（2010·复旦大学） 如图，M 为定滑轮，一根细绳跨过 M，一端系着一个物体 C，另一端系着

一个动滑轮 N,动滑轮两侧分别悬挂着 A、B 两个物体,已知物体 B 的质量 $m_B = 3$ kg,不计滑轮和绳的质量及一切摩擦,如果要使 C 物体保持平衡,则 C 物体的质量为( ).

A. 3 kg B. 6 kg
C. 12 kg D. 18 kg

【答案】 AB

【解析】 设物体 A 的质量为 m_A,若物体 A 向下运动,则物体 B 向上运动,此种情况下物体 A 受到两个力的作用,设绳子拉力大小为 T

此时对物体 A 有
$$m_A g - T = m_A a \qquad ①$$

对物体 B 有
$$T - m_B g = m_B a \qquad ②$$

联立 ①、② 得
$$a = \frac{(m_A - m_B)g}{m_A + m_B}, \quad T = \frac{2m_A - m_B g}{m_A + m_B}$$

对 C 物体处于平衡状态,有
$$m_C g = 2T = \frac{4m_A - m_B g}{m_A + m_B}$$

解得
$$m_C = \frac{4m_A m_B}{m_A + m_B}$$

由于 $0 < m_A < \infty$,得 $0 < m_C < 4m_B$,$0 < m_C < 12$ kg

因此 A、B 选项正确.

67. (2010·南开大学) 已知地球表面的重力加速度为 g,地球绕太阳运动的公转周期为 T,太阳视角为 $\theta = 0.5°$,地球上 $1°$ 纬度长度为 100 km. 求地球与太阳的密度比.

【解析】 地球和太阳的质量分别用 M_e、M_s 表示,地球和太阳的半径分别用 R_e、R_s 表示,地球太阳的平均密度分别用 ρ_e、ρ_s 表示,则有

$$M_e = \rho_e \frac{4}{3}\pi R_e^3, \quad M_s = \rho_s \frac{4}{3}\pi R_s^3$$

解得
$$\frac{\rho_e}{\rho_s} = \frac{M_e R_e^{-3}}{M_s R_s^{-3}} \qquad ①$$

地球表面处的重力加速度 g 满足
$$mg = G\frac{M_e m}{R_e^2} \qquad ②$$

纬度 $1°$ 所对应的弧度用 $\Delta\alpha$ 表示,则
$$\Delta\alpha = \frac{\pi}{180} \qquad ③$$

根据题意有 $\frac{L}{R_e} = \Delta\alpha$,联立式 ①、②、③ 得

$$G\frac{M_e}{R_e^3} = \frac{g\Delta\alpha}{L}$$

地球在太阳引力作用下绕太阳公转,用 r 表示日地间的距离,有
$$G\frac{M_s M_e}{r^2} = M_e \left(\frac{2\pi}{T}\right)^2 r$$

换算角 θ 的单位为弧度

$$\theta = 0.5 \times \frac{\pi}{180} = \frac{\pi}{360}$$

由太阳角直径的定义得

$$\frac{2R_s}{r} = \theta$$

联立以上各式得

$$\frac{\rho_e}{\rho_s} = \frac{gT^2\theta^3\Delta\alpha}{32\pi^2 L} = \frac{gT^2\pi^2}{16L \times 360^4} = \frac{9.8 \times (365 \times 24 \times 3\,600)^2 \times \pi^2}{16 \times 100 \times 10^3 \times 360^4} = 3.58$$

68.（2010·南开大学） 如图甲所示,在质量均匀的圆环上放置一个质量均匀分布的直杆,直杆与圆环相切,在水平地面上系统静止,直杆与地面接触点为 A,与环面接触点为 B.已知两个物体的质量线密度均为 ρ,直杆与地面夹角为 θ,圆环半径为 R,所有接触点的摩擦力足够大.求:

(1) 地面给圆环的摩擦力.

(2) A、B 两点静摩擦因数的取值范围.

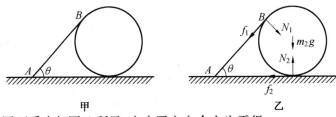

甲　　　　　　乙

【解析】 (1) 圆环受力如图乙所示,由水平方向合力为零得

$$f_2 + f_1\cos\theta = N_1\sin\theta$$

以圆心 O 点为轴有

$$f_1 R = f_2 R, \text{即 } f_1 = f_2$$

对球以 A 点为轴有

$$N_2 l = m_2 g l + N_1 l, \text{即 } N_2 = m_2 g + N_1$$

以球、杆整体为研究对象,则以 A 点为轴有

$$N_2 l = m_2 g l + m_1 g \cdot \frac{l}{2}\cos\theta, \text{即 } N_2 = m_2 g + \frac{1}{2}m_1 g\cos\theta$$

解得

$$f_2 = \frac{m_1 g\sin\theta\cos\theta}{2(1+\cos\theta)} = \frac{\rho g R\cos\theta}{2}$$

(2) B 处静摩擦因数

$$\mu_2 \geq \frac{f_2}{N_2 - m_2 g} = \frac{\sin\theta}{1+\cos\theta} = \tan\frac{\theta}{2}$$

A 处静摩擦因数

$$\mu \geq \frac{f_A}{N_A} = \frac{f_2}{m_1 g + m_2 g - N_2} = \frac{f_2}{m_1 g(1 - 0.5\cos\theta)} = \frac{\tan\left(\frac{\theta}{2}\right)\cdot\cos\theta}{2-\cos\theta}$$

69.（2009·清华大学） 如图,一根光滑均匀细棒质量为 m,一端放在地上,另一端放在方形木块上,最开始时细棒和地面夹角为 $\theta = 30°$,现使方形木块很缓慢地向正左方运动,则细棒受到木块的作用力（　　）.

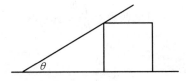

A. 一直增大　　　　　　　B. 一直减小

C. 先增大后减小　　　　　D. 先减小后增大

【答案】 C

【解析】 方形木块很缓慢地向正左方运动的过程中,细棒处于转动平衡,设木块的高度为 a,细棒长为 L,重为 G,则有

$$G \times \frac{L}{2}\cos\theta = N \times \frac{a}{\sin\theta}$$

解得

$$N = \frac{GL\sin\theta}{4a}$$

因此 C 选项正确.

70.(2009·清华大学) 质量为 m、长为 l 的三根相同的匀质细棒对称地放置于地面上,三根细棒的顶端 O 重合,底端 A、B、C 的间距均为 l,如图甲所示.

(1) 求 A 棒顶端所受的作用力 F 的大小.

(2) 若有一质量也为 m 的人(可看作质点)坐在 A 棒的中点处,三根细棒仍然保持不动,这时 A 棒顶端所受作用力 F 的大小是多少?

(3) 在(2)情况下,地面与棒之间的动摩擦因数 μ 至少为多大?

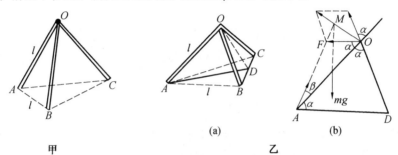

【解析】 (1) 如图乙(a)所示,根据对称性,A 棒顶端所受作用力 F 必沿水平方向且在 $\triangle ADO$ 平面内(D 为 BC 中点),$\overline{AD} = \overline{DO} = \frac{\sqrt{3}}{2}l$,因而,$\alpha = \angle OAD = \arccos\frac{l/2}{\sqrt{3}l/2} = \arccos\frac{1}{\sqrt{3}}$

以 A 为支点,由 A 棒平衡可得

$$F = \frac{1}{2}mg\cot\alpha = \frac{1}{2\sqrt{2}}mg$$

(2) 这时 B、C 两只细棒的受力情况相同,B 棒的受力情况可看作在原所受力 F 之外再加一受力 G_B.因为此时 B 棒仍处于平衡状态,G_B 必沿着 B 棒方向.同理,也有一力 G_C 作用于 C 棒,且沿 C 棒方向.G_B 和 G_C 的合力必然沿 OD 方向,它的反作用力 G 作用于 A 棒上,方向沿 DO,G 对 A 点力矩应与人对 A 的力矩平衡,如图乙(b)所示,即

$$mg \cdot \frac{l}{2}\cos\alpha = Gl\sin\alpha$$

因此

$$G = F = \frac{1}{2\sqrt{2}}mg$$

G 与 AO 延长线夹角也是 α,根据几何关系,可求出 F 与 G 的合力

$$F' = 2F\sin\alpha = \frac{1}{\sqrt{3}}mg,方向与 \overline{AO} 垂直$$

(3) 地面与棒间动摩擦因数 μ 至少为 $\frac{2\sqrt{2}}{7}$.

71.(2009·清华大学) 如图甲所示,A、B、C 三个物体的质量分别为 m_1、m_2、m_3,放置在光滑水平面上,斜劈的倾斜角为 θ,B 物体上表面水平,现加一个水平向右的力 F 在斜劈上.

(1) 如果三个物体间没有相对滑动,求 A、B 间与 B、C 间的摩擦力.
(2) 如果 A、B 间和 B、C 间动摩擦因数相同,则若 F 逐渐增大,问 A、B 间和 B、C 间哪处先滑动?

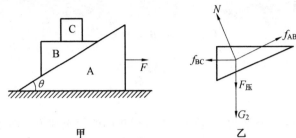

甲　　　　　乙

【解析】 (1) 对系统整体而言,产生的加速度为
$$a = \frac{F}{m_1 + m_2 + m_3}$$

因此 B、C 间的摩擦力为
$$f_{BC} = m_3 a = \frac{m_3 F}{m_1 + m_2 + m_3}$$

隔离 B 进行分析,如图乙所示,则有

在水平方向: $f_{AB}\cos\theta - N\sin\theta - f_{BC} = m_2 a$

在竖直方向: $(m_2 + m_3)g = f_{AB}\sin\theta + N\cos\theta$

解得 $f_{AB} = (m_2 + m_3)\left(g\sin\theta + \dfrac{F}{m_1 + m_2 + m_3}\cos\theta\right)$

(2) F 逐渐增大,a 逐渐增大,使 B、C 间滑动的临界加速度为 $a = \mu g$,这时,对应则有
$$f_{AB} = (m_2 + m_3)(g\sin\theta + \mu g\cos\theta) > (m_2 + m_3)\mu g\cos\theta$$

说明 B、A 间的最大静摩擦力不能够满足对应的摩擦力要求.

因此 B 与 A 间先滑.

72. (2009·华约联盟) 有一条质量为 m、长为 l 的柔软绳自由悬垂,此绳下端恰好与一台秤的秤盘接触. 在某一时刻放开此绳的上端,求此时台秤的最大读数.

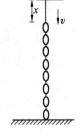

【解析】 设柔软绳的线密度为 λ,则
$$\lambda = \frac{m}{l}$$

t 时刻落到秤盘的绳长为 x,此时绳在空中的速度为
$$v = \sqrt{2gx}$$

在 $t \to t + \Delta t$ 时间内,又有 $\Delta m = \lambda\Delta x$ 的绳落到秤盘上,对 Δm 而言,忽略它自身重力的冲量,由动量定理
$$-F\Delta t = -v\Delta m = -v\lambda\Delta x$$

即 $F = \dfrac{v\lambda\Delta x}{\Delta t} = \lambda v^2 = 2\lambda gx$

因此 $N = F + \lambda g x = 3mg\dfrac{x}{l}$ $(0 \leq x \leq l)$

所以当柔软绳全部落在秤盘上时,秤盘的读数最大,为 $3mg$.

73. (2009·清华大学) 如图,位于 y 轴上的 S_1、S_2 是两个振动相位、振幅和振动方向均相同的点状波源,相距 4.2 m,两波源发射的电磁波的波长均为 1.0 cm. 一个点状检波器,沿 Ox 方向由 S_1 向 x 正方向移动. 检波器检测到信号极弱的小区域的个数为(　　).

A. 无穷多　　　　　　B. 2

C.4   D.6

【答案】 C

【解析】 由波的干涉原理，设在 Ox 轴上某点 P 到 S_1 的距离为 r_1，到 S_2 的距离为 r_2. 当信号达到极弱点时满足的条件是

$$r_2 - r_1 = (2k+1)\frac{\lambda}{2} \quad (k = 0,1,2,\cdots)$$

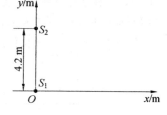

根据三角形特点

$$r_2 - r_1 \leqslant S_1S_2 = 4.2 \text{ m}$$

所以 $k \leqslant 3.7$，即 $k = 0,1,2,3$

因此 C 选项正确.

74.（2009·清华大学） 固定在竖直平面内的一个半圆形光滑轨道，半圆轨道半径为 R，轨道两端在同一水平高度上，其中，一端有小定滑轮（其大小可忽略），两小物体质量分别为 m_1 和 m_2，用较长的轻细线跨过滑轮连接在一起，如图甲所示. 若要求小物体 m_1 从光滑半圆轨道上端沿轨道由静止开始滑下，试问：

(1) m_1 满足什么条件可以使它下滑到轨道最低点 C？

(2) m_1 下滑到 C 点时速度多大？

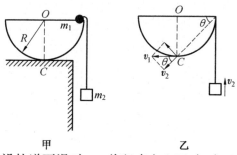

甲   乙

【解析】（1）小物体 m_1 沿轨道下滑时，m_2 将竖直向上运动，由于 m_1 做圆周运动，m_2 做直线运动，因此 m_1 和 m_2 的速度大小不同. 在 m_1 通过圆轨道最低点 C 时，其速度 v_1 沿水平向左，由运动的合成知识可知，小物体 m_1 与 m_2 在此时运动速度的大小关系为

$$v_1 = \frac{v_2}{\cos\theta}$$

如图乙所示，其中 $\theta = 45°$. 在 m_1 下降到最低点 C 时，m_1 的高度下降了 R，而它的位移为 $\sqrt{2}R$，因此 m_2 的高度升高了 $\sqrt{2}R$.

此过程中，m_1、m_2 系统只有重力对其做功，机械能总量不变，有 $\Delta E_p + \Delta E_k = 0$，即

$$m_1gR - \sqrt{2}m_2gR = \frac{1}{2}m_1v_1^2 + \frac{1}{2}m_2v_2^2$$

解得

$$v_1 = 2\sqrt{\frac{(m_1 - \sqrt{2}m_2)gR}{2m_1 + m_2}}$$

若要 m_1 能够沿半圆轨道下滑到最低点 C，要求小物体的质量满足 $m_1 \geqslant \sqrt{2}m_2$.

(2) 当满足上述条件时，小物体 m_1 下滑到 C 的速度为

$$v_1 = 2\sqrt{\frac{(m_1 - \sqrt{2}m_2)gR}{2m_1 + m_2}}$$

75.（2009·清华大学） 现有一质量分布均匀的直杆，绕通过垂直于直杆的水平转轴的转动可以构成一个复摆. 复摆的周期为 $T = 2\pi\sqrt{I/mgh}$，其中 m 为直杆的质量，g 为重力加速度，h 为转轴到

直杆质量中心的距离,I 为复摆对转轴的转动惯量.按照力学原理,复摆对转轴的转动惯量可以表示为 $I = mk^2 + mh^2$,其中 k 为直杆绕通过质量中心且垂直于直杆的水平转轴的回转半径.下表为实验中测量的一组 (h,T) 值,请用作图法求细杆的 k 的取值和实验室当地的重力加速度.

T/s	1.56	1.51	1.50	1.53	1.54	1.59
h/m	0.20	0.25	0.30	0.35	0.40	0.45

【解析】 由 $T = 2\pi\sqrt{I/mgh}$ 和 $I = mk^2 + mh^2$ 得

$$T = 2\pi\sqrt{(k^2 + h^2)/gh} \quad \text{和} \quad T^2 h = \frac{4\pi^2}{g}k^2 + \frac{4\pi^2}{g}h^2$$

把表中数据在方格坐标纸上做 $T^2 h - h^2$ 图,描出实验数据(黑点),画出拟合直线;找出两个拟合直线上的点 $(0.05, 0.53)$,$(0.19, 1.09)$(两个"+",尽量取 h^2 为某一格上的点).求斜率

$$k_0 = \frac{4\pi^2}{g} = \frac{1.09 - 0.53}{0.19 - 0.05} = 4.00$$

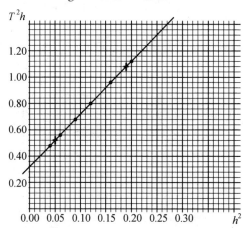

故重力加速度为

$$g = \frac{4\pi^2}{k_0} = (9.87 \pm 0.05) \text{ m/s}^2$$

拟合直线在 $T^2 h$ 轴上的截距为 $(T^2 h)_0 = 0.33$,则回转半径为

$$k = \sqrt{\frac{g(T^2 h)_0}{4\pi^2}} = (0.29 \pm 0.02) \text{ m}$$

76.(2009·清华大学) 如图,小车置于光滑的水平面上,轻弹簧一端固定在小车上,另一端和物体相靠但不连接,开始弹簧被压缩,然后由静止释放弹簧,m 至左端时即与小车粘连,并且物体和小车间无摩擦,则( ).

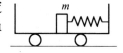

A. m 撞到左端后,小车静止
B. 某一时刻小车可能向左运动
C. m 脱离弹簧后小车必定是匀速向右运动直至粘连为止
D. 整个过程中系统动能有损失

【答案】 ACD

【解析】 释放弹簧后,由动量守恒可知,小车向右运动,物体向左运动,m 撞到左端后,小车静止,选项 A 正确,选项 B 错误,选项 C 正确;m 撞小车的左端的过程属完全非弹性碰撞,动能有损失,选项 D 正确.

77.(2009·清华大学) 地球半径为 R,水平地面上有一单摆在 t 时间内振动 N 次,将该单摆置于高为 h 的高山上,t 时间内振动 $N-1$ 次,则 $h:R$ 为( ).

A. $\dfrac{N-1}{N}$　　　　　　B. $\dfrac{1}{N-1}$

C. $\dfrac{1}{N}$　　　　　　　D. $N-1$

【答案】　B

【解析】　由 $T = 2\pi\sqrt{\dfrac{l}{g}} \propto \dfrac{1}{\sqrt{g}}$，而 $g = G\dfrac{M}{R^2} \propto \dfrac{1}{R^2}$，故得

$$T \propto R$$

由 $\dfrac{t}{N} : \dfrac{t}{N-1} = R : (R+h)$ 得

$$h : R = 1 : (N-1)$$

78.（2009·北京大学）　直径和高同为 d 的不带盖小圆桶，用一根水平直杆与直径和高同为 $2d$ 的带盖大圆桶连接后，静放在光滑水平面上，它们的总质量为 M. 大桶顶部边缘部位有一个质量为 m 的小猴，此时小猴、两圆桶底部中心和直杆处于同一竖直平面内，如图所示. 设小猴水平跳离大桶顶部，恰好能经过也处于运动状态的小桶上方圆周边缘部位后，落到小桶底部中心.

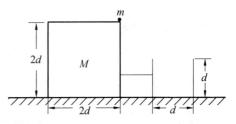

（1）计算小猴从小桶上方边缘部位落到小桶底部中心所经时间 Δt.

（2）试求直杆长度 l.

（3）导出小猴跳离大桶时相对地面的速度 v_m.

【解析】　（1）小猴跳离大桶时只有水平方向的速度，小猴下落 $h = 2d$ 距离的时间是

$$\Delta t = \sqrt{\dfrac{2h}{g}} = \sqrt{\dfrac{2 \cdot 2d}{g}} = 2\sqrt{\dfrac{d}{g}}$$

（2）把小猴下落过程分成两个阶段：分界点是小猴从大桶边缘到小桶边缘的时刻. 两个阶段在竖直方向的位移相同，都为 d，则相应的运动时间为

$$\Delta t_1 = \sqrt{\dfrac{2d}{g}} \text{ 和 } \Delta t_2 = (2 - \sqrt{2})\sqrt{\dfrac{d}{g}}$$

$$\Delta t_1 : \Delta t_2 = 1 : (\sqrt{2} - 1)$$

以 M 为参考系，因小猴在水平方向上的速度不变，则在水平方向上小猴在两个阶段的位移满足

$$\Delta x_1 : \Delta x_2 = l : (d/2) = \Delta t_1 : \Delta t_2 = 1 : (\sqrt{2} - 1)$$

由此得

$$l = \dfrac{d/2}{\sqrt{2} - 1} = \dfrac{\sqrt{2} + 1}{2}d$$

（3）由上述结果可得 m 相对 M 速度：$v_{mM0} = \dfrac{l}{\Delta t_1} = \dfrac{2 + \sqrt{2}}{4}\sqrt{gd}$. 以地面为参考系，系统在水平方向上动量守恒

$$mv_m - Mv_M = 0$$

其中 $v_m = v_{mM0} - v_M$，或 $v_M = v_{mM0} - v_m$，代入上式得

$$mv_m - M(v_{mM0} - v_m) = 0$$

由此可得小猴跳离大桶时相对地面的速度

$$v_m = \sqrt{\frac{(M+m)}{M}} v_{mM0} = \frac{(2+\sqrt{2})M\sqrt{gd}}{4(M+m)}$$

79.（2009·同济大学） 如图甲所示,在一根细长的硬棒上放置3个小球,每个小球之间的距离为 a,小球的质量分别为 m、$2m$ 和 $3m$,细棒的质量分布均匀,总长为 $4a$,质量为 $4m$,求整个体系的重心位置.

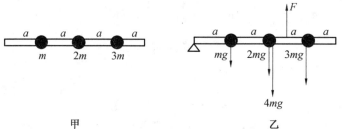

【解析】 解法一:

以棒的左端为原点,沿棒向右建立坐标轴

由公式

$$x_c = \frac{m_1 x_1 + m_2 x_2 + m_3 x_3 + \cdots}{m_1 + m_2 + m_3 + \cdots} = \frac{\sum m_i x_i}{\sum m_i}$$

解得

$$x_c = \frac{ma + 2m \times 2a + 3m \times 3a + 4m \times 2a}{m + 2m + 3m + 4m} = 2.2a$$

即重心在距棒的左端 $2.2a$ 处

解法二:

根据力矩平衡求解,设重心在距棒的左端 x_c 处,如图乙所示.在重心处加一竖直向上的力 F 使棒平衡,由 $\sum F = 0$,得

$$F = mg + 2m + 3mg + 4mg = 10mg$$

取左侧为转动轴,物体平衡,根据 $\sum M = 0$

$$F x_c = mga + 2mg \times 2a + 3mg \times 3a + 3mg + 4mg \times 2a$$

解得 $x_c = 2.2a$

80.（2009·中科大自招） 新发现行星,该星球的半径为 6 400 km,且由通常的水形成的海洋覆盖着它的所有表面,海洋的深度为 10 km.科研人员对该行星进行探测时发现,当把试验用的样品浸入行星海洋的不同深度时,各处的自由落体加速度以相当高的精度保持不变.试求此行星表面处的自由落体加速度,已知万有引力常量 $G = 6.67 \times 10^{-11}(\text{N} \cdot \text{m}^2)/\text{kg}^2$.

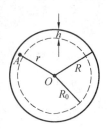

【解析】 设 R、R_0 分别表示此星球(包括海洋)及星球内层(除表层海洋外)的半径,r 表示海洋内任一点 A 到星球中心的距离,则

$$R_0 \leq r \leq R, \quad \text{且} \quad R = R_0 + h$$

设星球的总质量为 M,水的密度为 ρ,因为 h 远小于 R,所以星球表面海水的总质量可表示为

$$m = 4\pi R_0^2 h \rho \approx 4\pi R^2 h \rho$$

根据均匀球体表面重力加速度的表达式,可得此星球表面的重力加速度 g 为

$$g = \frac{GM}{R^2}$$

海洋底部的重力加速度 g' 为

$$g' = \frac{G(M-m)}{R_0^2}$$

根据题设知
$$g = g'$$
即
$$\frac{M}{R^2} = \frac{M-m}{R_0^2} = \frac{M-m}{(R-h)^2}$$
得
$$M = \frac{mR^2}{2Rh - h^2} \approx \frac{mR}{2h}$$

此星球表面的重力加速度为
$$g = \frac{GM}{R^2} = \frac{G}{R^2} \cdot \frac{mR}{2h} = 2\pi GR\rho$$

将 $R = 6\,400$ km,$G = 6.67 \times 10^{-11}$(N·m^2)/kg^2,$\rho = 1.0 \times 10^3$ kg/m^3 代入上式,得
$$g = 2.7 \text{ m/s}^2$$

81.(2009·上海交大) 如图甲所示,将甲、乙两个小球分别固定在一根直角尺的两端 A、B,直角尺的顶点 O 处有光滑的水平固定转动轴,且 $OA = OB = L$,当系统平衡时,OA 与竖直方向的夹角为 $37°$.

(1)求甲、乙二球的质量之比 $m_A : m_B$.

(2)若将直角尺顺时针缓慢转动到 OA 处于水平后由静止释放,求开始转动后 B 球可能达到的最大速度和可能达到的最高点.

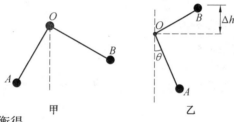

【解析】 (1)由力矩平衡得
$$m_A gL\sin 37° = m_B gL\cos 37°$$
解得
$$m_A/m_B = 4/3$$

(2)直角尺回到原平衡位置时,B 球速度最大,即
$$m_A gL\sin 53° - m_B gL(1 - \cos 53°) = (m_A + m_B)v^2/2$$
解得
$$v = \sqrt{\frac{4}{7}gL}$$

末状态对应球速为 0,如图乙所示
$$4m_B gL\cos\theta - 3m_B gL(1 + \sin\theta) = 0$$
即
$$4\cos\theta - 3\sin\theta - 3 = 0$$
解得
$$\theta = 16.2°$$

B 球在 O 点上方
$$\Delta h = L\sin\theta = 0.28L$$

82.(2009·上海交大) 心脏是血液循环的动力装置.心脏中的右心房接收来自于全身的静脉血,经过心脏瓣膜进入右心室,再通过右心室的压缩进入肺动脉.肺动脉把静脉血输入肺脏,进行氧和二氧化碳的交换后,富含氧气的动脉血通过肺静脉流回心脏的左心房,再进入左心室,通过左心室的压缩,动脉血通过主动脉和通往身体各部位的大动脉被输送到全身的毛细血管.正常成年人在安静时心跳频率平均为每分钟 75 次,主动脉收缩压平均为 120 mmHg,肺动脉收缩压为主动脉的 1/6.在左、右心室收缩前,心室中的血液压强接近于零(相对于大气压强).心脏中的左、右心室在每个搏动周期的血液搏出量均约为 70 mL.试估算正常成年人心脏的平均功率.(1 大气压 = 1.05×10^5 Pa,血的密度为 $1.05 \sim 1.06$ g/cm^3,主动脉、肺动脉内径约 20 mm,在一个心脏搏动周期中左、右心室收缩时间约为 0.2 s.)

【解析】 (1)心脏左心室收缩压出血液在一个脉动周期内所做的功为

$$A_1 = P_1 \Delta V = (120 \times \frac{1.05 \times 10^5}{76}) \times (70 \times 10^{-6}) \text{J} = 11.6 \text{ J}$$

(2)心脏右心室在一个脉动周期内收缩压出血液所做的功为

$$A_2 = P_2 \Delta V = (\frac{120}{6} \times \frac{1.05 \times 10^5}{76}) \times (70 \times 10^{-6}) \text{J} = 1.93 \text{ J}$$

(3)心脏左、右心室压缩出的血液在一个脉动周期内所具有的动能为

$$\Delta E_k = 2 \times \frac{1}{2} \Delta m \times v^2 = 2 \times \frac{1}{2}(70 \times 10^{-6} \times 1.05 \times 10^3)$$

(4)心脏功率

$$P = \frac{(A_1 + A_2 + A_3) \times 75}{60} = \frac{(11.6 + 1.93 + 0.09) \times 75}{60} \text{W} \approx 17 \text{ W}$$

83.(2009·上海交大) 一根用绝缘材料制成的轻弹簧,劲度系数为 k,一端固定,另一端与质量为 m、带正电荷、电量为 $+q$ 的小球相连,静止在光滑绝缘水平面上,当施加水平向右的匀强电场 E 后(如图所示),小球开始做简谐运动. 关于小球的运动有如下说法,其中正确的是( ).

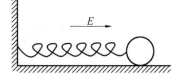

A. 球的速度为零时,弹簧伸长 qE/k
B. 球做简谐运动的振幅为 qE/k
C. 运动过程中,小球的机械能守恒
D. 运动过程中,小球动能改变量、弹性势能改变量、电势能改变量的代数和为零

【答案】 BD

【解析】 由于施加水平向右的匀强电场 E,而 q 带正电,故平衡位置在原来右边,当 $qE = kx_0$(设此时弹簧伸长 x_0)时,$x_0 = \frac{Eq}{k}$,此时球的速度最大,故 A 选项错误.

当弹簧保持原来的长度时速度为 0,因此振幅 $x_0 = \frac{Eq}{k}$,故 B 选项正确.

根据简谐运动的对称性可知,弹簧的最大伸长量 $2x_0$,又由于电场力做功,所以机械能不守恒,故 C 选项错误.

由动能定理 $W = E_{k2} - E_{k1} = \Delta E_k$,$W = W_{弹簧} + W_{电场}$,故 D 选项正确.

84.(2008·清华大学) 在地球赤道上的 A 点处静止放置一个小物体,现在设想地球对小物体的万有引力突然消失,则在数小时内,小物体相对于 A 点处的地面来说,将( ).

A. 水平向东飞去
B. 原地不动,物体对地面的压力消失
C. 向上并渐偏向西方飞去
D. 向上并渐偏向东方飞去
E. 一直垂直向上飞去

【答案】 C

【解析】 从地球外面的惯性参考系来看,物体沿切线方向向东匀速直线飞去,如图甲所示. A 为开始飞出点,$B,C,D,\cdots$ 为经过 2 h,4 h,6 h,$\cdots$ 后的 A 位置. $b,c,d,\cdots$ 为经过 2 h,4 h,6 h,$\cdots$ 后物体在空间的位置. $Bb,Cc,Dd,\cdots$ 为地面观察者观看物体的视线.

在地面上 A 点的观察者来看,这些视线相对于其他的方向和距离如图乙所示,将 $A,b,c,d,\cdots$ 用光滑的曲线连接起来就是从地球上观察到的物体的运动轨迹 $Abcd\cdots$,即 2 h 后,物体到 b 点处;4 h 后,物体到 c 点处;6 h 后,物体到 d 点处……所以从地球上观察,小物体相对于 A 点处的地面来说,从原地向上升起并渐偏向西方飞去. 故 C 选项正确.

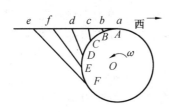
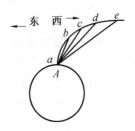

甲　　　　　　　　　　　　乙

85.（2008·清华大学） 光滑水平面上放置两长度相同、质量分别为 M_1 和 M_2 的木板 P、Q，在木板的左端各有一大小、形状、质量完全相同的物块 a 和 b，木板和物块均处于静止状态，现对物块 a 和 b 分别施加水平恒力 F_1 和 F_2，使它们向右运动至物块与木板分离时，P、Q 的速度分别为 v_1、v_2，物块 a、b 相对地面的位移分别为 s_1、s_2，已知两物块与木板间的动摩擦因数相同，下列判断正确的是（　　）.

A. 若 $F_1 = F_2$，$M_1 > M_2$，则 $v_1 > v_2$，$s_1 = s_2$
B. 若 $F_1 = F_2$，$M_1 < M_2$，则 $v_1 > v_2$，$s_1 > s_2$
C. 若 $F_1 > F_2$，$M_1 = M_2$，则 $v_1 < v_2$，$s_1 > s_2$
D. 若 $F_1 > F_2$，$M_1 = M_2$，则 $v_1 > v_2$，$s_1 > s_2$

【答案】　BD

【解析】　设物块质量为 m，作用力为 F，板长为 L，则物块相对于地面的加速度为

$$a = \frac{F - \mu mg}{m}$$

木板相对于地面的加速度为　　$a' = \frac{\mu mg}{M}$

物块相对于木板的加速度为　　$a_{相} = \frac{F - \mu mg}{m} - \frac{\mu mg}{M}$

物块在木板上的运动时间为　　$t = \sqrt{\dfrac{2L}{\dfrac{F - \mu mg}{m} - \dfrac{\mu mg}{M}}}$

物块相对地面的速度为　　$v = at = \dfrac{F - \mu mg}{m}\sqrt{\dfrac{2L}{\dfrac{F - \mu mg}{m} - \dfrac{\mu mg}{M}}}$

木板的速度为　　$v' = \dfrac{\mu mg}{M}\sqrt{\dfrac{2L}{\dfrac{F - \mu mg}{m} - \dfrac{\mu mg}{M}}}$

物块相对地面的位移为　　$s = \dfrac{1}{2}at^2 = \dfrac{(F - \mu mg)L}{m\left(\dfrac{F - \mu mg}{m} - \dfrac{\mu mg}{M}\right)}$

综合分析可知，B、D 选项正确.

86.（2008·清华大学） 要测量在空间站中的宇航员的质量，说明方法、原理，写出计算公式，并分析影响实验精确性的因素.

【解析】　空间站中的宇航员处于完全失重状态，其他宇航员用弹簧秤给待测宇航员一个恒力 F，使待测宇航员从静止开始做匀加速运动，用秒表测量出待测宇航员运动 t 时间相对空间站的位移 x，则有 $x = \dfrac{F}{2m}t^2$，所以，$m = \dfrac{F}{2x}t^2$.

影响实验精确性的因素有:用弹簧秤给待测宇航员一个恒力 F 较难控制实验条件;用秒表测量出待测宇航员运动时间将存在偶然误差;空间站的完全失重状态可能存在偏差.

87.（2008·清华大学） 如图,光滑的水平桌面上放有一由铰链在 B 点连接起来的两轻杆,两杆的长度均为 l,质量均为 m 的小球 1、2 和 3 分别固定在杆的 A、B 和 C 三个端点上,小球 1、3 分别带有电荷量 $-q$ 和 $+q$,小球 2 不带电,整个装置处于场强为 E、方向平行于桌面向右的匀强电场中.用外力使该装置处于静止状态且 AC 平行于电场,$\angle ABC = 120°$,突然撤去外力,小球开始运动,不计小球 1、3 之间的静电引力,小球 2 的最大速度为（　　）.

A. $\sqrt{\dfrac{(2-\sqrt{3})qEl}{3m}}$ B. $2\sqrt{\dfrac{(2-\sqrt{3})qEl}{3m}}$

C. $\sqrt{\dfrac{(2-\sqrt{3})qEl}{5m}}$ D. $2\sqrt{\dfrac{(2-\sqrt{3})qEl}{5m}}$

【答案】 B

【解析】 如上图,当两轻杆在同一直线上时,小球 2 的速度最大,此时,小球 1、3 没有沿杆方向的速度,只有垂直于杆方向的速度 v_y,在垂直于电场方向系统的合力为 0,由动量守恒有
$$m_B v_B = 2m_A v_y$$
由功能原理可知
$$2qE\left(l - \dfrac{\sqrt{3}}{2}l\right) = \dfrac{1}{2}m_B v_B^2 + \dfrac{1}{2} \times 2m_A v_y^2$$
解得
$$v_B = 2\sqrt{\dfrac{(2-\sqrt{3})qEl}{3m}}$$

88.（2008·清华大学） 一均匀细棒质量为 M,置于光滑水平面上,在棒的两个端点各蹲着一只质量为 m 的青蛙,若两青蛙以相同的速率、相同的对地仰角,各向不同一侧同时起跳,以使细棒在水平面上旋转,而当两青蛙下落时刚好能各落在棒的另一端点,求 m/M 的取值范围.

【解析】 设青蛙起跳速度为 v,仰角为 α,起跳点与落地点对棒中心 O 的张角为 θ,棒长 $2l$,则应有
$$v\cos\alpha \cdot 2\dfrac{v\sin\alpha}{g} = 2l\sin\dfrac{\theta}{2} \qquad ①$$
青蛙起跳后使棒获得角速度 ω,系统角动量守恒,于是有
$$2mv\cos\alpha \cdot \cos\dfrac{\theta}{2} \cdot l = \dfrac{1}{3}Ml^2\omega \qquad ②$$
在青蛙起跳至落地过程中,棒转过 $(\pi-\theta)$ 角,于是有
$$\omega \cdot \dfrac{2v\sin\alpha}{g} = \pi - \theta \qquad ③$$
由式②、③消去 ω,再与式①联立得
$$6\dfrac{m}{M}\sin\theta = \pi - \theta \qquad ④$$
由图乙看出,欲使超越方程④ 在 $\theta < \pi$ 时有解,必须使
$$\left|\dfrac{d}{d\theta}\left(6\dfrac{m}{M}\sin\theta\right)\right|_{\theta=\pi} > 1$$
由此得出
$$\dfrac{m}{M} > \dfrac{1}{6} \qquad ⑤$$
在青蛙跳跃过程中,棒也可转过 $\pi - \theta + 2k\pi (k \geq 1)$,从而得出

专题一 力 学

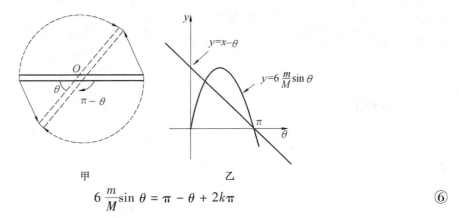

甲　　　　　　　　　　　　乙

$$6\frac{m}{M}\sin\theta = \pi - \theta + 2k\pi \qquad ⑥$$

这将要求 $\frac{m}{M}$ 比 $\frac{1}{6}$ 大得多，结果仍与式 ⑤ 相容．

89.（2008·清华大学） 有人设计了这样一个小车，其示意图是依靠摆球下落时撞击挡块反弹回来，再次撞击挡块并又反弹回来，如此反复使小车前进，请你帮他作进一步分析计算：在摆球初始位置水平，初始速度为零的情况下：

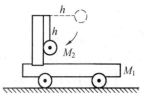

（1）摆球与挡块第一次撞击后的瞬间，小车的速度是多少？
（2）摆球反弹回来后能回到原来的水平位置吗？为什么？
（3）摆球第二次与挡块撞击后的瞬间，小车的速度又是多少？

设小车质量为 M_1，摆球质量为 M_2，摆球重心到悬点距离为 h，摆球与挡块撞击时正好在其铅垂位置，碰撞为完全弹性的，小车与地面无摩擦．

【解析】 （1）选小球、车为系统，在小球下摆过程中系统的机械能守恒，有
$$M_2 gh = \frac{1}{2}M_1 v_1^2 + \frac{1}{2}M_2 v_2^2$$

而在铅垂位置摆球与车挡板作弹性碰撞，也满足动量守恒和机械能守恒，有
$$M_1 v_1 - M_2 v_2 = 0 \text{（以水平向左为正方向）}$$

可解得　　　　　　$v_1 = M_2\sqrt{\dfrac{2gh}{M_1 M_2 + M_1^2}}$, $\quad v_2 = -M_1\sqrt{\dfrac{2gh}{M_1 M_2 + M_1^2}}$

（2）小球上摆过程与下摆过程同样遵从水平方向动量守恒和机械能守恒，在小球向右摆时，车朝左运动，故小球反弹回来仍能回到水平位置而静止，同时小车也必然回到原处而静止．

（3）在经过小球下摆、与车挡板碰撞、小球上摆三个过程后，摆球和小车都恢复到初始状态，以后系统就不断重复这三个过程．故摆球第二次与车挡板撞击后的小车速度与第一次撞击后的速度大小相同．由于摆球与小车水平动量守恒，在小球摆动时，小车只是前后往返运动，不能不断地前进．

90.（2008·清华大学） 一单摆的悬线长 l，在顶端固定点的竖直正下方 a 处有一小钉，如图甲所示．设摆角很小，则单摆的左右两侧振幅之比 $\dfrac{A_1}{A_2}$ 的近似值为_____．

【答案】 $\sqrt{\dfrac{l-a}{l}}$

【解析】 设图乙中左右两侧线和竖直线的夹角分别为 α、β
因机械能守恒，两球最高点的高度相同，故
$$l\cos\alpha = a + (l-a)\cos\beta$$

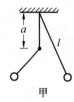 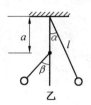

因 α、β 很小,故

$$\cos\alpha = 1 - 2\sin^2\left(\frac{\alpha}{2}\right) = 1 - \frac{\alpha^2}{2}, \quad \cos\beta = 1 - \frac{\beta^2}{2}$$

即

$$l\alpha^2 = (l-a)\beta^2$$

因

$$\alpha \approx \frac{A_1}{l}, \quad \beta \approx \frac{A_2}{l-a}$$

解得

$$\frac{A_1}{A_2} \approx \sqrt{\frac{l-a}{l}}$$

91. (2008·北京大学) 在水平轨道上有两辆长均为 L 的汽车,两车中心相距为 s. 开始时 A 车在后面以初速度 v_0、加速度大小为 $2a$ 正对着 B 车做匀加速运动,同时,B 车以初速度 0、加速度大小 a 做匀加速运动,两车运动方向相同. 要使两车不相撞,则 v_0 应满足的关系式为 _____.

【答案】 $v_0 < \sqrt{6a(s-L)}$

【解析】 以后车初始时刻的中心位置为坐标原点,以后车到前车的方向为正方向建立一维坐标系,则 t 时刻两车的坐标分别为

$$x_1 = v_0 t - \frac{(2a)t^2}{2}, \quad x_2 = s + \frac{at^2}{2}$$

两车相撞时,满足 $x_2 - x_1 \leq L$. 以刚刚相撞的情况为例,即 $x_2 - x_1 = L$,两车相撞的条件为 $\frac{3at^2}{2} - v_0 t + (s-L) = 0$,由此可知,当 $v_0^2 \geq 6a(s-L)$ 时,t 有实数解,表明两车会相撞. 因此,要使两车不相撞,则 v_0 应满足的关系为 $v_0 < \sqrt{6a(s-L)}$.

92. (2008·北京大学) 水平光滑大桌面上有一均匀圆环形细管道,质量为 M,管道内有两个小球,质量同为 m,位于管道内径 A、B 的两端. 开始时,圆环静止,两个小球沿着朝右的切线方向运动,具有相同的初速度 v_0,如图所示,设系统任何一处都没有摩擦.

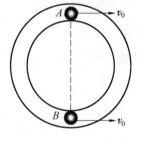

(1) 当两个小球在管道内第一次相碰前瞬间,求两个小球之间的相对速度大小.

(2) 设碰撞是弹性的,分析判定两小球碰后能否在管道内返回原来的 A、B 位置.

【解析】 (1) 对于整个系统,管道和两个小球受到的合外力为零,设两个小球第一次相碰时管道的速度为 v_2,由对称性可知,两个小球一定在圆环的最右端点相碰,此时设小球相对管道的速度为 v_y,根据动量守恒可得

在水平向右的方向上 $\qquad 2mv_0 = Mv_2 + 2mv_2 \qquad$ ①

根据机械能守恒有 $\qquad \frac{1}{2}mv_0^2 \cdot 2 = \frac{1}{2}Mv_2^2 + \frac{1}{2}m(v_2^2 + v_y^2) \cdot 2 \qquad$ ②

①、②联立,解得 $\qquad v_y^2 = v_0^2 \sqrt{\frac{M}{M+2m}}$

两球的相对速度 $\qquad 2v_y = 2v_0\sqrt{\frac{M}{M+2m}}$

（2）当两球在管道最右端发生弹性碰撞时,因为它们质量相同,所以彼此交换 y 方向的速度.由对称性可知,两个小球碰撞后能够返回到原来的位置 A、B.

93.（2008·上海交大） 质量为 80 kg 的人沿图甲所示的梯子从底部向上攀登,梯子质量为 25 kg,顶角为 30°. 已知 AC 和 CE 都为 5 m 长,且用铰链在 C 点处相连. 将一段轻绳 BD 的两端固定在梯子高度一半处,忽略梯子与地面的摩擦,求在人向上攀登过程中轻绳中张力的变化规律.

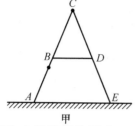
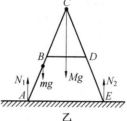

甲　　　　乙

【解析】 设梯子和人的质量分别为 M、m. 当人爬离 A 点的距离为 x 时,则以 A 为轴,梯子为研究对象,有

$$x\cos 75° mg + \overline{AC}\cos 75° Mg - 2\overline{AC}\cos 75° N_2 = 0$$

其中
$$\overline{AC} = 5 \text{ m}$$

设绳中张力为 T,以 C 为轴、左侧梯子为对象,有

$$(5-x)\sin 15° \cdot mg + \frac{5}{2}\cos 15° \cdot T + \frac{Mg}{2} \cdot \frac{5}{2}\sin 15° - 5\sin 15° \cdot N_1 = 0$$

解得
$$T = (125 + 60x)\tan 15°$$

94.（2007·上海交大） 如图,两个轻质弹簧竖直地悬挂在天花板下,原本长度分别为 L_1 和 L_2,劲度系数分别为 k_1 和 k_2. 两个弹簧之间有一个质量为 m_1 的物体,下面的弹簧的最下端挂着质量为 m_2 的另一物体. 整个装置处于静止状态,这时两个弹簧的总长度为_____. 用一个平板把下面的物体竖直地缓慢地向上托起,直到两个弹簧的总长度等于两个弹簧的原来的长度和,这时平板受到下面物体的压力大小等于_____.

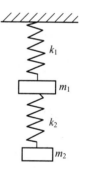

【答案】 $L = L_1 + L_2 + \dfrac{m_2 g}{k_2} + \dfrac{(m_1+m_2)g}{k_1}$；$m_2 g + \dfrac{k_2 m_1 g}{k_1+k_2}$

【解析】 （1）研究 m_1、m_2 整体,弹簧 L_1 伸长量

$$\Delta L_1 = \frac{(m_1+m_2)g}{k_1}$$

研究 m_2,弹簧 L_2 伸长量

$$\Delta L_2 = \frac{m_2 g}{k_2}$$

这时两个弹簧的总长度为

$$L = L_1 + L_2 + \frac{m_2 g}{k_2} + \frac{(m_1+m_2)g}{k_1}$$

（2）通过分析可知,弹簧 L_1 伸长,弹簧 L_2 缩短

设托起物体 m_2 后,L_1 的伸长量为 $\Delta L'_1$,L_2 的压缩量为 $\Delta L'_2$

根据题意 $\Delta L'_1 = \Delta L'_2$,由 m_1 的平衡条件可知

$$k_1 \Delta L'_1 + k_2 \Delta L'_2 = m_1 g$$

解得
$$\Delta L'_1 = \Delta L'_2 = \frac{m_1 g}{k_1+k_2}$$

此时平板受到 m_2 的压力大小为

$$N = k_2 \Delta L'_2 + m_2 g = m_2 g + \frac{k_2 m_1 g}{k_1 + k_2}$$

95.（2007·上海交大） 如图，有一光滑大圆环，竖直放置的圆心在 O 点，大圆环上套有光滑的小圆环 B 和 C，两个小圆环质量可忽略. 现在把一根光滑的轻绳穿过两个小圆环，在轻绳的两端 A、D 以及两环之间 E 悬有三个重物，如果两小圆环在如图所示位置（BO、CO 分别与 FO 夹角为 $30°$）时整个系统处于平衡状态，则三个重物质量 m_A、m_D 及 m_E 间的关系为_____.

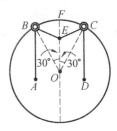

【答案】 $m_A = m_D = m_E$

【解析】 由对称性可知：$m_A = m_D$，根据题意可知，重物 E 受三个力作用，并且这三个力互成 $120°$ 夹角，因此有 $m_A = m_D = m_E$.

96.（2006·清华大学） 如图甲所示，在光滑的水平面上，质量分别为 m_1 和 m_2 的木块用劲度系数为 k 的轻弹簧连接起来，用两根绳子拉紧两侧物体，使弹簧压缩. 某时刻将绳子烧断，试求两木块的振动周期.（不计摩擦）

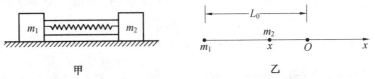

【解析】 如图乙所示，建立固连在木块 m_1 上、沿弹簧方向的 x 轴，原点 O 与静止时 m_1 的位置相距为弹簧自然长度 L_0，m_2 的位置坐标 x 的大小与弹簧的形变量 ΔL 相等.

取 m_1 为参照物，绳断后任一瞬间，m_1 对地加速度 $a_1 = \frac{k\Delta L}{m_1}$，$m_2$ 对地加速度 $a_2 = -\frac{k\Delta L}{m_2}$，则 m_2 相对 m_1 的加速度 a' 为

$$a' = a_2 - a_1 = k\Delta L \left(\frac{1}{m_1} + \frac{1}{m_2}\right) = -kx\left(\frac{1}{m_1} + \frac{1}{m_2}\right)$$

设 F' 为在 m_1 系中 m_2 的受力，则有

$$F' = m_2 a' = -\left[\frac{k(m_1 + m_2)}{m_1}\right]x = -k'x$$

式中 x 等效为 m_1 系中 m_2 相对坐标原点 O 的位移. 因此，在 m_1 系中，可认为 m_2 在线性回复力的作用下做简谐振动，其振动周期 T' 为

$$T' = 2\pi\sqrt{\frac{m_2}{k'}} = 2\pi\sqrt{\frac{m_1 m_2}{k(m_1 + m_2)}}$$

由参考系变化和等时效应，可知在地面参考系中，m_1、m_2 系统的振动周期 T 与 T' 相等，即

$$T = T' = 2\pi\sqrt{\frac{m_1 m_2}{k(m_1 + m_2)}}$$

97.（2006·复旦外地） 在如图所示的系统中，活塞 n 中有一个活塞孔，其中有一个可移动的塞栓 B，它们与密度为 ρ 的液体处于系统平衡状态. 容器的截面积为 S，孔的截面积为 S_0，各滑动表面摩擦可忽略，液体不能从间隙中出来. 问若在塞栓顶上放上质量为 m_0 的物体，塞栓相对初始位置下移多少？

【解析】 设塞栓下降 x，则活塞升高

$$h = \frac{\Delta V}{S - S_0} = \frac{xS_0}{S - S_0}$$

则
$$x + h = \frac{xS}{S - S_0}$$

两个面上液体的压强差增加了
$$\Delta p = \frac{\rho g x S}{S - S_0}$$

又
$$\Delta p = \frac{m_0 g}{S_0}$$

所以
$$x = \frac{m_0(S - S_0)}{\rho S S_0}$$

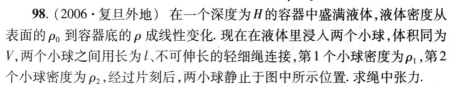

98.（2006·复旦外地） 在一个深度为 H 的容器中盛满液体，液体密度从表面的 ρ_0 到容器底的 ρ 成线性变化．现在在液体里浸入两个小球，体积同为 V，两个小球之间用长为 l、不可伸长的轻细绳连接，第1个小球密度为 ρ_1，第2个小球密度为 ρ_2，经过片刻后，两小球静止于图中所示位置．求绳中张力．

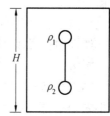

【解析】 设细绳中拉力为 T，两个球所受的浮力分别为 F_1 和 F_2，对两个球分别有
$$F_1 - T - m_1 g = 0$$
$$F_2 + T - m_2 g = 0$$

在液体下深度 x 处时，球受到的浮力表示为
$$F_{浮x} = \rho_x g V$$

而
$$\rho_x = \rho_0 + \frac{(\rho - \rho_0)x}{H}$$

这样可得
$$T = \frac{gV}{2}\left(\rho_2 - \rho_1 - \frac{\rho - \rho_0}{H}l\right)$$

说明：这一关系只有在 $T \geq 0$，$x_1 > 0$，$x_1 < H$ 时才有可能成立．

99.（2006·上海交大） 质量均匀的无底圆桶重 G，放在水平桌面上，如图甲所示，内放甲、乙均匀圆球，每球重为 $G_{球}$，半径为 r，桶的半径为 R，且 $r < R < 2r$，若各接触面间摩擦忽略不计，试求为使圆桶不至于翻倒的 G 的最小值．如果桶有底呢？

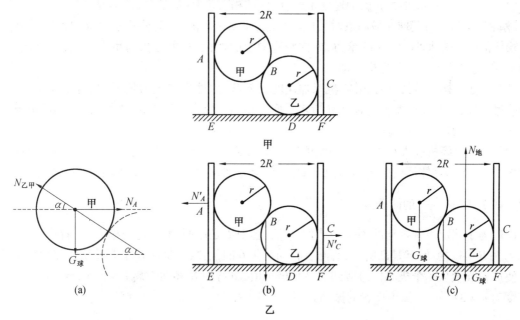

【解析】 解法一：

小球甲受到三个力：重力 $G_球$，桶壁的支持力 N_A 和乙球对甲球的弹力 $N_{乙甲}$（沿两球球心），如图乙(a)所示. 根据平衡条件可得

$$N_{乙甲} \sin \alpha = G_球, \quad N_{乙甲} \cos \alpha = N_A$$

解得
$$N_A = G_球 \cot \alpha$$

把甲、乙两个球作为一个整体，如图乙(b)所示，由水平方向的平衡条件可知乙球在 C 点受到的弹力 $N_C = N_A$. 根据牛顿第三定律可知，甲、乙两球对桶壁的弹力 N'_A、N'_C 的大小分别等于 N_A、N_C.

对于无底圆桶，取 E 点为转动轴时，将要翻时，仅 E 处与地面有弹力，要使圆桶不翻倒，由力矩平衡条件得

$$N'_A \cdot AE \le N'_C \cdot CF + GR$$

如果桶有底，则整体分析，由受力可知地面对整个桶底总有弹力，因此桶不可能翻倒

解法二：

如图乙(c)所示，把甲、乙两个球作为一个整体，由竖直方向受力平衡可知地面对球乙的弹力大小为 $2G_球$，将两个球和桶作为整体分析，取 E 点为转动轴，将要翻时，仅 E 处与地面有弹力，要使圆桶不致翻倒，由力矩平衡条件得

$$N_地(2R - r) \le G_球(2R - r) + G_球 r + GR$$

即
$$2G_球(2R - r) \le G_球(2R - r) + G_球 r + GR$$

得
$$G \ge 2G_球\left(\frac{R - r}{R}\right)$$

如果桶有底，则整体分析，由受力可知地面对整个桶底总有弹力，因此桶不可能翻倒.

100.（2006·上海交大） 如图，在升降机的天花板上固定一摆长为 l 的单摆，当升降机静止时，让摆球从 θ_0 角度处摆下，试分析：

(1) 当摆球在最高点时，升降机以加速度 g 下落，摆球相对于升降机如何运动？

(2) 当摆球摆到最低点时，升降机以加速度 g 下落，摆球相对于升降机如何运动？

(3) 若升降机以大小为 g 的加速度上升，则摆球相对于升降机又如何运动？

【解析】 (1) 当摆球在最高点时，升降机以加速度 g 下落，以升降机这个非惯性系为参照系，此时物体的受力有大小为 mg 的重力、方向竖直向上的惯性力，惯性力与重力抵消，此时绳子的拉力为零，因此摆球相对于升降机不动.

(2) 当摆球摆到最低点时，升降机以加速度 g 下落，惯性力与重力抵消，此时小球保持原有速度继续做匀速圆周运动，类似物体在光滑水平面上在绳子拉力作用下做匀速圆周运动的情况，向心力由绳子的拉力提供.

(3) 如果升降机以大小为 g 的加速度上升，物体的受力有大小为 mg 的重力、方向竖直向下的惯性力，即相当于物体所受的重力为原来的两倍，重力加速度变为原来的两倍，故摆球相对于升降机做周期 $T = 2\pi \sqrt{\dfrac{l}{2g}}$ 的简谐运动.

101. 为了测定声音振动的频率，采用干涉法，图中 T 是声源，A、B 是两根弯头（看作是空的金属管），弯头 B 可以抽动. M 是助听器，观测者移动弯头 B 的位置，用助听器来调节增强或者减弱声音. 为了使声音强度从一个极小值过渡到下一个极小值，将弯头 B 移动距离 $L = 5.5$ cm. 在室温下声音的速度为 $v = 340$ m/s，试求声音的振动频率.

【解析】
$$f = \frac{v}{\lambda} \quad ①$$

$$\delta_{差} = \widehat{TBC} - \widehat{TAC}$$

$$\delta_1 = (2k_1 + 1)\frac{\lambda}{2} \quad ②$$

$$\delta_2 = (2k_2 + 1)\frac{\lambda}{2} \quad ③$$

$$\delta_2 - \delta_1 = 2L \quad ④$$

$$k_2 - k_1 = 1 \quad ⑤$$

所以 $\lambda = 2L$

所以 $f = \frac{v}{2L} = 3.1 \times 10^3$ Hz

102. 一长为 L 的水带,一端固定,另一端以初速度 v_0 展开,水带质量为 M,初始半径为 R,且 $R \ll L$.

(1) 求水带展开所需的时间.

(2) 试解释水带所受摩擦力方向与其质心加速度反向的原因.

【解析】(1) 由于 $R \ll L$,故势能改变可忽略不计,当移动 x 后,运动部分的质量为

$$m = M\left(1 - \frac{x}{L}\right) \quad ①$$

由于运动部分除质心平动外,还有转动

$$\omega = \frac{v}{r} \quad ②$$

$$E = E_c + E_{转} = \frac{1}{2}mv^2 + \frac{1}{2}I\omega^2 \quad ③$$

由能量守恒得

$$\frac{1}{2}Mv_0^2 + \frac{1}{2}\left(\frac{1}{2}MR^2\right)\left(\frac{v_0}{R}\right)^2 = \frac{1}{2}mv^2 + \frac{1}{2}\left(\frac{1}{2}mr^2\right)\left(\frac{v}{r}\right)^2 \quad ④$$

$$v = \frac{v_0}{\sqrt{1 - \frac{x}{L}}} \quad ⑤$$

所以 $$T = \int_0^L \frac{dx}{v} = \frac{1}{v_0}\int_0^L \sqrt{1 - \frac{x}{L}} \cdot dx = \frac{2L}{3v_0}$$

(2) $$P = mv = M\left(1 - \frac{x}{L}\right) \cdot \frac{v_0}{\sqrt{1 - \frac{x}{L}}} = Mv_0\sqrt{1 - \frac{x}{L}}$$

$$F = \frac{dP}{dt} = Mv_0 \frac{d\sqrt{1 - \frac{x}{L}}}{dt}$$

可见随着 x 的上升,P 会下降,系统所受合力总体上与运动方向相反,即可知与实际情况相符.

专题二 热 学

大纲要求

1. 需深化的概念

   热量、功、热力学能.

2. 需拓展的方法

   无.

3. 需增加的内容

   功的计算. 克拉帕龙方程. 饱和蒸汽压.

习 题

1. 如图,A、B 为粗细均匀的 U 形管,两臂分别插入恒温容器 C(热)和 D(冷)内. U 形管内盛有适量待测液体,通过测量 C、D 的温度和 U 形管两臂液面的高度,就可计算出待测液体膨胀系数 β,试导出 β 的值.(不计管的热胀)

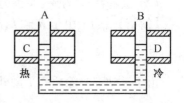

【解析】 设 A 中的液面高度为 L_A,B 中的液面高度为 L_B,横截面为 S

$$L_A S = V_{A0}(1 + \beta t_C) \quad \text{①}$$
$$L_B S = V_{B0}(1 + \beta t_D) \quad \text{②}$$

得 $$V_{A0} = \frac{L_A S}{1 + \beta t_C}, \quad V_{B0} = \frac{L_B S}{1 + \beta t_D}$$

0 ℃ 时液面相平,$V_{A0} = V_{B0}$

$$\frac{L_A S}{1 + \beta t_C} = \frac{L_B S}{1 + \beta t_D}$$

所以 $$\beta = \frac{L_B - L_A}{L_A t_D - L_B t_C}$$

2. 一架摆钟的钟摆是由黄铜制成的,$\alpha_{线} = 1.89 \times 10^{-5} \text{K}^{-1}$,它在 20 ℃ 时被校准,则当温度降为 0 ℃ 时,每天要快或慢多少秒?

【解析】 $$L = L_0(1 + \alpha t) \quad \text{①}$$
$$T = 2\pi \sqrt{\frac{l}{g}} \quad \text{②}$$
$$\frac{T}{T_0} = \sqrt{\frac{L}{L_0}}$$

每天时间 $t_0 = 86\,400$ s

0 ℃ 时,1 天摆动
$$n = \frac{t_0}{T_0}$$

钟面按准确周期计时,钟面显示的时间为
$$t' = nT = \frac{t_0}{T_0}T$$
$$\Delta t = t' - t = t(\sqrt{1 + \alpha t} - 1) \approx 16.42 \text{ s}$$

3. 一铜环的直径为 3.000 00 cm,温度为 0 ℃,一铝球的直径为 3.006 00 cm,温度为 100 ℃,球放在环上,如图所示,若两物体对外绝热,当达到热平衡时,球正好通过环. 已知线膨胀系数 $\alpha_{Cu} = 1.7 \times 10^{-5}$,$\alpha_{Al} = 2.4 \times 10^{-5}$;比热容 $C_{Cu} = 392.9$ J/kg·K,$C_{Al} = 877.8$ J/kg·K. 问球和环的质量之比是多少?

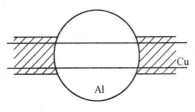

【解析】 设 t ℃ 达热平衡
$$C_{Cu}m_{Cu}(t - 0) = C_{Al}m_{Al}(100 - t)$$
$$\frac{m_{Al}}{m_{Cu}} = \frac{C_{Cu}t}{C_{Al}(100 - t)}$$

球正好通过环,$l_{Cu} = l_{Al}$
$$d_{Cu}(1 + \alpha_{Cu}t) = d_{Al}[1 + \alpha_{Al}(t - 100)]$$

所以
$$\frac{m_{Al}}{m_{Cu}} = \frac{1}{1.68} = \frac{25}{42}$$

4. 两根均匀的不同金属棒,密度分别为 ρ_1、ρ_2,线膨胀系数分别为 α_1、α_2,长度均为 L,一端黏合在一起,温度为 0 ℃,悬挂棒于 A 点,棒恰成水平并静止. 若温度升高到 t ℃,要使棒保持水平并静止,需改变悬点,设位于 B 点,求 A、B 两点间的距离.

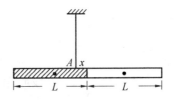

【解析】 $\rho_1 SLg\left(\frac{L}{2} - x\right) = \rho_2 SLg\left(\frac{L}{2} + x\right)$
$$x = \frac{L}{2} \cdot \frac{\rho_1 - \rho_2}{\rho_1 + \rho_2}$$

设膨胀后长度为 L_1、L_2,B 点距黏合端 x'
$$\rho_1 SL\left(\frac{L_1}{2} - x'\right) = \rho_2 SL\left(\frac{L_2}{2} + x'\right)$$

故
$$x' = \frac{1}{2} \cdot \frac{\rho_1 L_1 - \rho_2 L_2}{\rho_1 + \rho_2}$$
$$L_1 = L(1 + \alpha_1 t)$$
$$L_2 = L(1 + \alpha_2 t)$$

故
$$\overline{AB} = x' - x = \frac{\alpha_1 \rho_1 - \alpha_2 \rho_2}{2(\rho_1 + \rho_2)} L \cdot t$$

5. 在量热器内有两层水,下层较冷,上层较热. 当温度均匀时,水的总体积会改变吗?

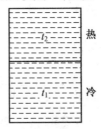

【解析】 设较冷的水的质量为 m_1、体积为 V_1、温度为 t_1，较热的水的质量为 m_2、体积为 V_2、温度为 t_2，均匀时的温度为 t

$$Cm_2(t_2 - t) = Cm_1(t - t_1) \quad ①$$

$$V_1 = \frac{m_1}{\rho_1}, \quad V_0 = \frac{m_1}{\rho_0}$$

$$V_1 = V_0(1 + \alpha t_1) = \frac{m_1}{\rho_0}(1 + \alpha t_1) \quad ②$$

$$V_2 = \frac{m_2}{\rho_0}(1 + \alpha t_2) \quad ③$$

$$V'_1 = \frac{m_1}{\rho_0}(1 + \alpha t) \quad ④$$

$$V'_2 = \frac{m_2}{\rho_0}(1 + \alpha t) \quad ⑤$$

解得

$$V_1 + V_2 = V'_1 + V'_2$$

即水的总体积不变.

6. 将长为 L，截面积为 S 的橡皮绳做成环放在液膜上，当环内的液膜被刺破后，环立即涨成半径为 R 的圆，已知橡皮绳的倔强系数为 k，求液体的表面引力系数.

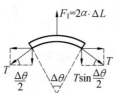

【解析】 取一小段绳，由平衡条件得

$$2\alpha\Delta L = 2T\sin\frac{\Delta\theta}{2} \quad ①$$

$$\Delta\theta \Rightarrow 0, \quad \sin\frac{\Delta\theta}{2} = \frac{\Delta\theta}{2}$$

$$\alpha \cdot R \cdot \Delta\theta = k(2\pi R - L)\frac{\Delta\theta}{2} \quad ②$$

$$\alpha = \pi k\left(1 - \frac{L}{2\pi R}\right)$$

7. 将 1 大气压的空气吹成 $r = 2.5$ cm 的肥皂泡，应做多少功？（肥皂泡的表面引力系数 $\alpha = 4.5 \times 10^{-3}$ N/m）

【解析】 扩大泡内外两层表面积需做功
$$W_1 = \alpha \times \Delta S = \alpha \cdot 4\pi r^2 \cdot 2 = 8\pi r^2 \cdot \alpha$$

同时将空气由 $p_0 = 1$ atm（1 atm $= 1.01325 \times 10^5$ Pa）等温压缩到泡内，此时

$$p = p_0 + \frac{4\alpha}{r}, \quad V = \frac{4}{3}\pi r^3$$

需做功 $W_2 = nRT\ln\frac{V_0}{V} = pV\ln\frac{p}{p_0} =$

$$\left(p_0 + \frac{4\alpha}{r}\right)\frac{4\pi}{3} \cdot \ln\left(1 + \frac{4\alpha}{p_0 r}\right) \approx$$

$$p_0 \frac{4\pi}{3} \cdot \frac{4\alpha}{p_0 r} = \frac{2}{3}W$$

其中
$$p_0 \gg \frac{4\alpha}{r}, \quad l_n(1+\frac{4\alpha}{p_0 r}) \approx \frac{4\alpha}{p_0 r}$$
$$W = W_1 + W_2 = 1.2 \times 10^{-3} \text{ J}$$

8. 把一个半径等于 R 的球形液滴分散为 n 个半径为 r 的小液滴,若液体的表面张力系数为 α,问需要做多少功?

【解析】 由于总体积不变,所以
$$\frac{4}{3}\pi R^3 = n \cdot \frac{4}{3}\pi r^3 \qquad ①$$

外力克服表面引力做功等于增加表面能
$$W = \Delta E$$
$$W = \alpha \cdot \Delta S = \alpha \cdot 4\pi(-R^2 + nr^2) \qquad ②$$
$$W = \alpha \cdot 4\pi(nr^2 - R^2)$$

故
$$W = 4\pi R^2 \cdot \alpha(\sqrt[3]{n} - 1)$$

9. 任何弯曲表面薄膜都对液体施以附加压强,如果液体的表面是半径为 R 的球面的一部分,求其产生的附加压强.

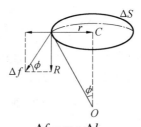

【解析】
$$\Delta f = \alpha \cdot \Delta l$$
$$\Delta f_2 = \alpha \cdot \Delta l \sin \phi \qquad ①$$
$$\sum \Delta f_2 = \alpha \cdot \sin \phi \cdot \sum \Delta l = 2\pi r \cdot \alpha \sin \phi \qquad ②$$
$$\sin \phi = \frac{r}{R} \qquad ③$$

所以
$$f_2 = \sum \Delta f_2 = \frac{2\pi \alpha \cdot r^2}{R} \qquad ④$$

附加压强
$$\Delta p = \frac{f_2}{\Delta S} = \frac{2\alpha \pi r^2}{\pi r^2 R} = \frac{2\alpha}{R} \qquad ⑤$$

同理,对凹液面,$\Delta p = -\frac{2\alpha}{R}$,表明凹形液面内压强小于外界压强.

推论:对一个球形液泡(肥皂泡),由于有内、外两层液膜,故内外压强差为 $\Delta p = \frac{4\alpha}{R}$.

10. 水和油边界的表面张力系数 $\alpha = 1.8 \times 10^{-2}$ N/m,为了使 1.0×10^{-3} kg 的油在水内散布成半径为 $r = 10^{-6}$ m 的小油滴,需要做多少功?已知等温时,$\rho_{油} = 900$ kg/m³.

【解析】 设增加的表面积为 ΔS,则
$$W = \alpha \cdot \Delta S \qquad ①$$

设大油滴的半径为 R,共有 N 个小油滴,则
$$\Delta S = N 4\pi r^2 - 4\pi R^2 \qquad ②$$

根据质量守恒定律,得
$$\frac{4}{3}\pi R^3 \cdot \rho = N \cdot \frac{4}{3}\pi r^3 \cdot \rho \qquad ③$$

60分钟拿下自主招生物理

$$N^{\frac{1}{3}} = \frac{R}{r}$$

所以 $$\Delta S = 4\pi N^{\frac{2}{3}} r^2 (N^{\frac{1}{3}} - 1)$$

$$m = N \cdot \frac{4}{3}\pi r^3 \rho$$

所以 $$N = \frac{3m}{4\pi r^3 \rho}$$

$$N^{\frac{1}{3}} \gg 1$$

则 $$W = \frac{3m\alpha}{r\rho} = 6.0 \times 10^{-2} \text{ J}$$

11. 已知滴管中滴下50滴液体,其总质量为1.65 g,滴管内径为1.35 mm.求表面张力系数α的值.

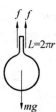

【解析】 液管中的液体滴出,先形成一小袋状,上部的颈部越变越细,直至液滴离开管口为止.设颈部直径等于滴管内径d,以液滴为研究对象,对其列平衡方程

$$mg = \alpha \cdot 2\pi r = \alpha \cdot \pi d$$

$$\alpha = \frac{mg}{\pi d} = \frac{\frac{1.65}{50} \times 10^{-3} \times 10}{3.14 \times 1.35 \times 10^{-3}} \text{ N/m} = 7.64 \times 10^{-2} \text{ N/m}$$

12. 如图,在内半径$r = 0.30$ mm的毛细管中注水,一部分水在管的下端形成一水滴,其形状可认为是半径$R = 3$ mm的球的一部分,求管中水柱的长度h的值.已知$\alpha = 7.3 \times 10^{-2}$ N/m.

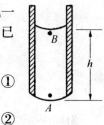

【解析】 $$p_A = p_0 + \frac{2\alpha}{R}$$ ①

$$p_B = p_0 - \frac{2\alpha}{r}$$ ②

$$p_A - p_B = \rho g h$$ ③

故 $$h = \frac{p_A - p_B}{\rho g} = \frac{\frac{2\alpha}{R} + \frac{2\alpha}{r}}{\rho g} = 5.5 \times 10^{-2} \text{ m}$$

13. 在20 km²的湖面上,下了一场50 mm的大雨,雨滴半径$r = 1.0$ mm,设温度不变,求释放出来的能量.

【解析】 设有n个雨滴,则

$$S = n \cdot 4\pi r^2$$

湖面上 $$S' = \pi R^2$$

所以 $$\Delta E = \alpha(S' - S)$$ ①

质量不变 $$\rho \cdot n \cdot \frac{4}{3}\pi r^3 = \rho \pi R^2 \cdot h$$ ②

则 $$\Delta E = \alpha \left(4\pi r^2 \cdot \frac{3}{r^3} R^2 h - \pi R^2 \right) = 2.17 \times 10^8 \text{ J}$$

14. 一玻璃毛细管的内径为 1.5 mm，长为 200 mm，两端开口，将其水平地浸入一大水银槽中，管内空气全部被留在管内没有露出. 设水银对玻璃完全不浸润，水银的表面张力系数 $\alpha = 470 \times 10^{-3}$ N/m. 当管子浸入水银槽内的深度为 100 mm 时，试求管内空气柱的长度. 已知空气的压强 $p_0 = 760$ mmHg.

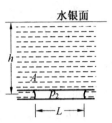

【解析】 完全不浸润时，$\theta = 180°$

$$p_1 = p_0 + \rho g h = p_A \qquad ①$$

$$p_A = p_2 + \frac{2\alpha}{r} \qquad ②$$

则

$$p_0 + \rho g h = p_2 + \frac{2\alpha}{r} \qquad ③$$

$$p_0 l_0 S = p_2 l' S \qquad ④$$

$$l' = \frac{p_0 l_0}{p_2} = \frac{p_0 l_0}{p_0 + \rho g h - \frac{2\alpha}{r}} = 179 \text{ mm}$$

15. 一个质量可不计的活塞将一定质量的理想气体封闭在上端开口的直立圆筒形气缸内，活塞上堆放着铁砂. 如图，最初活塞搁置在气缸内壁的固定卡环上，气体柱的高度为 H_0，压强等于大气压强 p_0. 现对气体缓慢加热，当气体温度升高了 $\Delta T = 60$ K 时，活塞（及铁砂）开始离开卡环而上升，继续加热直到气柱高度 $H_1 = 1.5\,H_0$. 此后，在维持温度不变的条件下逐渐取走铁砂，直到铁砂全部取走时，气柱高度变为 $H_2 = 1.8\,H_0$. 求此时气体的温度（不计活塞与气缸之间的摩擦力）.

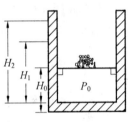

【解析】 解法一：

对于第一阶段，由于气体体积未发生变化，故该过程为等体过程

$$T \to T + \Delta T$$
$$p_0 \to p_1$$

则

$$\frac{p_0}{T} = \frac{p_1}{T + \Delta T} \qquad ①$$

对于第二阶段，气体压强不发生变化，故为等压过程

$$H_0 \to H_1$$
$$T + \Delta T \to T_1$$

则

$$\frac{H_0 S}{T + \Delta T} = \frac{H_1 S}{T_1} \qquad ②$$

对于第三阶段，气体温度不变，故为等温阶段

$$H_1 \to H_2$$
$$p_1 \to p_0$$

则

$$p_1 H_1 = p_0 H_2 \qquad ④$$

联立得 $\qquad T_2 = T_1 = 540$ K

解法二：

等压升温时 $\dfrac{H_0}{T_0 + \Delta T} = \dfrac{H_1}{T_1}$ ①

$\dfrac{H_0}{T_0} = \dfrac{H_2}{T_2}$ ②

依题意 $T_1 = T_2$ ③

则 $T_2 = \dfrac{H_1 H_2}{H_0(H_2 - H_1)}\Delta T = 540\ \text{K}$

16. 如图，一个圆筒形气缸直立在水平地面上，A、B为两个厚度可以不计的活塞，两活塞质量为 $m_1 = m_2 = m$. 它们可以无摩擦滑动，B活塞用一个轻弹簧与底部相连，气缸下有一个孔 a 与大气相通. 在温度为 T 时，两活塞的平衡位置如图所示，B活塞距气缸底为 L，A活塞距 B 也为 L. 现在 A 活塞上压一个质量也为 m 的砝码 C，温度保持不变，则 B 活塞下降 $\dfrac{L}{6}$，A 活塞下降 $\dfrac{L}{3}$ 而重新达到平衡. 现改变气缸内气体的温度，使 A 活塞回到原来的位置，即距气缸底为 $2L$.

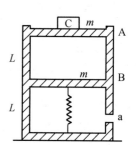

(1) 求弹簧的劲度系数 k.
(2) A 活塞回到原来位置，求末状态的温度 T'.

【解析】(1) 不加砝码时（初态）

对系统： $kx = 2mg$ ①

加砝码后 $k(x + \dfrac{L}{6}) = 3mg$ ②

得 $k = \dfrac{3mg}{L}$

(2) 升温前、后，气体的压强不变

$p = p_0 + \dfrac{mg}{s}$

则 B 活塞位置不变

$\dfrac{(L + \dfrac{L}{6} - \dfrac{L}{3})s}{T'} = \dfrac{(L + \dfrac{L}{6})s}{T}$

则 $T' = \dfrac{7}{5}T$

17. 有一玻璃瓶，内盛空气. 当温度由 0 ℃ 升到 100 ℃ 时，因瓶口开着，失去 1 g 空气. 问瓶内原来盛有多少克空气？已知 0 ℃ 时空气的密度为 1.29 kg/m³.

【解析】 $pV = \dfrac{m}{\mu}RT_1$ ①

$pV = \dfrac{M-1}{\mu}RT_2$ ②

则 $m = \dfrac{T_2}{T_2 - T_1} = 3.73\ \text{g}$

18. 一球形热气球，其隔热很好的球皮连同吊篮等装载的总质量为 300 kg，经加热后，气球膨胀到最大体积，此时它的直径为 18 m，球内外气体成分相同，而球内气体压强则稍稍高于大气压. 已

知此时大气温度为 $T_1=27\ ℃$,压强为 1 atm,在标准状态下空气的密度为 1.3 kg/m³.试求出刚好能使热气球上升时球内空气的温度.

【解析】 设球皮连同吊篮等装载的总质量为 $m=300\ \text{kg}$,球内空气的质量为 m_1,等体积 V 球外空气的质量为 m_2,则

$$F_{浮}=m_2g=(m+m_1)g \qquad ①$$

$$p_0V=\frac{m_1}{\mu}RT \qquad ②$$

$$p_0V=\frac{m_2}{\mu}RT_1 \qquad ③$$

故
$$T=327\ \text{K}$$

19. 密闭容器中装有一个大气压,温度为 0 ℃ 的干燥空气 10 L,加入 3 g 的水后将系统的温度加热到 100 ℃.求容器内的压强.

【解析】 解法一:

100 ℃ 时,全部水都变成水蒸气,3 g 水的摩尔数是 $\gamma=\frac{3}{18}=\frac{1}{6}$

设水蒸气产生的压强为 p_1

则
$$\frac{p_0V_0}{T_0}=\frac{p_1V_1}{T_1}$$

$$\frac{p_0\times\frac{1}{6}\times22.4}{273}=\frac{p_1\times10}{373}$$

所以
$$p_1=0.510p_0=5.17\times10^4\ \text{Pa}$$

设空气产生的压强是 p_2

则
$$\frac{p_0}{273}=\frac{p_2}{373}$$

所以
$$p_2=1.366P_0=1.384\times10^5\ \text{Pa}$$

由道尔顿分压公式得

$$p=p_1+p_2=1.9\times10^5\ \text{Pa}$$

解法二:
$$V=10\ \text{L},\quad T=100\ \text{K}+273\ \text{K}=373\ \text{K}$$

干燥空气的摩尔数 $\quad n_1=\frac{10}{22.4}=0.446$

3 g 水蒸气的摩尔数 $\quad n_2=\frac{1}{6}$

所以 $\quad n=n_1+n_2=0.613$

由 $pV=nRT$ 得

$$p=\frac{nRT}{V}=\frac{0.613}{10}\times0.082\times373\approx1.9\times10^5\ \text{Pa}$$

20. 将 500 J 的热量传给标准状态下 2 mol 的氢气,已知氢气的定容摩尔热容 $C_V=\frac{T}{2}R$,定压摩尔热容 $C_p=\frac{7}{2}R$.

(1)若体积不变,氢气的温度和压强各变为多少?

(2)若压强不变,氢气的温度和体积各变为多少?

【解析】 (1) 等体积 V 时

$$W = 0, \quad \Delta E = Q = C_V \gamma (T - T_0)$$

所以
$$T = \frac{Q}{C_V \gamma} + T_0 = \frac{500}{\frac{5}{2} \times 8.31 \times 2} \text{ K} + 273 \text{ K} = 285 \text{ K}$$

$$\frac{p}{T} = \frac{p_0}{T_0}$$

所以
$$p = \frac{1}{273} \times 285 = 1.044 \text{ atm}$$

(2) 等压强 p 时

$$Q = C_p \cdot \gamma (T' - T_0)$$

$$T' = \frac{Q}{\gamma C_p} + T_0 = 281.6 \text{ K}$$

$$\frac{V'}{V_0} = \frac{T'}{T_0}$$

$$V' = 46.2 \text{ L}$$

21. 一根上端封闭的玻璃管,插入水银槽中,水银面上的玻璃管长 0.76 m,管子的下部分充进水银,上部分封有 0.01 mol 的空气,如图所示. 设大气压强为 76 cmHg,空气的定容摩尔热容 $C_V = 20.5$ J/mol·K. 求当玻璃管温度降低 10 ℃ 时,封闭管内空气损失的热量是多少?

【解析】 $\Delta E = W + Q$

(1) $\Delta E = C_V \gamma (T_2 - T_1) = 20.5 \times 0.01 \times (-10)\text{J} = -2.05 \text{ J}$

由 pV 图象求"面积"

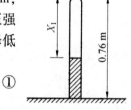

$$p = p_0 - \rho g h = p_0 - \rho g(76 - x) = \rho g x = \rho g \frac{V}{S}$$

(2) $W = \frac{(p_1 + p_2)(V_1 - V_2)}{2} = \frac{\rho g}{S} \cdot \frac{(V_1 + V_2)(V_1 - V_2)}{2} =$

$\frac{\rho g}{2S}(V_1^2 - V_2^2) = \frac{1}{2}(\rho g x_1 V_1 - \rho g x_2 V_2) =$

$\frac{1}{2}(p_1 V_1 - p_2 V_2) = \frac{1}{2}\gamma R(T_1 - T_2) =$

$\frac{1}{2} \times 0.01 \times 8.31 \times 10 = 0.42 \text{ J}$

则 $Q = \Delta E - W = -2.05 \text{ J} - 0.42 \text{ J} = -2.47 \text{ J}$

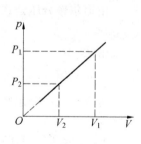

22. 有 n 摩尔的理想气体经过 1—2—3—1 如图甲所示的循环过程,过程 1—2 和 2—3 在图中是直线段,而过程 3—1 可表达为: $T = 0.5T_1(3 - BV)BV$,式中 B 是未知的常数. 求气体在一个循环中所做的功.

【解析】 转化坐标系,对应画出 p—V 图象(图乙)

3—1 过程: $pV = nRT = nR \cdot 0.5T_1(3 - BV)BV$

$$p = 0.2nRT_1B(3 - BV)$$

$$T = 0.5T_1(3 - BV)BV$$

将 $T = T_1$ 代入上式,得

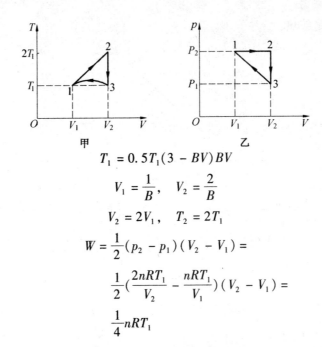

$$T_1 = 0.5T_1(3-BV)BV$$

得
$$V_1 = \frac{1}{B}, \quad V_2 = \frac{2}{B}$$

在等压情况下
$$V_2 = 2V_1, \quad T_2 = 2T_1$$

$$W = \frac{1}{2}(p_2 - p_1)(V_2 - V_1) =$$
$$\frac{1}{2}\left(\frac{2nRT_1}{V_2} - \frac{nRT_1}{V_1}\right)(V_2 - V_1) =$$
$$\frac{1}{4}nRT_1$$

23. 3 mol 理想气体从体积 $V_0 = 22.4$ L 膨胀到 $3V_0$，压强随体积变化的规律为 $p = p_0\left(2 - \frac{1}{4} \cdot \frac{V}{V_0}\right)$，式中 $p_0 = 10^5$ Pa 为气体初始状态的压强. 求气体在这个过程中所能达到的最高温度.

【解析】
$$pV = 3RT \qquad ①$$
$$p = p_0\left(2 - \frac{1}{4} \cdot \frac{V}{V_0}\right) \qquad ②$$

将②代入①中
$$p_0\left(2V - \frac{V^2}{4V_0}\right) = 3RT$$

整理得
$$4^2 - \left(\frac{V}{V_0} - 4\right)^2 = \frac{12RT}{p_0V_0}$$

当 $V = 4V_0$ 时，$T_{最高} = \frac{4p_0V_0}{3R}$，但气体的末态 $V = 3V_0 < 4V_0$

所以当 $V = 3V_0$，$p = p_0\left(2 - \frac{1}{4} \cdot \frac{3V_0}{V_0}\right) = \frac{5}{4}p_0$ 时，最高温度为

$$T_{最高} = \frac{pV}{3R} = \frac{5}{4} \times \frac{p_0V_0}{R} = \frac{5}{4} \times 273 \text{ K} \approx 340 \text{ K}$$

24. 一高为 2 h 的直立绝热圆筒，由一透热隔板分成体积均为 V 的两部分，各充入 1 mol 的不同气体. 已知上部气体密度 ρ_A 小于下部气体密度 ρ_B，现将隔板抽开，使两部分气体均匀混合，已知这两部分气体的定容摩尔热容量均为 $C_V = \frac{3}{2}R$. 求两部分气体混合前温度 T_1 与混合后温度 T_2 之差.

【解析】 混合后，两部分气体均充满整个容器的容积，上部气体重心下移，下部气体重心上移，系统重力做功机械能与内能相互转化，总的能量守恒（$Q = 0$）

$$\rho_B V g \cdot \frac{h}{2} - \rho_A V g \cdot \frac{h}{2} = 2C_V(T_1 - T_2)$$

所以
$$T_1 - T_2 = \frac{(\rho_B - \rho_A)Vgh}{6R}$$

25. 1 mol 氦气的温度 T 和体积 V 的变化规律为 $T = \beta V^2$，β 为常数. 当气体体积由 V_1 减至 V_2 时，

判断此过程是吸热还是放热.

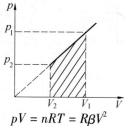

【解析】
$$pV = nRT = R\beta V^2$$
$$p = \beta RV$$
$$\Delta E = C_V\gamma\Delta T = \frac{3}{2}R(T_2 - T_1) = \frac{3}{2}R(T_2 - T_1) = \frac{3}{2}R\beta(V_2^2 - V_1^2) = -\frac{3}{2}R\beta(V_1^2 - V_2^2)$$
$$W = \text{"面积"} = \frac{(p_1 + p_2)(V_1 - V_2)}{2} = \frac{\beta R}{2}(V_1 + V_2)(V_1 - V_2) = \frac{\beta R}{2}(V_1^2 - V_2^2)$$

所以
$$\Delta E = W + Q$$
$$Q = \Delta E - W = -\frac{3}{2}R\beta(V_1^2 - V_2^2) - \frac{\beta R}{2}(V_1^2 - V_2^2) = -2R\beta(V_1^2 - V_2^2)$$

因此,上述过程为吸热过程.

26. 有一长为 L 的玻璃管,一端封闭一端开口,使其开口向上竖直放置在外界气压为 h_0 mmHg 的环境中,保证管中气体不外泄.用以下方式向管中注入水银,先注入高 h mm 的水银,稳定后,再注入 h mm 高的水银,再次稳定后,又注入 h mm 高的水银,如此使管中有三段高 h mm 的水银.已知 $h = \dfrac{h_0}{2}$,为使以上方式能够实现,求 L 应满足的条件.

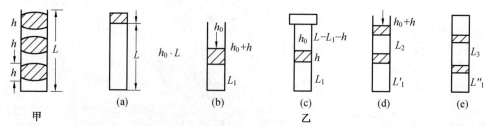

【解析】 第一次注入水银,设封闭气柱高度为 L_1
$$h_0 L = (h_0 + h)L_1 \qquad ①$$
$$L_1 = \frac{h_0}{h_0 + h}L$$

第二次注入水银,设封闭气柱高度为 L_2,此时 L_1 应变为 L_1',则
$$h_0(L - L_1 - h) = (h_0 + h)L_2 \qquad ②$$
$$L_2 = \frac{h_0 h L}{(h_0 + h)^2} - \frac{h_0 h}{h_0 + h}$$
$$h_0 L = (h_0 + 2h)L_1' \qquad ③$$
$$L_1' = \frac{h_0 L}{h_0 + 2h}$$

第三次注入水银,设第三次封闭气柱高度为 L_3
$$h_0(L - L_1' - L_2 - 2h) = (h_0 + h)L_3 \qquad ④$$
$$L_3 = \frac{2hh_0 L}{(h_0 + h)(h_0 + 2h)} - \frac{h_0^2 h L}{(h_0 + h)^3} + \frac{h_0^2 h}{(h_0 + h)^2} - \frac{2hh_0}{h_0 + h}$$

同时 L'_1 变为
$$L''_1 = \frac{h_0 L}{h_0 + 3h}$$ ⑤

L_2 变为
$$L'_2 = \frac{h_0 h L}{(h_0 + h)(h_0 + 2h)} - \frac{h_0 h}{h_0 + 2h}$$

27. 如图,两根位于同一水平面内的平行的直长金属导轨处于恒定磁场中,磁场方向与导轨所在平面垂直. 一质量为 m 的均匀导体细杆放在导轨上,并与导轨垂直,可沿导轨无摩擦地滑动,细杆与导轨的电阻均可忽略不计,导轨的左端与一根阻值为 R_0 的电阻丝相连,电阻丝置于一绝热容器中,电阻丝的热容量不计,容器与一水平放置的开口细管相通,细管内有一截面为 S 的小液柱(质量不计),液柱将 1 mol 气体封闭在容器中(可视理想气体). 已知温度升高 1 K 时,该气体的内能增加量为 $\frac{5R}{2}$,大气压强为 p_0. 现令细杆沿导轨方向以初速 v_0 向右运动,试求达到平衡时细管中液柱的位移.

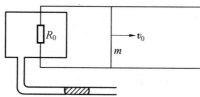

【解析】 该过程由于导体切割磁感线,在导体中产生感应电流,受到安培力作用,且克服安培力做功

$$Q_{吸} = Q_{焦耳} = \frac{1}{2}mv_0^2$$ ①

$$\Delta E = C_V \gamma \Delta T = \frac{5}{2} R \cdot \Delta T$$ ②

$$W = p_0(V_2 - V_1) = p_0 S \Delta L$$ ③

$$pV = RT$$ ④

则
$$p_0 \Delta V = R \Delta T$$ ⑤

$$\Delta E = W + Q$$ ⑥

则
$$\Delta L = \frac{mv_0^2}{7 p_0 S}$$

28. 已知 NaCl 的摩尔质量 $\mu = 5.85 \times 10^{-2}$ Kg·mol^{-1},密度为 $\rho = 2.22 \times 10^{-3}$ kg/m^3. 估算两相邻的 Na$^+$ 的最近距离(要求一位有效数字).

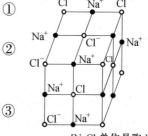

[NaCl 单位晶胞]

【解析】
$$V_{mol} = \frac{\mu}{\rho}$$ ①

1 个 NaCl 分子
$$V_1 = \frac{V_{mol}}{N_A} = \frac{\mu}{\rho N_A}$$ ②

1 个 Na$^+$ 或 Cl$^-$ 相当于 2 个小立方体,每 1 个 Na$^+$ 或 Cl$^-$ 占体积

$$V'_1 = \frac{V_1}{2} = \frac{\mu}{2\rho N_A}$$ ③

小立方体边长
$$a = \sqrt[3]{\frac{\mu}{2\rho N_A}}$$ ④

相邻 2 个 Na$^+$ 的最近距离
$$d = \sqrt{2}\, a = 4 \times 10^{-10} \text{ m}$$

29. 证明成分相同而体积、温度不相等的两杯液体,混合后总体积不变.在混合过程中与外界绝热.

【解析】
$$Q_{吸} = Q_{放}$$
$$Cm_1(t - t_1) = Cm_2(t_2 - t) \quad ①$$

热平衡
$$t = \frac{m_1 t_1 + m_2 t_2}{m_1 + m_2} \quad ②$$

设 0 ℃ 时液体的密度为 ρ_0,则
$$\left. \begin{array}{l} m_1 = \rho_0 V_{10} \\ m_2 = \rho_0 V_{20} \end{array} \right\}$$

初态时
$$\left. \begin{array}{l} V_1 = V_{10}(1 + \beta t_1) \\ V_2 = V_{20}(1 + \beta t_2) \end{array} \right\} \quad \begin{array}{c} ③ \\ ④ \end{array}$$

混合后
$$\left. \begin{array}{l} V_1' = V_{10}(1 + \beta t) \\ V_2' = V_{20}(1 + \beta t) \end{array} \right\}$$

则
$$V_1' + V_2' = V_{10} + V_{20} + \beta(V_{10} + V_{20})t =$$
$$V_{10} + V_{20} + \beta\left(\frac{m_1}{\rho_0} + \frac{m_2}{\rho_0}\right)t =$$
$$V_{10} + V_{20} + \beta \frac{m_1 + m_2}{\rho_0} \cdot \frac{m_1 t_1 + m_2 t_2}{m_1 + m_2} =$$
$$V_1 + V_2$$

30. 不同的温度范围,水的体膨胀系数不同,在 $0\ ℃ \leq t \leq 4\ ℃$ 时,$r_1 = -3.3 \times 10^{-5}\ \text{K}^{-1}$;在 $4\ ℃ < t \leq 10\ ℃$ 时,$r_2 = 4.8 \times 10^{-5}\ \text{K}^{-1}$;在 $10\ ℃ < t \leq 20\ ℃$ 时,$r_3 = 1.5 \times 10^{-5}\ \text{K}^{-1}$.如果水在温度 $t_1 = 1\ ℃$ 时的体积 $V_1 = 10^3\ \text{cm}^3$,求水在温度 $t = 15\ ℃$ 时的体积 V.

【解析】 近似公式 $V = V_0(1 + \gamma_1 \Delta t_1 + \gamma_2 \Delta t_2 + \gamma_3 \Delta t_3) =$
$$10^3 \times 10^{-6}[1 + (-3.3 \times 10^{-5}) \times (4 - 1) + 4.8 \times 10^{-5}(10 - 4) + 10^{-5}(15 - 10)]\ \text{m}^3 =$$
$$1.000\ 3 \times 10^{-3}\ \text{m}^3$$

31. 在温度为 0 ℃ 时,铝棒长为 $l_{01} = 50\ \text{cm}$,铁棒长为 $l_{02} = 50.05\ \text{cm}$,截面积相同.问温度 t_1 等于多少度时两棒的长度相等?温度 t_2 等于多少度时两棒的体积相同?已知铝和铁的膨胀系数分别为 $\alpha_1 = 24 \times 10^{-6}\ \text{K}^{-1}$,$\alpha_2 = 12 \times 10^{-6}\ \text{K}^{-1}$.

【解析】 依题意
$$l_{01}(1 + \alpha_1 t_1) = l_{02}(1 + \alpha_2 t_1)$$

解得
$$t_1 = 83.4\ ℃$$
$$l_{01} \cdot S(1 + 3\alpha_1 t_2) = l_{02} \cdot S(1 + 3\alpha_2 t_2)$$

解得
$$t_2 = 27.8\ ℃$$

32. 如图,A 和 B 是两个同样的球.球 A 放在水平面上,球 B 以细线悬挂.设两球吸收相同的热量,如忽略各种热量损失,问两球温度增量是否相同?并说明理由.

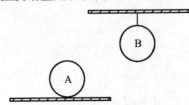

【解析】 两球吸收相同热量 Q, 体积都要膨胀

但 A 向上膨胀,中心上移 $\quad Q_{吸} = mgh + cm\Delta t_A$

B 向下膨胀,中心下移 $\quad Q_{吸} = cm\Delta t_B - mgh$

所以 $\quad \Delta t_A = (Q_{吸} - mgh)/(cm)$

$\quad \Delta t_B = (Q_{吸} + mgh)/(cm)$

$\quad \Delta t_B > \Delta t_A$

33. 一根 1.0 m 长的竖直玻璃管,在 20 ℃ 时用某种液体灌到一半,问当玻璃管温度升高到 30 ℃ 时,液柱高度变化了多少?取玻璃的线膨胀系数为 $\alpha = 1.0 \times 10^{-5}$ ℃$^{-1}$, 液体的体膨胀系数为 $\beta = 4.0 \times 10^{-5}$ ℃$^{-1}$.

【解析】 设 0 ℃ 时玻璃管的横截面积为 S_0, 液体体积为 V_0, 则

20 ℃ 时 $\quad S_{20} = S_0(1 + 2\alpha t_{20}) \quad$ ①

$\quad V_{20} = V_0(1 + \beta t_{20}) \quad$ ②

30 ℃ 时 $\quad S_{30} = S_0(1 + 2\alpha t_{30}) \quad$ ③

$\quad V_{30} = V_0(1 + \beta t_{30}) \quad$ ④

依题意 $\quad \dfrac{V_{20}}{S_{20}} = 0.5$

30 ℃ 时 $\quad h = \dfrac{V_{30}}{S_{30}} = 0.500\ 1\ \text{m}$

则 $\quad \Delta h = 0.500 1\ \text{m} - 0.500\ \text{m} = 0.000\ 1\ \text{m}$

34. 1 mol 的氦气由 $A(p_1 V_1)$ 沿如图的直线变化到 $B(p_2 V_2)$. 试求:

(1) AB 过程的过程方程($p-V$ 方程).

(2) AB 过程的内能变化, 吸收的热量和对外界做的功.

(3) AB 过程的气体的比热.

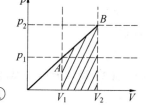

【解析】 (1) $\quad p = \dfrac{p_2 - p_1}{V_2 - V_1} \cdot V$

(2) 氦气为单原子分子气体 $\quad C_V = \dfrac{3}{2}R$

$$\Delta E = C_V \gamma (T_2 - T_1) = \dfrac{3}{2}\gamma R(T_2 - T_1) = \dfrac{3}{2}(p_2 V_2 - p_1 V_1) \quad ②$$

$$W = \text{"面积"} = -\dfrac{1}{2}(p_1 + p_2)(V_2 - V_1) = -\dfrac{1}{2}(p_2 V_2 - p_1 V_1) \quad ③$$

由 $\quad \Delta E = W + Q$

得 $\quad Q = \dfrac{3}{2}(p_2 V_2 - p_1 V_1) + \dfrac{1}{2}(p_2 V_2 - p_1 V_1) = 2(p_2 V_2 - p_1 V_1)$

(3) $\quad Q = 2(p_2 V_2 - p_1 V_1) = 2R(T_2 - T_1)$

$\quad M = 4\ \text{g/mol}$

$\quad C = \dfrac{Q}{M(T_2 - T_1)} = \dfrac{2R}{M} = 1\ \text{cal/g} \cdot \text{K}$

35. 一高为 $2h$ 的直立绝热圆筒,由一透热隔板分成体积均为 V 的两部分,各充入 1 mol 的不同气体. 已知上部分气体密度 ρ 小于下部分气体密度 ρ'. 现将隔板抽开,使两部分气体均匀混合. 已知这两部分气体的定容摩尔热容 $C_V = \dfrac{3}{2}R$. 求两部分气体混合前温度 T_1 与混合后温度 T_2 之差为多少?

【解析】 混合后,两部分气体均充满整个容器的容积,上部分气体重心下移,下部分气体重心上移,系统重力做功,机械能与内能相互转化,总的能量守恒

$$\rho' V \cdot \frac{h}{2} - \rho V \cdot \frac{h}{2} = 2C_V(T_1 - T_2)$$

所以
$$T_1 - T_2 = \frac{(\rho' - \rho)Vgh}{6R}$$

36. 如图,在一内径均匀的绝热的环形管内,有三个薄金属片制成的活塞将管隔成三个部分.活塞的导热性和封闭性良好,且可无摩擦地在圆环内运动,三部分中盛有同一种理想气体.容器平放在水平桌面上.起始时,Ⅰ、Ⅱ、Ⅲ三部分气体的压强都是 p_0,温度分别是 $t_1 = -3$ ℃, $t_2 = 47$ ℃, $t_3 = 27$ ℃.三个活塞到圆环中心连线之间的夹角分别是 $\alpha_1 = 90°$, $\alpha_2 = 120°$, $\alpha_3 = 150°$.

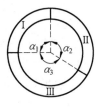

(1)试求最后达到平衡时,三个活塞到圆环中心的连线之间的夹角各是多少?

(2)已知一定质量的理想气体的内能的变化量与其温度的变化量呈正比(与压强、体积的变化无关),试求达到平衡时气体的温度与压强.

【解析】 (1) $p_0 V_1 = \frac{m_1}{M} R T_1$, $p_0 V_2 = \frac{m_2}{M} R T_2$, $p_0 V_3 = \frac{m_3}{M} R T_3$

依题意 $V = SL = S\alpha R$

$V_1 : V_2 : V_3 = \alpha_1 : \alpha_2 : \alpha_3$

最后达热平衡
$$pV'_1 = \frac{m_1}{M} RT, \quad pV'_2 = \frac{m_2}{M} RT, \quad pV'_3 = \frac{m_3}{M} RT$$

所以
$$V'_1 : V'_2 : V'_3 = m_1 : m_2 : m_3 = \alpha'_1 : \alpha'_2 : \alpha'_3$$
$$\alpha'_1 + \alpha'_2 + \alpha'_3 = 360°$$

(2)设单位质量温度升高 1 K,其内能变化量为 C,则
$$m_1 C(T - T_1) + m_2 C(T - T_2) + m_3 C(T - T_3) = 0$$

所以
$$T = \frac{m_1 T_1 + m_2 T_2 + m_3 T_3}{m_1 + m_2 + m_3} = \frac{\alpha'_1 T_1 + \alpha'_2 T_2 + \alpha'_3 T_3}{\alpha'_1 + \alpha'_2 + \alpha'_3} = 298 \text{ K}$$

$$p_0 V = \frac{(m_1 T_1 + m_2 T_2 + m_3 T_3)R}{M}$$

$$pV = \frac{(m_1 + m_2 + m_3)RT}{M}$$

所以 $p = 1.000\,2\, p_0$

37. 有一个两端开口、粗细均匀的 U 形玻璃细管,放置在竖直平面内,处在压强为 p_0 的大气中,两个竖直支管的高度均为 h,水平管的长度为 $2h$,玻璃细管的半径为 r, $r \ll h$,今将水平管内灌满密度为 ρ 的水银,如图所示.

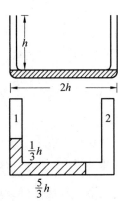

(1)如将 U 形管两个竖直支管的开口分别封闭起来,使其管内空气压强均等于大气压强,问当 U 形管向右做匀加速移动时,加速度应多大才能使水平管内水银柱长度稳定为 $\frac{5}{3}h$?

(2)如将其中一个竖直支管的开口封闭起来,使其管内气体压强为 1 atm,问当 U 形管以另一个竖直支管(开口的)为轴做匀速转动时,转数 n 应为多大才能使水平管内的水银柱长度稳定为 $\frac{5}{3}h$?

(U形管做以上运动时,均不考虑管内水银液面的倾斜)

【解析】 （1）左管 $\quad p_0 hS = p_1 \dfrac{2}{3}hS$

右管 $\quad p_0 hS = p_2 \dfrac{4}{3}hS$

对水平 $\quad m = \dfrac{5}{3}\rho hS$

$$(p_1 - p_2)S = ma \qquad ③$$

所以 $\quad a = \dfrac{9p_0 + 4\rho g h}{20\rho h}$

（2） $\quad p_0 hS = p\dfrac{2}{3}hS \qquad ①$

$$(p + \dfrac{1}{3}\rho g h - p_0)S = m\omega^2 R \qquad ②$$

$$\omega = 2\pi n$$

所以 $\quad R = \dfrac{7}{6}h$

$$n = \sqrt{\dfrac{p_0 + 6\rho g h}{140\pi^2 \rho h^2}}$$

38. 一质量 $m = 200.0$ kg,长 $l_0 = 2.00$ m 的薄底大金属桶倒扣在宽广的水池底部,如图甲所示. 桶的内横截面积 $S = 0.500$ m^2,桶内封有高度 $l = 0.200$ m 的空气. 池深 $H_0 = 20.00$ m,大气压强 $p_0 = 10.00$ m 水柱高,水的密度 $\rho = 1.000 \times 10^3$ kg/m^3,重力加速度 g 取 10.00 m/s^2. 若用图中所示吊绳将桶上提,使桶底到达水面处,则绳拉力所需做的功有一最小值. 试求从开始拉绳到拉力刚完成此功的过程中,桶和水(包括池水和桶内水)的机械能改变了多少(结果要保留三位有效数字)?不计水的阻力,设水温很低,不计其饱和蒸汽压的影响,并设水温上下均匀且保持不变.

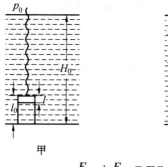

甲　　　　　　乙

【解析】 桶缓慢上升 $\quad F_{拉} + F_{浮} = mg$

$$F_{拉} + \rho g V_{排} = mg$$

物体在上升过程中,压强减小,气体体积变大,拉力变小.

当 $F_{浮} = mg$ 之后不需拉力, $F_{浮} > mg$ 可上升,此时各物体的位置如图乙,对应 W_T 最小

$$\rho(l'S + V_0)g = mg \qquad ①$$

$$l' = 0.350 \text{ m}$$

由玻尔定律 $\quad [p_0 + H_0 - (l_0 - l)]lS = pV$

$$[p_0 + H_0 - (l_0 - l)]lS = [p_0 + H_0 - H - (l_0 - l')]l'S \qquad ②$$

$$H = 12.24 \text{ m}$$

桶的重力势能增加量 $\quad \Delta E_1 = mgH$

与桶等体积水:减少量 $\Delta E_2 = \rho V_0 gH$,增加量 $\Delta E_2 = -\rho V_0 gH$.
由于气体膨胀,桶在 H 高度时空气排开的水

$$\begin{cases} \text{一部分 } lS \text{ 向下填充} \quad \Delta E_3 \\ \text{另一部分}(l'-l)S \text{ 升到池面(平均升高 } h') \quad \Delta E_4 \end{cases}$$

$$\Delta E_3 = -\rho SLgH$$
$$\Delta E_4 = \rho Sh'g(l'-l) = \rho S(l'-l)gh'$$
$$h' = H_0 - H - l_0 + l + \frac{l'-l}{2}$$

所以 $\Delta E = \Delta E_1 + \Delta E_2 + \Delta E_3 + \Delta E_4 = 1.37 \times 10^4 \text{ J}$

39. 粗细均匀一端封闭的细玻璃管长 74 cm,内有水银封闭了一定质量的空气. 当玻璃管开口竖直向下放置在静止的电梯上时,水银柱下端恰好和管口对齐,如图所示,这时管内空气柱长 63 cm. 当电梯以 $0.2g$ 的加速度加速上升一段时间后再减速直到静止,外界大气压强 $p_0 = 75$ cmHg. 试问最后静止时管内空气柱长度是多少?

【解析】 静止时: $p_1 = 75 - 11 = 64$ cmHg, $V_1 = 63S$

电梯以 $0.2g$ 的加速度上升时,玻璃管内的水银部分流出,设剩余的水银高度为 h

对水银 $\quad p_0 S - \rho h S g - p_2 S = \rho h S a$ ①
$\quad p_2 = 75 - 1.2h, \quad V_2 = (74-h)S$
由 $\quad p_1 V_1 = p_2 V_2$ ②
得 $\quad 64 \times 63 S = (75 - 1.2h)(74-h)S$
$\quad h = 10 \text{ cm}, \quad h' = 126.5 \text{ cm(舍)}$

电梯从下降到静止,水银长度 $h = 10$ cm 保持不变

电梯再次静止时 $\quad p_3 = 75 - 10 = 65$ cmHg, $V_3 = l_3 S$
$$64 \times 63S = 65 \times l_3 S$$

所以 $\quad l_3 = 62$ cm

40. 有甲乙两个体积不变的容器,它们容积之比 $V_甲 : V_乙 = 3 : 1$,它们分别处在温度为 300 K 与 400 K 的两个恒温槽中. 甲容器内装有 15 atm 的氢气,乙容器装有 30 atm 的氦气. 如用毛细管将两容器连通起来,氢气和氦气都看作理想气体. 求气体混合后两容器内的压强.

【解析】 由 $pV = \frac{m}{M}RT$,设 $V_乙 = V, V_甲 = 3V$

对甲容器 $\quad m_H = \frac{p_甲 V_甲 M_H}{RT_甲} = \frac{15 \cdot 3V \cdot 2}{R \cdot 300} = \frac{3V}{10R}$ ①

对乙容器 $\quad m_{He} = \frac{p_乙 V_乙 M_{He}}{RT_乙} = \frac{30 \cdot V \cdot 4}{R \cdot 400} = \frac{3V}{10R}$ ②

混合气体 $\quad m_总 = m_H + m_{He} = \frac{3V}{5R}$

$$M_混 = \frac{m_H + m_H}{\frac{m_H}{M_H} + \frac{m_{He}}{M_{He}}} = \frac{8}{3} \text{ mol}$$ ③

设混合后甲、乙两边气体的质量为 $m_甲、m_乙$.

则
$$pV_甲 = \frac{m_甲}{M_混}RT_甲$$
$$pV_乙 = \frac{m_乙}{M_混}RT_乙$$

$$\begin{cases} m_甲 = 4m_乙 \\ m_甲 + m_乙 = \dfrac{3V}{5R} \end{cases}$$ ④ ⑤

$$m_乙 = \frac{3V}{25R}$$

则 $$p = \frac{m_2 RT_2}{M_混 V_2} = 18 \text{ atm}$$

41. 一根截面均匀、不变形的 U 形细塑料管,两臂长分别为 $l_0 = 20.0$ cm 和 $h_0 = 180.0$ cm,竖直放置,如图甲所示. 管内灌有水银,长管上端开口,短管上端封闭,管内封着长 $l = 10.0$ cm 的空气柱,已知长管及横管中的水银柱长度分别为 $h = 60.0$ cm 和 $x = 10.0$ cm,大气压强 $p_0 = 76.0$ cmHg. 现将此管绕通过长管拐角点 A 且与塑料管所在平面相垂直的轴线沿逆时针方向缓慢地转过 $180°$,然后将长管的开口端迅速截去 50.0 cm,求与管内封闭的空气相接触的水银面的最后位置.

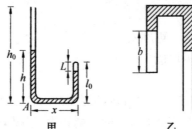

甲　　　乙

【解析】 水银柱总长度 $h + x + l_0 - l = 60 + 10 + 20 - 10 = 80$ cm > 76 cmHg

当管转过 $180°$ 后,已有部分水银由开口端流出,设水银上端距 A 点为 l',则
$$[p_0 + h - (l_0 - l)]S = [p_0 - (h_0 - l')](l_0 + x + l')S \quad ①$$

所以 $l' = 112.8$ cm

将长管的开口端截去 50 cm,设管内剩余水银长度为 a,则
$$a = (h_0 - l') - 50 = 17.2 \text{ cm}$$

此时,剩余的水银柱不能保持在原位置,而是在新位置平衡,如图乙
$$[p_0 + h - (l_0 - l)]S = \{p_0 - [a - x - (l_0 - b)] + (l_0 - b)\}bS \quad ②$$
$$b = 16.7 \text{ cm}$$

42. (2012·卓越联盟) 在两端开口竖直放置的 U 形管内,两段水银封闭着长度为 L 的空气柱,a、b 两水银面的高度差为 h,现保持温度不变,则(　　).

A. 若再向左管注入些水银,稳定后 h 变大
B. 若再向左管注入些水银,稳定后 h 不变
C. 若再向右管注入些水银,稳定后 h 变大
D. 若两管同时注入些水银,稳定后 h 变大

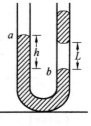

【答案】 BCD

【解析】 高度差为 h 与右侧空气柱上方的水银柱长度相等,当向左管注入些水银时,h 应该不变,故 A 选项错误,而 B 选项正确. 同理向右侧注水银时,h 变大,故 C 选项正确. 当两侧同时注入些水银,因右侧空气柱上方的水银柱长度变长,故稳定后 h 亦变大,故 D 选项亦正确.

43. (2012·北约联盟) 在厚度相同的均匀密度铁板上切割出质量相同的一个圆铁环 a 和一个

圆铁板 b,将 a、b 竖直立于地面上,温度相同,设 a、b 不与地面和空气交换热量,现对 a、b 输入相同的热量后,问 a、b 哪个温度高?
( )

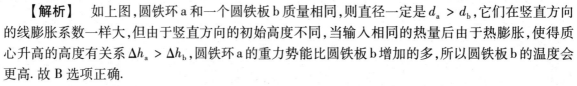

A. a 高　　　　　　　B. b 高
C. a、b 一样高　　　D. 既可能 a 高,也可能 b 高

【答案】　B

【解析】　如上图,圆铁环 a 和一个圆铁板 b 质量相同,则直径一定是 $d_a > d_b$,它们在竖直方向的线膨胀系数一样大,但由于竖直方向的初始高度不同,当输入相同的热量后由于热膨胀,使得质心升高的高度有关系 $\Delta h_a > \Delta h_b$,圆铁环 a 的重力势能比圆铁板 b 增加的多,所以圆铁板 b 的温度会更高. 故 B 选项正确.

44. (2012·华约联盟)　如图,绝热隔板 K 把绝热的气缸分隔成体积相等的两部分,K 与气缸壁的接触是光滑的. 两部分中分别装有质量相同、温度相同的同种气体 a 和 b(可视为理想气体),并达到平衡. 通过电热丝对气体 a 加热一段时间后,a 和 b 各自达到新的平衡,则( ).

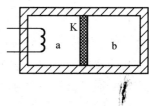

A. a 的体积增大,压强减小
B. b 的温度升高
C. a 的分子运动比 b 的分子运动更剧烈
D. a 增加的内能小于 b 增加的内能

【答案】　BC

【解析】　电热丝对气体 a 加热一段时间后,a 的温度升高,压强增大,同时体积亦增大. b 被压缩,体积减小,同时温度升高. 达到新的平衡后 a、b 的压强相等,但因 a 的体积大于 b 的体积,故 a 的温度高于 b 的温度. 所以正确的答案应该是 B 和 C.

45. (2011·卓越联盟)　如图甲,一导热良好、足够长的气缸水平放置在地面上;气缸质量 $M = 9.0$ kg,与地面的动摩擦因数 $\mu = 0.40$. 气缸内一质量 $m = 1.0$ kg,面积 $S = 20$ cm² 的活塞与缸壁光滑密接. 当气缸静止、活塞上不施加外力时,活塞与气缸底(即图中气缸最左端)的距离为 8.0 cm. 已知大气压 $p_0 = 1.0 \times 10^5$ Pa,重力加速度 $g = 9.8$ m/s²,现用逐渐增大的水平拉力向右拉活塞,使活塞始终相对气缸缓慢移动,近似认为最大静摩擦力与滑动摩擦力相等,求:

(1) 当拉力达到 30 N 时,活塞与气缸底之间的距离.

(2) 当拉力达到 50 N 时,活塞与气缸底之间的距离.

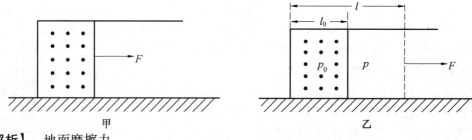

【解析】　地面摩擦力

$$f = \mu(m + M)g = 39.2 \text{ N}$$

(1) 当外力 $F = 30$ N $< f$ 时,气缸不动活塞移动,认为是等温膨胀过程,如图乙,当活塞移到 l 处时设气体的压强为 p,则有

$$(p_0 - p)S = F$$

活塞与气缸底之间的距离

$$l = \frac{p_0 l_0}{p} = \frac{p_0 l_0}{p_0 - F/S} \approx 9.4 \text{ cm}$$

(2) 当外力 $F = 50$ N $> f$ 时,气缸在活塞的带动下慢慢加速运动.由于外力逐渐、缓慢地增加,因此在任意时刻活塞与气缸的加速度相等,气缸内气体处于平衡状态.分别对活塞列动力学方程

$$F - (p_0 - p')S = ma$$
$$(p_0 - p')S - f = Ma$$

联立解得

$$p' = p_0 - \frac{MF + mf}{(M+m)S} = 1 \times 10^5 \text{ Pa} - \frac{9 \times 50 + 1 \times 39.2}{10 \times 24 \times 10^{-4}} \text{ Pa} = 0.76 \times 10^5 \text{ Pa}$$

活塞与气缸底之间的距离为

$$l = \frac{p_0 l_0}{p'} \approx 10.5 \text{ cm}$$

46.(2011·华约联盟) 当压强不变、温度变化量 Δt 不太大时,液体或固体在某一温度下的体膨胀系数 α 可表示为 $\alpha = \dfrac{\Delta V}{V \Delta t}$,其中 V 为该温度时的体积,ΔV 为体积的变化量.一般来说,在常温常压下液体和固体的体膨胀系数分别在 10^{-3} K^{-1} 量级和 $10^{-6} \sim 10^{-5}$ K^{-1} 量级.

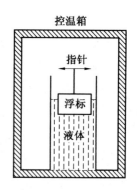

图中所示的装置可以用来测量控温箱中圆筒形玻璃容器内液体的体膨胀系数,实验步骤如下:

① 拿掉浮标,将液体的温度调控为接近室温的某一温度 t_0,测量液柱的高度 h.

② 放入浮标,保持压强不变,将液体的温度升高一个不太大的量 Δt,用精密的位置传感器确定指针高度的变化量 Δh.

③ 利用步骤 ① 和 ② 中测得的数据计算液体在 t_0 时的体膨胀系数 α.

回答下列问题

(1) 不考虑温度变化导致的液体密度变化,写出用测量量表示的 α 的表达式.

(2) ① 在温度升高过程中,液体密度变化会对用上面的表达式计算出的结果有什么影响?为什么?

② 在所用浮标为直立圆柱体时,某同学对如何减少这一影响提出了以下几条建议,其中有效的是( ).

A. 选用轻质材料制成的浮标   B. 选用底面积较大的浮标
C. 选用高度较小的浮标   D. 尽量加大液柱的高度 h
E. 尽量选用底面积大的玻璃容器

【答案】 ABD

【解析】 (1) 不考虑温度变化导致的液体密度变化,则液体的体积和体积变化为 $V = Sh$,$\Delta V = S\Delta h$,其中 S 为圆筒形玻璃容器的截面积(固体体膨胀系数远小于液体,因此可以认为容器横截面积没有变化).所以体膨胀系数为

$$\alpha = \frac{\Delta V}{V \Delta t} = \frac{\Delta h}{h(t - t_0)}$$

(2) 考虑温度变化导致的液体密度变化时,用上式计算出的体膨胀系数比实际值要小.

原因如下:温度升高导致液体密度减小,浮子浸入液体中的深度增加,测量出的 Δh 会下降,所以算出的 α 会变小.

消除误差的方法:增加液柱高度 h,或降低浮子的浸入液体中的高度.
故 A、B、D 选项正确.

47.(2011·华约联盟) 在压强不太大,温度不太低的情况下,气体分子本身的大小比分子间的距离小很多,因而在理想气体模型中通常忽略分子的大小.已知液氮的密度 $\rho = 808.3 \text{ kg} \cdot \text{m}^{-3}$,氮气的摩尔质量 $M_{\text{mol}} = 28 \times 10^{-3} \text{ kg} \cdot \text{mol}^{-1}$.假设液氮可看作由立方体分子堆积而成,根据所给数据对标准状态下的氮气做出估算,说明上述结论的合理性.

【解析】 液氮密度(808.3 kg/m³),氮的摩尔质量(28 g/mol).论证其线度比间距大很多,故可忽略大小,视为质点

标准状态下气体分子数密度为

$$n = \frac{N_A}{V_{\text{mol}}} = \frac{6.02 \times 10^{23}}{22.4 \times 10^{-3}} \text{ mol} = 2.7 \times 10^{25}$$

氮气分子的间距

$$d = \frac{1}{n^{1/3}} = 3 \times 10^{-9}$$

而液氮中单位体积的氮分子数为

$$n' = \frac{\rho N_A}{M_{\text{mol}}} = \frac{808.3 \times 6.02 \times 10^{23}}{28 \times 10^{-3}} = 1\,074 \times 10^{28}$$

据此可以估算液氮分子的线度为

$$d' = \frac{1}{n'^{1/3}} = \frac{1}{(1.74 \times 10^{28})^{1/3}} = 0.39 \times 10^{-9}$$

$$d \approx 7.69 d'$$

可见气体分子间距比分子直径大很多,可以将标准状态下的氮气看为理想气体.

48.(2010·北京大学) 如图,一定量的理想气体,从状态 A 出发,经图中 AB、BC、CA 状态变化后回到 A 状态,其中 AB 为等温变化,BC 为等体压变化,CA 为等积变化,求:

(1)三个过程中哪个过程气体对外做功的绝对值最大?
(2)哪个过程气体内能增加,哪个过程减少?
(3)哪个过程气体吸(放)热的绝对值最大? 哪个过程最小?

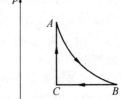

【解析】 (1)因为做功的大小为曲线下的面积,AB 曲线下方面积最大,AB 过程对外做功最大.

(2)内能仅与温度有关,温度升高,则内能增大.CA 升温,故内能增大;BC 降温,故内能减少;AB 为等温过程,内能不变.

(3)CA 过程吸收的热量全部转换为内能的增加;BC 过程一方面内能减小(温度下降),另一方面外界做功(等于 BC 下的面积),由于 BC、CA 两过程内能变化的大小相同,故 BC 放出的热量大于 CA 吸热的量.无法比较 AB 过程与另两个过程(BC、CA)吸(放)热量绝对值的大小.

49. 一支水银温度计,它的石英泡的容积是 0.300 cm³,指示管的内径是 0.010 0 cm.如果温度从 30.0 ℃升高至 40.0 ℃,温度计的水银指示线要移动多远?(已知:石英的线膨胀系数 $\alpha = 0.4 \times 10^{-6} \text{ ℃}^{-1}$,水银的体膨胀系数 $\beta = 1.82 \times 10^{-4} \text{ ℃}^{-1}$)

【解析】 $\beta_{石英} = 3\alpha = 1.2 \times 10^{-6} \text{/℃} \ll \beta_{水银}$

所以温度升高 10 ℃时,可认为石英泡的容积不变,只考虑水银的膨胀

$$V = V_0(1 + \beta \Delta T) \qquad ①$$

$$\Delta V = \beta V_0 \Delta T = 1.82 \times 10^{-4} \times 0.300 \times 10 = 5.46 \times 10^{-4} \text{ cm}^3$$

$$\Delta V = \pi r^2 \cdot \Delta h$$
所以 $\Delta h = 7.00 \text{ cm}$

50. 将端点相连的三根细线掷在水面上,如图所示,其中 1、2 线各长 1.5 cm,3 线长 1 cm. 若在图中 A 点滴下某种杂质,使表面张力系数减小到原来的 0.4. 已知水的表面张力系数 $\alpha = 0.07 \text{ N/m}$.

（1）求每根线的张力.

（2）然后又把该杂质滴在 B 点,则每根线的张力为多少?

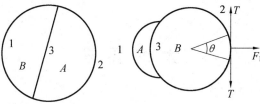

【解析】 （1）A 点滴下杂质,$\alpha_A = 0.4\alpha$,1 线松弛

取一小段圆弧,$\theta \to 0$

$$2T\sin\frac{\theta}{2} + 0.4\alpha\theta R = \alpha\theta R$$

$$\frac{\theta}{2} = \theta, \quad T = 1.67 \times 10^{-4} \text{ N}$$

则 $T_1 = 0, \quad T_2 = T_3 = T = 1.67 \times 10^{-4} \text{ N}$

（2）然后将杂质滴在 B 点,3 线松弛,1、2 形成周长为 3 cm 的圆

同上,得 $T'_3 = 0$

$$T'_1 = T'_2 = 2 \times 10^{-4} \text{ N}$$

51. 已知地球半径为 6 400 km,大气分子平均摩尔质量为 29×10^{-3} kg. 试估计地球大气总质量及大气中的总分子数.

【解析】 $M_{大气}g = p_0 4\pi R^2_{地球}$

所以 $M_{大气} = \dfrac{p_0 \cdot 4\pi R^2}{g} = 5.3 \times 10^{18} \text{ kg}$

则 $N_{大气} = \dfrac{M_{大气}}{\mu} N_A = \dfrac{5.3 \times 10^{18}}{29 \times 10^{-3}} \times 6.02 \times 10^{23} = 1.1 \times 10^{44}$ 个

52. 设某人的肺活量为 400 mL,试计算在此人一次吸气过程中,有多少个分子是他在一年前的一次呼吸过程中呼出的?（$p_0 = 1 \times 10^5$ Pa,$g = 10$ m/s,$R_{地} = 6\,400$ km,$M = 0.029$ kg/mol,$V_{mol} = 22.4$ L,$N_A = 6.02 \times 10^{23}$ 个 /mol）

【解析】 $p_0 \cdot 4\pi R^2_{地} = M_{大气}g$

$$M_{大气} = 5.14 \times 10^{18} \text{ kg}$$

$$V_{大气} = \frac{M_{大气}}{\mu} \cdot V_{mol} = \frac{5.14 \times 10^{18} \times 22.4 \times 10^{-3}}{0.029} \text{ mL} = 4 \times 10^{24} \text{ mL}$$

肺活量 $V = 400$ mL

则 $\dfrac{V}{V_{大气}} = \dfrac{400}{4 \times 10^{24}} = 1 \times 10^{-22}$

即人呼出一口气经一年在大气均匀分布所占比例,一年后吸一口气中有

$$n' = \frac{400}{22.4 \times 10^3} \times N_A \times 1 \times 10^{-22} = 1 \text{ 个}$$

专题三　电磁学

大　纲　要　求

1. 需深化的概念

典型电荷分布所产生的静电场分布;电势与电势能.

2. 需拓展的方法

微元与叠加的方法(电场叠加、电势叠加);逻辑分析及推理的方法;补偿的方法.

3. 需增加的内容

叠加原理的应用;导体与静电场的相互作用;电容器及静电能量;电流的微观图象、电源及其电动势;处理复杂电路的基本方法,电桥;洛伦兹力与安培力;带电粒子在电磁场中的运动;载流线圈在均匀磁场中受到的力矩;动生电动势的一般表示;涡旋电场的概念;自感与互感,变压器;交流电的产生及其最大值与有效值.

习　题

1. 一个半径为 R 的细圆环,均匀带电,总量为 Q,求中心轴线上的电场强度 E.

【解析】
$$\sum \Delta E_y = 0$$
$$E_p = \sum \Delta E_x = \sum \Delta E \cdot \cos\theta$$
$$\Delta E = k \cdot \frac{\Delta Q}{r^2} = \frac{k \cdot \frac{Q}{2\pi R} \cdot \Delta L}{R^2 + x^2} \cdot \cos\theta$$

故 $E_p = \sum \cdot k \frac{Q}{2\pi R} \cdot \Delta L / R^2 + x^2 \cdot \frac{x}{\sqrt{R^2 + r^2}} =$

$$\frac{kQx}{2\pi R (R^2 + x^2)^{3/2}} \sum \Delta L =$$

$$\frac{kQx}{2\pi R (R^2 + x^2)^{3/2}} \cdot 2\pi R =$$

$$k \frac{Qx}{(R^2 + x^2)^{3/2}}$$

① 当 $x < 0$ 或 $x > 0$ 时,圆环两侧对称(等大,反向)

② 当 $x = 0$, $E_p = 0$

③ $x \gg R$, $E = k\dfrac{Q}{x^2}$

④ $x \ll R$, $E = \dfrac{kQ}{R^3} \cdot x$

2. 在真空中有两个点电荷 $+q$ 和 $-q$，两者相距为 L，试求：

(1) L 的中垂面上任意一点的场强，设该点到 L 中点的距离为 r.

(2) L 的延长线上任意一点的场强，设该点到 L 中点的距离为 r.

(3) 空间任意一点的场强，设该点到 L 中点的距离为 r，r 与 L 之间的夹角为 φ.（均设 $r \gg L$）

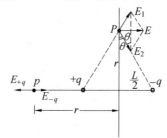

【解析】 （1）
$$E_p = 2 \cdot k \dfrac{q}{r^2 + \left(\dfrac{L}{2}\right)^2} \cdot \sin\theta$$

由题意知，$x \gg L$，则
$$r^2 \gg \left(\dfrac{L}{2}\right)^2$$

$$\sin\theta = \dfrac{\dfrac{L}{2}}{\sqrt{r^2 + \left(\dfrac{L}{2}\right)^2}} \approx \dfrac{L}{2}\Big/r$$

则 L 的中垂面上任意一点的场强为
$$E_p = 2 \cdot \dfrac{kq}{r^2} \cdot \dfrac{L}{2r} = \dfrac{kqL}{r^3}$$

(2) L 的延长线上任意一点的场强为
$$E_p = E_{+q} - E_{-q} = k\dfrac{q}{\left(r - \dfrac{L}{2}\right)^2} - k\dfrac{q}{\left(r + \dfrac{L}{2}\right)^2} = \dfrac{2kqL}{r^3}$$

(3) 空间任意一点 P 的电场可认为是 $\pm qL_\perp$ 和 $+qL_{/\!/}$ 叠加（共同产生的）

$$E_\perp = \dfrac{kqL_\perp}{r^3} = \dfrac{kq}{r^3} \cdot L\sin\phi$$

$$E_{/\!/} = \dfrac{kqL_{/\!/}}{r^3} = \dfrac{2kq}{r^3} \cdot L\cos\phi$$

因此
$$E_p = \sqrt{E_\perp^2 + E_{/\!/}^2} = \dfrac{kqL}{r^3}\sqrt{3\cos^2\varphi + 1}$$

$$\tan\theta = \dfrac{E_\perp}{E_{/\!/}} = \dfrac{\sin\phi}{2\cos\phi} = \dfrac{1}{2}\tan\phi$$

3. 无限长均匀带细线弯成如图形状，$\overset{\frown}{AB}$ 为半径 R 的半圆弧，$AA' /\!/ BB'$. 求圆心 O 处的场强.

【解析】 $\Delta\theta \to 0$，$\overset{\frown}{ab}$、$\overset{\frown}{a'b'}$ 可看作点电荷，设线电荷分布密度为 λ，则 $\overset{\frown}{ab}$ 在 O 点的场强为

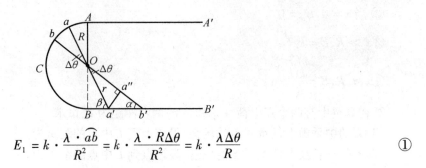

$$E_1 = k \cdot \frac{\lambda \cdot \widehat{ab}}{R^2} = k \cdot \frac{\lambda \cdot R\Delta\theta}{R^2} = k \cdot \frac{\lambda \Delta\theta}{R} \qquad ①$$

$\widehat{a'b'}$ 在 O' 点的场强(设 $Oa' = r$)为

$$E_2 = k \cdot \frac{\lambda \widehat{a'b'}}{r^2} \qquad ②$$

$$\sin\theta = \frac{\widehat{a'a''}}{\widehat{a'b'}}, \quad \sin\beta = \frac{R}{r}$$

$$\beta = \alpha + \Delta\theta \approx \alpha \quad (\Delta\theta \approx 0)$$

则
$$\sin\alpha \approx \sin\beta$$

$$\frac{\widehat{a'a''}}{\widehat{a'b'}} = \frac{R}{r}$$

所以
$$\widehat{a'b'} = \frac{r}{R}\widehat{a'a''} = \frac{r}{R} \cdot r\Delta\theta = \frac{r^2}{R}\Delta\theta$$

则
$$E_2 = k \cdot \frac{\lambda \cdot \frac{r^2}{R}\Delta\theta}{r^2} = k\lambda \frac{\Delta\theta}{R} \qquad ③$$

即
$$E_1 = -E_2$$

$$E_0 = \frac{k\lambda\Delta\theta}{R} - \frac{k\lambda\Delta\theta}{R} = 0$$

4. 半径为 R 的大球中,内挖 $r' = \dfrac{R}{2}$ 小球(内切),大球剩余部分场强均匀带电,总电量为 Q. 求距大球球心 O 为 r 处($r > R$) P 点的场强.

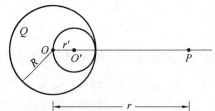

【解析】 设想将被去掉的小球又补上,内挖小球带电 Q',完整大球带电 Q'',剩余部分带电 $Q = Q'' - Q'$(电荷密度相同)

体电荷分布密度
$$\rho = \frac{Q}{\frac{4}{3}\pi(R^3 - r'^3)} = \frac{Q}{\frac{4}{3}\pi[R^3 - (\frac{R}{2})^3]} = \frac{6Q}{7\pi R^3}$$

则
$$Q''_{大} = \frac{6Q}{7\pi R^3} \cdot \frac{4}{3}\pi R^3 = \frac{8}{7}Q$$

$$Q'_{\text{小}} = \frac{6Q}{7\pi R^3} \cdot \frac{4}{3}\pi \left(\frac{R}{2}\right)^3 = \frac{1}{7}Q$$

则对 P 点有

$$E''_{\text{大}} = k\frac{Q''_{\text{大}}}{r^2} = \frac{8kQ}{7r^2}$$

$$E'_{\text{小}} = k\frac{Q'_{\text{小}}}{r^2} = \frac{kQ}{7\left(r-\frac{R}{2}\right)^2}$$

则

$$E_{\text{剩}} = E''_{\text{大}} - E'_{\text{小}} = \frac{kQ}{7r^2}\left[8 - \frac{4r^2}{2r-R}\right]$$

5. 有一均匀带电球体,电量为 Q,半径为 R,求球内、外任一点场强.

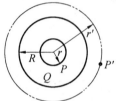

【解析】 (1) 设球内任一点半径为 $r(r < R)$

$$\phi_e = E_r \cdot 4\pi r^2 = \frac{q}{\varepsilon_0} \qquad ①$$

$$\frac{Q}{4\pi R^2} = \frac{q}{4\pi r^2} \qquad ②$$

故

$$E_r = \frac{1}{4\pi\varepsilon_0} \cdot \frac{Qr}{R^3} = k\frac{Qr}{R^3}$$

(2) 设球外任一点半径为 $r'(r' > R)$

$$\phi_e = E'_r \cdot 4\pi r^2 = \frac{Q}{\varepsilon_0}$$

故

$$E'_r = \frac{1}{4\pi\varepsilon_0} \cdot \frac{Q}{r^2} = k\frac{Q}{r^2}$$

6. 有一无限大的均匀带电平面薄板,面电荷分布密度为 $\sigma(\sigma > 0)$. 求距板 r 处的场强 E_r.

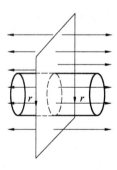

【解析】 由于对称性,r 处场强相等

建立高斯面

$$\phi_e = E_r \cdot 2\Delta S = \frac{\sigma \cdot \Delta S}{\varepsilon_0}$$

所以

$$E_r = \frac{\sigma}{2\varepsilon_0} = 2\pi k\sigma$$

距板 r 处为匀强电场.

7. 半径为 R 的无限长直圆筒面均匀带电,沿轴线电荷分布密度为 λ. 求任意一处的场强 E_r.

【解析】 (1) 筒内,$r < R$

$$E_r = S_{\text{高斯面}} = \frac{0}{\varepsilon_0}$$

$$E_r = 0$$

(2)筒外,电场柱对称

$$\phi_e = E_r \cdot 2\pi r \cdot h = \frac{\lambda \cdot h}{\varepsilon_0}$$

$$E_r = \frac{h}{2\pi\varepsilon_0 \cdot r} = \frac{2kh}{r}$$

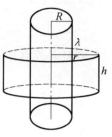

8. 半径为 R 的无限长直圆柱体内均匀分布电荷,体密度为 ρ. 试求任一处场强 E_r.

【解析】 (1)柱内,$r < R$

$$E_r \cdot 2\pi r \cdot h = \frac{\rho \cdot \pi r^2 h}{\varepsilon_0}$$

$$E_r = \frac{\rho \cdot r}{2\varepsilon_0}$$

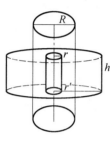

(2)柱外,$r > R$

$$E_r \cdot 2\pi r^2 \cdot h = \frac{\rho \cdot \pi R^2 \cdot h}{\varepsilon_0}$$

$$E_r = \frac{\rho \cdot R^2}{2\varepsilon_0 r}$$

(3)柱面上,$r = R$

$$E_r = \frac{\rho R}{2\varepsilon_0}$$

9. 三个无限大平行平面都均匀带电,面电荷密度分别为 σ_1、σ_2、σ_3. 求下列情况各处的场强:

(1) $\sigma_1 = \sigma_2 = \sigma_3 = \sigma$.
(2) $\sigma_1 = \sigma_3 = \sigma, \sigma_2 = -\sigma$.
(3) $\sigma_1 = \sigma_3 = -\sigma, \sigma_2 = \sigma$.
(4) $\sigma_1 = \sigma, \sigma_2 = \sigma_3 = -\sigma$.

【解析】 (1)
$$E_{\mathrm{I}} = -E_1 - E_2 - E_3 = -6\pi k\sigma$$
$$E_{\mathrm{II}} = E_1 - E_2 - E_3 = -2\pi k\sigma$$
$$E_{\mathrm{III}} = E_1 + E_2 - E_3 = 2\pi k\sigma$$
$$E_{\mathrm{IV}} = E_1 + E_2 + E_3 = -6\pi k\sigma$$

(2)
$$E_{\mathrm{I}} = -E_1 + E_2 - E_3 = 2\pi k\sigma$$
$$E_{\mathrm{II}} = E_1 + E_2 - E_3 = -2\pi k\sigma$$
$$E_{\mathrm{III}} = E_1 - E_2 - E_3 = -2\pi k\sigma$$
$$E_{\mathrm{IV}} = E_1 - E_2 + E_3 = -2\pi k\sigma$$

(3)
$$E_{\mathrm{I}} = E_1 - E_2 + E_3 = 2\pi k\sigma$$
$$E_{\mathrm{II}} = -E_1 - E_2 + E_3 = -2\pi k\sigma$$
$$E_{\mathrm{III}} = -E_1 + E_2 + E_3 = 2\pi k\sigma$$
$$E_{\mathrm{IV}} = -E_1 + E_2 - E_3 = -2\pi k\sigma$$

(4)
$$E_{\mathrm{I}} = -E_1 + E_2 + E_3 = 2\pi k\sigma$$
$$E_{\mathrm{II}} = E_1 + E_2 + E_3 = 6\pi k\sigma$$
$$E_{\mathrm{III}} = E_1 - E_2 + E_3 = 2\pi k\sigma$$
$$E_{\mathrm{IV}} = E_1 - E_2 - E_3 = -2\pi k\sigma$$

10. 如图,有一个均匀带电的球体,电荷体密度为 ρ,球心为 O,半径为 R. 在其内部挖去一个球形的空洞，空洞中心为 O_1，半径为 $r(r<R)$，O 至 O_1 的距离为 d.

（1）求 O_1 点的场强 $\overrightarrow{E_{O_1}}$.

（2）证明空洞内为匀强电场.

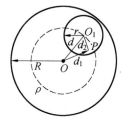

【解析】 （1）填补法，填充 $\rho \cdot r$

$$\overrightarrow{E_{O_1}} = \overrightarrow{E_{大球}} - \overrightarrow{E_{小球}}$$

$$E_{大球} \cdot 4\pi d^2 = 4\pi k (\rho \cdot \frac{4}{3}\pi d^3)$$

Q_1 处 $\begin{cases} E_{大球} = \dfrac{4\rho k\pi d}{3} \\ E_{小球} = \dfrac{kQr}{R^3} = 0 \quad (r=0) \end{cases}$

所以
$$E_{O_1} = \frac{4\rho k\pi d}{3} = \frac{\rho}{3\varepsilon_0}$$

$$\overrightarrow{E_{O_1}} = \frac{\rho}{3\varepsilon_0}\vec{d}$$

（2）空洞内任选一点 P，设 $OP = d_1$

大球 $\quad \overrightarrow{E'_P} = \dfrac{\rho}{3\varepsilon_0}\vec{d_1}$

小球 $\quad \overrightarrow{E''_P} = -\dfrac{\rho}{3\varepsilon_0}\vec{d_2}$

所以 $\quad \dfrac{\rho}{3\varepsilon_0}(\vec{d_1} - \vec{d_2}) = \dfrac{\rho}{3\varepsilon_0}\vec{d} = $ 恒量

故空洞内为匀强电场.

11. 实验表明，在靠近地面处有相当强的电场，电场强度 E_1 垂直于地面向下，大约为 100 V/m. 在离地面 1.5 km 高的地方，E_2 也是垂直于地面向下，大约为 25 V/m. 试求地面附近大气中平均体电荷密度 ρ 的值. ($R_{地} = 6\ 370$ km)

【解析】 由于对称性，以地心为圆心，球面 S_1 恰好包住地面，设地球上电荷的代数总和为 Q_1，则

$$E_1 \cdot 4\pi R^2 = \frac{Q_1}{\varepsilon_0} \qquad ①$$

再以 $R+h$ 做圆心建立高斯球面，并设 S_2 所包住电荷的代数和为 Q_2，则

$$E_2 \cdot 4\pi (R+h)^2 = \frac{Q_2}{\varepsilon_0} \qquad ②$$

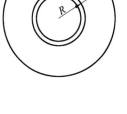

② - ① 得 $\quad E_2 \cdot 4\pi(R+h)^2 - E_1 \cdot 4\pi R^2 = \dfrac{Q_2 - Q_1}{\varepsilon_0} \qquad ③$

$$4\pi[R^2(E_1 - E_2) - h(2R + h)E_2] = \frac{Q_2 - Q_1}{\varepsilon_0}$$

近似处理 $\begin{cases} h = 1.5\ \text{km} \ll R = 6\ 370\ \text{km} \\ h' = 0 \quad 2R + h \approx 2R \\ R^2 \gg 2R \quad R^2(E_1 - E_2) \gg h(2R+h)E_2 \end{cases}$

则 $\quad 4\pi R^2(E_1 - E_2) = \dfrac{Q_2 - Q_1}{\varepsilon_0} \qquad ④$

$$\bar{\rho} = \frac{Q_2 - Q_1}{V}$$

$h \ll R$,等效 $S = 4\pi R^2$,二面间距 h

$$V = 4\pi R^2 \cdot h$$

所以 $$\bar{\rho} = \frac{Q_2 - Q_1}{4\pi R^2 \cdot h} = 4.4 \times 10^{-13} \text{ C/m}^3$$

故近地面空间带正电,大地带负电.

12. 如图,在 $-d \leqslant x \leqslant d$ 的空间区域内(Y、E 方向无限),均匀分布着体密度为 ρ 的正电荷,此处均为真空.
(1)试求 $|x| \leqslant d$ 的场强分布.
(2)若将质量为 m、电量为 $-q$ 的带电质点从 $x = d$ 处静电释放,问该带电质点经过多长时间达到 $x = 0$ 处?

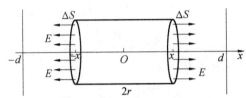

【解析】 (1)由于对称性,$\pm x$ 处场强等大(Y、Z 无限,$E_Y = 0$、$E_Z = 0$)

$$E \cdot 2\Delta S = \frac{\rho \cdot 2x \cdot \Delta S}{\varepsilon_0}$$

故 $$E = \frac{\rho}{\varepsilon_0} x$$

方向 $\begin{cases} x > 0, E < 0 \\ x < 0, E > 0 \end{cases}$

(2) $$F_e = -qe = -\frac{\rho q}{\varepsilon_0} x = -kx$$

简谐振动 $$T = 2\pi\sqrt{\frac{m}{k}} = 2\pi\sqrt{\frac{\varepsilon_0 m}{\rho q}}$$

则带电质点到达 $x = 0$ 处的时间为

$$t = \left(n + \frac{1}{4}\right)T = \left(n + \frac{1}{4}\right) \cdot 2\pi\sqrt{\frac{\varepsilon_0 m}{\rho q}} \quad (n = 1, 2, 3, \cdots)$$

13. 求均匀带电球面两半球之间的相互作用力.(已知 Q、R)

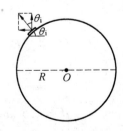

【解析】 $$\sum F_x = 0$$

$$\sum F_y = \sum 2k\pi\sigma \cdot \Delta q \cos\theta_i =$$
$$\sum 2k\pi\sigma \cdot \sigma \Delta S_i \cos\theta_i =$$
$$2\pi k\sigma^2 \sum_i \Delta S_i \cos\theta_i =$$
$$2\pi k\sigma^2 \cdot \pi R^2 =$$
$$2\pi k \cdot \left(\frac{Q}{4\pi R^2}\right)^2 \pi R^2 =$$
$$\frac{kQ^2}{8R^2}$$

14. 两个同心导电球壳,半径分别为 $R_1 = 0.145$ m 和 $R_2 = 0.207$ m,内球带有电荷 $-6.00 \times$

10^{-8} C,一电子以可忽略的速率自内球流出,假设两球之间的区域为真空,计算电子撞在外球上的速率.

【解析】 用高斯定理求两球壳之间的场强

$$E \cdot 4\pi r^2 = 4\pi k \cdot q$$

解得

$$E = k\frac{q}{r^2}$$

电场力

$$F_e = -eE = k\frac{q \cdot (-e)}{r^2}$$

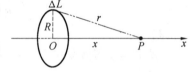

$$W = kq(-e)\left(\frac{1}{R_1} - \frac{1}{R_2}\right) = \frac{1}{2}mv^2$$

$$v = \sqrt{\frac{2(-e)qk}{m}\left(\frac{1}{R_1} - \frac{1}{R_2}\right)} = 1.98 \times 10^7 \text{ m/s}$$

15. 一个均匀带电的细圆环 R,带电总量为 Q,求圆环轴线上的电势分布.

【解析】 将该带电圆环分割成无数个极小 ΔL,每个 ΔL 的线元都可看成点电荷,将每个线元在 P 点的电势求出,再累加求和. 取一小线元 ΔL

$$\Delta Q = \frac{Q}{2\pi R}\Delta L$$

$$\Delta U = k\frac{\Delta Q}{r}$$

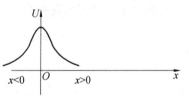

对任一点 P

$$U_P = \sum_L \Delta U = \sum_L k\frac{Q}{2\pi R} \cdot \Delta L / \sqrt{R^2 + x^2}$$

$$U_P = \frac{kQ}{\sqrt{Q^2 + x^2}}$$

讨论:

$x = 0$ 时 $\quad U_0 = \frac{kQ}{R}$

$|x| \gg R$ 时 $\quad U = k\frac{Q}{x}$

$|x| > 0$ 时 $\quad U = \frac{kQ}{\sqrt{R^2 + x^2}}$

16. 一个均匀带电球体,总电量为 Q,半径为 R,求其电势分布.

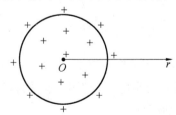

【解析】 场强分布

$$E = \begin{cases} k\dfrac{Q}{R^3} \cdot r & (0 \leqslant r < R) \\ k\dfrac{Q}{r^2} & (r \geqslant R) \end{cases}$$

① $r \geqslant R$ 时

等效点电荷 $U = \begin{cases} \dfrac{kQ}{R} & (r = R) \\ \dfrac{kQ}{r} & (r > R) \end{cases}$

② $r < R$ 时

由①、②可知

球面外,$r > R$ 时

$$U = k\frac{Q}{r}$$

球面及内部,$r \leq R$ 时

$$U = k\frac{Q}{R}$$

17. 一个均匀带电的薄球壳,带电总量为 Q,半径为 R. 求其电势分布.

【解析】（1）球壳内 $\quad E_内 = 0, 0 \leq r < R$
球壳表面 $\quad E_S \perp S, r = R$ $\Bigg\}$ 等势体

$$U = k\frac{Q}{R} \quad (0 \leq r \leq R)$$

（2）$\quad\quad\quad r > R$

将所有电荷等效集中在球心 O 处

$$U = k\frac{Q}{r}$$

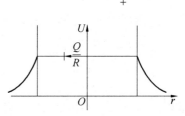

18. 两个同样电荷 q 与半径为 r 的接地小球分别相距为 a 和 b,电荷与地面以及其他接地物体距离比 a 和 b 大得多. 求两电荷对球的作用力.

【解析】 受面电荷影响,接地小球的感应电荷为 Q,$U = 0$

$$0 = k\frac{q}{a} + k\frac{q}{b} + U_Q$$

$$U_Q = \sum k\frac{\Delta Q_i}{r} = k\frac{Q}{r}$$

所以 $\quad k\dfrac{q}{a} + k\dfrac{q}{b} + k\dfrac{q}{r} = 0$

$$Q = -qr\left(\frac{1}{a} + \frac{1}{b}\right)$$

$$F = \sqrt{F_1^2 + F_2^2} = \sqrt{\left(k\frac{Qq}{a^2}\right)^2 + \left(k\frac{Qq}{b^2}\right)^2} = krq^2\left(\frac{1}{a} + \frac{1}{b}\right)\sqrt{\frac{1}{a^4} + \frac{1}{b^4}}$$

19. 有一同心导体球与导体球壳,其半径分别为 R_1、R_2、R_3,球壳带电为 Q,将导体球在远处接地. 问:导体球是否带电？若带电,电量为多少？

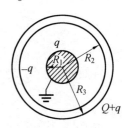

【解析】 导体球带电,根据叠加原理

$$k\frac{Q+q}{R_3} + k\frac{-q}{R_2} + k\frac{q}{R_1} = 0$$

所以 $\quad q = \dfrac{R_1 R_2 Q}{R_1 R_3 - R_1 R_2 - R_2 R_3}$

20. 如图,金属球壳的内、外半径分别为 a 和 b,带电量为 Q,球壳腔内距球心 O 为 r 处置一电量为 q 的点电荷. 试求球心 O 点的电势.

【解析】 根据叠加原理

$$U_O = U_1 + U_2 + U_3 = k\frac{q}{r} + k\frac{-q}{a} + k\frac{Q+q}{b}$$

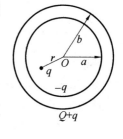

21. 有两个极薄的同心导体球壳,其内、外壳半径分别为 a、b,在壳外距球心为 $d(d > b)$ 处放一点电荷 $+q$,并使内壳接地. 求两壳间的电势差.

【解析】 内壳接地,$U_O = 0$,设电荷为 q'

内球壳 $U_内 = k\dfrac{q'}{a} + k\dfrac{-q'}{b} + k\dfrac{q'}{b} + k\dfrac{q}{d} = 0$

$$q' = -\frac{a}{d} \cdot q$$

外球壳 $U_外 = k\dfrac{q'}{b} + k\dfrac{q}{d} = k\dfrac{q}{d}\left(1 - \dfrac{a}{b}\right)$

所以
$$U = U_外 - U_内 = U_外 - 0 = k\frac{q}{d}\left(1 - \frac{a}{b}\right)$$

22. 三个相同的金属小球都带电量 q,三个球之间的距离都为 r,小球半径为 a,$a \ll r$,如果依次把 1、2、3 球接一下地,求最后三个球带的电量 q_1、q_2、q_3 各为多大?

【解析】 若 $U_1 = 0$,则

$$k\frac{q}{r} + k\frac{q}{r} + k\frac{q_1}{r} = 0$$

解得
$$q_1 = -\frac{2aq}{r}$$

若 $U_2 = 0$,则

$$k\frac{q}{r} + k\frac{q_1}{r} + k\frac{q_2}{r} = 0$$

解得
$$q_2 = \frac{aq(2a-r)}{r^2}$$

若 $U_3 = 0$,则

$$k\frac{q_1}{r} + k\frac{q_2}{r} + k\frac{q_3}{r} = 0$$

解得
$$q_3 = \frac{a^2 q(3r - 2a)}{r^3}$$

由于 $a \ll r$,则
$$\begin{cases} q_1 = -\dfrac{2aq}{r} \\ q_2 = -\dfrac{aq}{r} \\ q_3 = \dfrac{3a^2 q}{r^2} \end{cases}$$

23. 真空中有三个电量均为 q 的均匀带电薄球壳,它们的半径分别为 R、$\dfrac{R}{2}$、$\dfrac{R}{4}$,彼此内切于 P 点,球心分别为 O_1、O_2、O_3,三球相切但是互相绝缘,求 O_3 与 O_1 间的电势差.

【解析】 $U_{O_1} = k$

$$U_{O_1} = k\frac{q}{R} + k\frac{q}{R/2} + k\frac{q}{R/2 + R/4} = k\frac{q}{R} \cdot \frac{13}{3}$$

$$U_{O_3} = k\frac{q}{R/4} + k\frac{q}{R/2} + k\frac{q}{R} = 7k\frac{q}{R}$$

$$U_{O_3} - U_{O_1} = \frac{8}{3}\frac{kq}{R}$$

24. 电荷 q 均匀分布在半球面 ACB 上,球面半径为 R,CD 通过半球面顶点 C 与球心 O 的轴线上,P、Q 为 CD 轴线上在 O 点两侧,离 O 点距离相等的两点. 已知 P 点的电势为 U_P,试求 Q 点电势 U_Q.

【解析】 填充法:

右半球在 P 点的电势 U'_P 与左半球在 Q 点的电势 U_Q 相等,即
$$U'_P = U_Q$$
所以假设整个球都存在,P 点的总电势为 $U_P + U'_P$
$$U_P + U_Q = U_P + U'_P = k\frac{2q}{R}$$

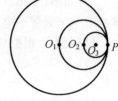

所以
$$U_Q = k\frac{2q}{R} - U_P$$

25. 如图,一薄壁导体球壳球心 O,球壳通过一细导线与端电压 $U = 90$ V 的电池正极相连,电池负极接地,在球壳外 A 点有一电荷量为 $q_1 = 10 \times 10^{-9}$ C 的电荷,B 点有一电荷量为 $q_2 = 16 \times 10^{-9}$ C 的电荷,OA 之间距离为 $d_1 = 20$ cm,OB 之间距离为 $d_2 = 40$ cm,现设想球壳的半径从 $a = 10$ cm 开始缓慢增大到 50 cm. 问:在此过程中的不同阶段,大地流向球壳的电荷量各是多少?(已知 $k = 9 \times 10^9$ N·m²/C²,假设点电荷穿过球壳进入壳内而不与导体壁接触)

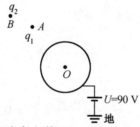

【解析】 (1) 球心 O 处电势等于球壳电势 U
$$k\frac{q_1}{d_1} + k\frac{q_2}{d_2} + k\frac{Q_1}{a} = U$$

球壳外壁感有电荷 Q_1(球壳电量)
$$Q_1 = [U - k(\frac{q_1}{d_1} + \frac{q_2}{d_2})]a/k = -8 \times 10^{-9} \text{ C}$$

(2) 球壳趋近 d_1,(但 q_1 仍在外)
$$k\frac{q_1}{d_1} + k\frac{q_2}{d_2} + k\frac{Q_2}{a} = U$$
$$Q_2 = -16 \times 10^{-9} \text{ C}$$

则 $a = 10$ cm 到趋于 20 cm 中,大地流向球壳的电量
$$\Delta Q_1 = Q_2 - Q_1 = -8 \times 10^{-9} \text{ C}$$

(3) 球壳从趋近 d_1 到越过 d_1,(q_1 由外 → 内)
$$k\frac{q_2}{d_2} + k\frac{Q_3}{a} = U$$
$$Q_3 = -6 \times 10^{-9} \text{ C(壳外)}$$

球壳电量 = 壳外 Q_3 + 壳内($-q_1$)

$$\sum Q_3 = Q_3 - q_1 = -16 \times 10^{-9} \text{ C}$$

所以 $\quad \Delta Q_1 = \sum Q_3 - Q_2 = 0$

表明 q_1 由外进内,只是将其在外壁产生的感应电荷移到内壁,而整个球壳与大地无电量交换.

(4) 球壳趋近 $d_2(q_2$ 在外)

$$k\frac{q_2}{d_2} + k\frac{Q_4}{d_2} = U$$

$$Q_4 = -12 \times 10^{-9} \text{ C}(外壳)$$

$$\sum Q_4 = Q_4 + (-q_1) = -22 \times 10^{-9} \text{ C}$$

所以 $\quad \Delta Q_3 = \sum Q_4 - Q_3 = -6 \times 10^{-9} \text{ C}$

(5) 球壳从趋近 d_2 到越过 $d_2(q_2$ 由外到内),此时球内表面电量为 $-(q_1+q_2)$,外表面电量为 Q_5

$$k\frac{Q_5}{d_2} = U$$

$$Q_5 = 4 \times 10^{-8} \text{ C}$$

球壳总电量

$$\sum Q_5 = Q_5 - (q_1 + q_2) = -22 \times 10^{-9} \text{ C}$$

大地流入球壳

$$\Delta Q_4 = (\sum Q_5 - \sum Q_4) = -22 \times 10^{-9} - (-22 \times 10^{-9}) = 0$$

(6) 球壳半径由 $d_2 = 40$ cm 增至 50 cm,设球壳外壁电量为 Q_6

$$k\frac{Q_6}{a_1} = U$$

$$Q_6 = 5 \times 10^{-9} \text{ C}$$

$$\sum Q_6 = 5 \times 10^{-9} - (q_1 + q_2) = -21 \times 10^{-9} \text{ C}$$

所以 $\quad Q_5 = (\sum Q_6 - \sum Q_5) = -21 \times 10^{-9} - (-22 \times 10^{-9}) = 1 \times 10^{-9} \text{ C}$

26. 在点电荷 q 的电场中放入一个半径为 R 的接地导体球,从 q 到导体球球心的 O 的距离为 L. 求导体对 q 的作用力.

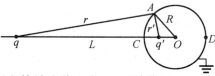

【解析】 导体对 q 的作用力等效为像电荷 q' 对其作用

由对称性可知, q' 定在 qO 连线上,设 $q'O = a$

任一点 A $\quad U_A = k\frac{q}{r} + k\frac{q'}{r'} = 0$ ①

$$k \cdot \frac{q}{\sqrt{y^2 + (L-x)^2}} + k\frac{q'}{\sqrt{y^2 + (x-a)^2}} = 0 \quad ②$$

$$q^2[y^2 + (x-a)^2] = q'^2[y^2 + (L-x)^2]$$

$$(q^2 - q'^2)y^2 + (q^2 - q'^2)x^2 - (2aq^2 - 2Lq'^2)x = q'^2L^2 - q^2a^2$$

由于 A 在球面上, x、y 的一次项为 0, $x^2 + y^2 = R^2$

$$(q^2 - q'^2)y^2 + (q^2 - q'^2)x^2 = q'^2L^2 - q^2a^2 \quad ③$$

由 ③
$$x^2 + y^2 = \frac{q'^2 L^2 - q^2 a^2}{q^2 - q'^2}$$

$$\begin{cases} (q^2 - q'^2)R^2 = q'^2 L^2 - q^2 a^2 & ④ \\ 2aq^2 - 2Lq'^2 = 0 & ⑤ \end{cases}$$

所以
$$a = \frac{R^2}{L}, \quad q' = -\frac{R}{L}q$$

$$F = k\frac{qq'}{(L-a)^2} = k\frac{q \cdot \frac{R}{L}q}{(L - \frac{R^2}{L})^2} = k\frac{q^2 RL}{(L^2 - R^2)^2}$$

27. 有一个带有绝缘柄的金属小球,半径为 r,原来不带电,另有一个极薄的金属球外壳,半径为 $R(r < R)$,原来带正 Q,当按下列程序进行操作时,每一项操作之后,小球及球壳的带电情况如何变化？它们所在处的电势如何变化？

(1) 把小球从距球壳很远之处,移到球壳内中心 O 处(假设球壳上有一小门可供小球出入),移动过程中小球不与球壳接触.

(2) 把位于球壳中心 O 处的小球接一下地,然后立即与地断开.

(3) 把球壳接一下地,然后立即与地断开.

(4) 把小球从球壳内取出,移到距离球壳中心 O 为 d 的 O' 点去,移动过程中小球与球壳不接触.

【解析】 (1) 小球原来不带电,移到 O 点后仍不带电,其电势由 $0 \to k\frac{Q}{R}$,球壳上的电量、电势都不变.

(2) 小球接地,$U = 0$,设带电量为 q

$$k\frac{q}{r} + k\frac{Q+q}{R} + k\frac{-q}{r} = 0$$

小球 $\quad q = -\frac{r}{R}Q$

球壳内表面 $\quad -q = \frac{r}{R}Q$

球壳外表面 $\quad Q + q = Q - \frac{r}{R}Q = \frac{R-r}{R}Q$

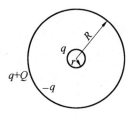

球壳电势 $\quad U_{壳} = k\frac{q}{r} + k\frac{-q}{r} + k\frac{Q+q}{R} = k\frac{Q - \frac{r}{R}Q}{R} = \frac{kQ}{R}(1 - \frac{r}{R}) < \frac{kQ}{R}$

(3) 球壳接地,其电势变为零,球壳上净余电荷 $-q = \frac{k}{R}Q$,小球电量不变,$q = -\frac{k}{R}Q$

$$U_{小球} = \frac{k(-q)}{R} + k\frac{q}{r} = k\frac{\frac{r}{R}Q}{R} + k\frac{-\frac{r}{R}Q}{R} = -kQ(\frac{1}{R} - \frac{r}{R^2}) = -kQ(R-r)/R^2$$

(4) 小球、球壳的带电量都不变,设小球电势为 U_1,球壳电势为 U_2,则

$$U_1 = k\frac{q}{r} + k\frac{-q}{d} = -kQ\frac{d-r}{Rd}$$

$$U_2 = k\frac{-q}{R} + k\frac{q}{d} = kQ\frac{r(d-R)}{R^2 d}$$

28. 有三个点电荷 q 位于边长为 r 的等边三角形的三个顶点,求该系统的电势能.

【解析】 设原来的 3 个点电荷 q 均在无穷远处,后一个一个移到此位置,
移第 1 个,因无场,则
$$W_1 = 0$$

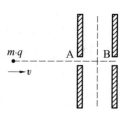

移第 2 个: $\qquad W_2 = q(U_\infty - U_2) = q(0 - k\frac{q}{r})$

移第 3 个: $\qquad W_3 = q(U_\infty - U_3) = q[U - (\frac{kq}{r} + \frac{kq}{r})]$

则 $\qquad W_总 = W_1 + W_2 + W_3 = \Delta\varepsilon = \varepsilon_\infty - \varepsilon$
$$0 + (-k\frac{q^2}{r}) + (-2k\frac{q^2}{r}) = 0 - \varepsilon$$
$$\varepsilon = \frac{3kq^2}{r}$$

29. 一质量为 m,带电量为 q 的小粒子,从很远处沿垂直于极板方向飞向电容器,通过极板小孔穿过电容器,离电容器很远处时,粒子的速度为 v,如图. 已知电容器充电到电势差 U,两极距离比板的尺寸小得多,而电容器电荷量 $\gg q$. 试求:

(1) 粒子进入电容器内 A 点的速度.
(2) 粒子即将从电容器的 B 点飞出去的速度.

【解析】 (1) 电容器中心面处 $U = 0$,则
$$U_A = -\frac{U}{2}, \quad U_B = \frac{U}{2} \qquad ①$$

由能量守恒定律得:

A 点 $\qquad \frac{1}{2}mv^2 = \frac{1}{2}mv_A^2 + q(-\frac{U}{2}) \qquad ②$

B 点 $\qquad \frac{1}{2}mv^2 = \frac{1}{2}mv_B^2 + q\frac{U}{2} \qquad ③$

则 $\qquad v_A = \sqrt{v^2 + \frac{qv}{m}}, \quad v_B = \sqrt{v^2 - \frac{qv}{m}}$

当 $v^2 < \frac{qv}{m}$ 时,粒子不能穿出电容器.

30. 竖直放置的平行金属大平板 A、B 相距 d,两板间的电压为 U,一带正电的质点从两板间的 M 点开始以竖直向上的初速度 v_0 运动. 当它到达电场中某点 N 时,速度变为水平方向,大小仍为 v_0. 求 U_{MN} 的值.

【解析】 水平方向匀加速 $\qquad v_0 = at$
竖直方向匀减速 $\qquad v_0 = gt$

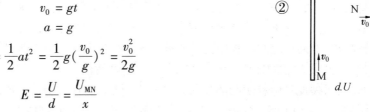

则 $\qquad a = g$

水平 $\qquad x = \frac{1}{2}at^2 = \frac{1}{2}g(\frac{v_0}{g})^2 = \frac{v_0^2}{2g}$

则 $\qquad E = \frac{U}{d} = \frac{U_{MN}}{x}$

$$U_{MN} = \frac{U}{d} \cdot \frac{v_0^2}{2g} = \frac{v_0^2}{2dg}U$$

31. 如图,三根等长的细绝缘棒,连接成等边三角形 ABC, P 点为三角形的内心,Q 点与三角形共

面,且与 P 点相对棒 AC 对称. 三棒都带有电荷,电荷的分布与假设三棒皆为导体棒的电荷分布完全相同. 此时测得 P、Q 两点的电势分别为 U_P、U_Q,现将 BC 棒取走,且设不影响 AB、AC 棒上原有电荷的分布,求这时 P、Q 两点的电势.

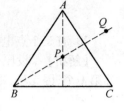

【解析】 设三棒在 P 点的电势为 U_x,AB、BC 在 Q 点的电势为 U_y,则
$$U_P = 3U_x$$
$$U_Q = U_x + 2U_y$$

取走 BC,则
$$U'_P = 2U_x$$
$$U'_Q = U_x + U_y$$

得
$$U'_P = \frac{2}{3}U_P$$
$$U'_Q = \frac{1}{6}U_P + \frac{1}{2}U_Q$$

32. 电荷以相同的面密度 σ 分布在半径为 r_1、r_2 的两个同心球面上,设无限远处电势为零,球心处的电势为 U_0.

(1)求面电荷密度 σ.
(2)若要使球心处的电势也为零,外球面上电荷改变量 Δq 的值为多少?

【解析】 (1) $U_0 = U_1 + U_2$
$$U_1 = k\frac{Q_1}{r_1} + k\frac{\sigma \cdot 4\pi r_1^2}{r_1} = 4\pi k\sigma \cdot r_1 = \frac{\sigma}{\varepsilon_0} \cdot r_1$$

同理
$$U_2 = \frac{\sigma}{\varepsilon_0} \cdot r_2$$

则
$$U_0 = \frac{\sigma}{\varepsilon_0} \cdot (r_1 + r_2)$$

解得
$$\sigma = \frac{\varepsilon_0 U_0}{r_1 + r_2}$$

(2)
$$U_1 + U_2 = 0$$
$$k\frac{\varepsilon_1}{r_1} + k\frac{q_2}{r_2} = 0$$
$$-\frac{\varepsilon_1}{4\pi\varepsilon_0 r_1} + \frac{q'_2}{4\pi\varepsilon_0 r^2} = 0$$

则
$$q'_2 = -\frac{r_2}{r_1}q_1$$
$$\Delta q = q'_2 - \sigma 4\pi r_2^2 = -\frac{r_2}{r_1}4\pi\sigma r_2(r_1 + r_2) = -4\pi\sigma r_2(r_1 + r_2)$$

33. 如图,两个竖直放置的同轴导体薄圆筒,内筒半径为 R,两筒间距为 d,筒高为 L($L \gg R \gg d$). 内筒通过一个未知电容量的电容器与电动势 U 足够大的直流电源的正极相连,外筒与该电源的负极相连. 在两桶之间有相距为 h 的 A、B 两点,其连线 A、B 与竖直的筒中央轴平行,在 A 点有一质量为 m、电量为 Q 的带负电的粒子,以 v_0 的速度运动,其运动方向垂直于 A 点和筒中央轴所决定的平面. 为了使此带电粒子能够顺利通过 B 点,试求所有可能供选择的 v_0 和 C_x 的值.

【解析】 (1)由于物体竖直方向只受重力,故竖直方向物体做自由落体运动;水平方向受到时刻指回圆心的电场力的作用,所以水平方向物体做匀速圆周运动
$$h = \frac{1}{2}g\lambda^2$$ ①

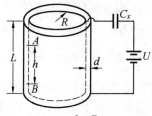

$$T = \frac{2\pi R}{v_0} \qquad ②$$

依题意 $\qquad t = nT \quad (n = 1,2,3,\cdots) \qquad ③$

所以 $\qquad v_0 = n\pi R\sqrt{\dfrac{2g}{h}} \quad (n = 1,2,3,\cdots)$

(2) 水平 $\qquad QE = Q\dfrac{U_R}{d} \qquad ④$

$$QE = m\frac{v_0^2}{R} \qquad ⑤$$

所以 $\qquad U_R = \dfrac{mv_0^2 d}{QR} = \dfrac{2n^2\pi^2 Rdmg}{hQ} \quad (n = 1,2,3,\cdots)$

由于 $R \gg d$,可看作平行板电容器

$$C_R = \frac{S}{4\pi kd} = \frac{2\pi R \cdot L}{4\pi kd} = \frac{RL}{2kd} \qquad ⑥$$

因 C_R 与 C_x 串联,则 $\qquad U = U_R + U_x \qquad ⑦$

$$Q_R = Q_x$$
$$C_R U_R = C_x U_x \qquad ⑧$$

所以 $\qquad C_x = \dfrac{n^2\pi^2 R^2 Lmg}{k(hQU - 2n^2\pi^2 Rdmg)} \quad (n = 1,2,3,\cdots)$

34. 有两个同心的球管,组成球形电容器. 两球半径分别为 $R_A = 10$ cm, $R_B = 15$ cm. 求球形电容器的电容.

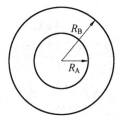

【解析】 $\qquad C = \dfrac{R_A R_B}{k(R_B - R_A)} = 3.33 \times 10^{-11}$ F

35. 一平行板电容器,当两板间为空气时, $C_0 = 40$ pF. 把它接到一个电动势 $\varepsilon = 5\,000$ V 的电源上,现将一块厚度等于极板间距离的石蜡块塞进两板间,使之充满极板间空间的一半,石蜡的 $\varepsilon = 2$. 求:

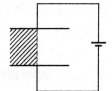

(1) 塞入石蜡后电容器的电容.
(2) 在石蜡塞入过程中,电源所提供的电能.
(3) 电容器所获得的电能.

【解析】 (1) C_1 与 C_2 并联

$$C = C_1 + C_2 = \frac{1}{2}C_0 + \frac{1}{2}C_0 \varepsilon = 60 \text{ pF}$$

(2)
$$E_{电源} = CU^2 - C_0 U^2$$
$$E_{电源} = QU - Q_0 U = U(CU - C_0 U) = 5 \times 10^{-6} \text{ J}$$

(3)
$$E_{电容} = \frac{1}{2}CU^2 - \frac{1}{2}C_0 U^2 = 2.5 \times 10^{-6} \text{ J}$$

36. 在面积为 S 的平行板电容器中充满了固态的电解质,将电容器充电 Q 后,断开电源,把固态电解质与下端的导体平板固定,然后用外力将上端导体平板缓慢向上移动 d 的距离,设上端导体平板的质量可忽略,试计算外力所做的功 W.

【解析】 Q 不变,C 变 $\to E_电$ 变

$$W = \Delta E = E_2 - E_1 =$$
$$\frac{Q^2}{2C'} - \frac{Q^2}{2C} =$$
$$\frac{Q^2}{2}\left[\left(\frac{1}{C} + \frac{1}{C_0}\right) - \frac{1}{C}\right] =$$
$$\frac{Q^2}{2 \cdot \frac{S}{4\pi kd}} =$$
$$\frac{2\pi k d Q^2}{S}$$

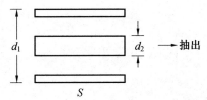

37. 空气电容器的极板面积 $S = 300 \text{ cm}^2$,两极相距 $d_1 = 3$ mm,在两极之间有一金属板,其面积与极板相同,厚度为 $d_2 = 1$ mm,与地绝缘,电容器被充电到电压 $U = 600$ V 后,再与电源分开,问抽出此板应做多少功?

【解析】 有金属板时

$$C_0 = \frac{S}{4\pi k(d_1 - d_2)} \qquad ①$$

能量 $\qquad E_0 = \frac{1}{2}C_0 U^2 \qquad ②$

抽板后 $\qquad C = \frac{S}{4\pi k d} \qquad ③$

能量 $\qquad E = \frac{Q^2}{2C} = \frac{(C_0 U)^2}{2C} = \frac{1}{2}\frac{C_0^2 U^2}{C}$

则 $\qquad W = E - E_0 = \frac{1}{2}U^2\left(\frac{C_0^2}{C} - C_0\right) = 1.2 \times 10^{-5} \text{ J}$

38. 如图,半径分别为 R_1、R_2 的两个导体球 A、B 相距很远,因而可以将两球视为孤立导体球,原来 A 球带静电 Q,B 球不带电,现用一根长导线将两球连接,静电平衡后忽略导线中所带电荷,试求:

(1) A、B 球上各带电量多少?
(2) 两球的电势为多少?
(3) 该系统的电容为多少?

【解析】(1) $\qquad C_A = \frac{R_1}{k} = 4\pi\varepsilon_0 R_1 \qquad ①$

$$C_B = 4\pi\varepsilon_0 R_2 \qquad ②$$

电势 $\qquad U_A = \frac{Q_A}{C_A} = \frac{Q_A}{4\pi\varepsilon_0 R_1} \qquad ③$

$$U_B = \frac{Q_B}{C_B} = \frac{Q_B}{4\pi\varepsilon_0 R_2} \quad ④$$

两线相连后 $\quad U_A = U_B$

则 $\quad \dfrac{Q_A}{R_1} = \dfrac{Q_B}{R_2} \quad ⑤$

$$Q_A + Q_B = Q \quad ⑥$$

所以 $\quad Q_A = \dfrac{R_1}{R_1+R_2}Q, \quad Q_B = \dfrac{R_2}{R_1+R_2}Q$

(2) $\quad U = U_A = U_B = \dfrac{Q_A}{4\pi\varepsilon_0 R_1} = \dfrac{Q}{4\pi\varepsilon_0(R_1+R_2)}$

(3) $\quad C = \dfrac{Q}{U} = 4\pi\varepsilon_0(R_1+R_2)$

39. 如图,两个相同的小球A、B通过轻绳绕过定滑轮带动C球上升,某时刻连接C球的两绳夹角为60°,A、B的速度均为v,求此时C球的速度.

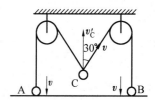

【解析】 $\quad \cos 30° = \dfrac{v}{v'_C}$

所以 $\quad v'_C = \dfrac{v}{\cos 30°} = v\sin 60° = \dfrac{\sqrt{3}}{2}v$

$$v_C = 2v'_C = \sqrt{3}v$$

40. 若要保持两根金属棒的长度差在任意(何)温度都不改变,两根金属棒应满足什么条件?

【解析】 设膨胀系数为α_1、α_2,0 ℃时两根金属棒的原长为l_{01}、l_{02}

$$l_1 = l_{01}(1 + \alpha_1 t) \quad ①$$
$$l_2 = l_{02}(1 + \alpha_2 t) \quad ②$$
$$l_2 - l_1 = l_{02} - l_{01} + (l_{02}\alpha_2 - l_{01}\alpha_1)t \quad ③$$

依题意

$$l_2 - l_1 = l_{02} - l_{01}$$
$$l_{02}\alpha_2 - l_{01}\alpha_1 = 0$$
$$\dfrac{l_{02}}{l_{01}} = \dfrac{\alpha_1}{\alpha_2}$$

即两棒在0 ℃的原长比等于线膨胀系数的反比.

41. 总厚度为x的双金属片,在0 ℃时是直的,当加热至t ℃时,此双金属片的曲率半径R为多少?(已知$\alpha_2 > \alpha_1$,两片厚度均为$\dfrac{x}{2}$,且$x \ll R$)

【解析】 0 ℃时原长均为l,t ℃时变为l_1、l_2

则 $\quad l_1 = l(1+\alpha_1 t) = \theta\left(R - \dfrac{x}{4}\right) \quad ①$

$$l_2 = l(1+\alpha_2 t) = \theta\left(R + \dfrac{x}{4}\right) \quad ②$$

得 $\quad R = \dfrac{2x + (\alpha_1+\alpha_2)tx}{4(\alpha_2 - \alpha_1)t}$

42. 长直导线与一正方形线圈在同一平面内,分别载有I_1、I_2,正方形线圈的边长为a,它的中心到直导线的垂直距离为 d,如图所示. 若直线电流的磁场 $B = k\dfrac{I}{r}, k = 2 \times 10^{-7}$ N/A².

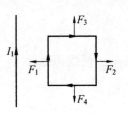

(1) 求线圈 4 个边所受 I_1 的磁力及合力.

(2) 当 $I_1 = 3$ A, $I_2 = 2$ A, $a = 4$ cm, $d = 4$ cm 时,求各个力的大小.

【解析】
$$F_1 = B_1 I_2 L = \dfrac{\mu_0 I_1 I_2 L}{2\pi(d - \dfrac{a}{2})} = 2.4 \times 10^{-6} \text{ N}$$

$$F_2 = B_2 I_2 L = \dfrac{\mu_0 I_1 I_2 L}{2\pi(d + \dfrac{a}{2})} = 8.0 \times 10^{-7} \text{ N}$$

$$F_3 = F_4 = \dfrac{\mu_0 I_1 I_2}{2\pi} \ln \dfrac{2d + a}{2d - a} = 1.3 \times 10^{-6} \text{ N}$$

$$\sum \vec{F} = \vec{F_1} + \vec{F_2} + \vec{F_3} + \vec{F_4} =$$
$$\vec{F_1} + \vec{F_2} = F_1 - F_2 =$$
$$\dfrac{\mu_0 I_1}{2\pi(d - \dfrac{a}{2})} - \dfrac{\mu_0 I_1}{2\pi(d + \dfrac{a}{2})} =$$
$$1.6 \times 10^{-8} \text{ N}$$

43. 如图,两根相同的长直导线平行放置,距离为 r, r 远远大于导线的直径. 导线中分别通以稳恒电流 I_1、I_2,求每根导线单位长度的线段受到另一根导线的作用力大小.

【解析】 I_1 在 I_2 处的磁感应强度
$$B_1 = k\dfrac{I_1}{r}$$
$$k = 2 \times 10^{-7} \text{ N/A}^2$$

B_1 对 I_2 的作用 $\qquad F_{12} = B_1 I_2 L$
单位长度 $\qquad L = 1$
$$F_{12} = k\dfrac{I_1 I_2}{r}$$

同理 $\qquad F_{21} = k\dfrac{I_1 I_2}{r}$

44. 如图,长同为 L,质量同为 m 的两根细长匀质导体棒与两根自由长度同为 $L_0 \ll L$,劲度系数同为 k 的轻质金属弹簧连成如图系统,并将该系统放在光滑绝缘的水平面上. 设法使系统内通有稳恒电流 I,在两棒达平衡状态后将它们各自左右对称地稍稍偏离平衡位置,而后两棒将对称地在各自平衡位置两侧附近振动. 试求振动周期.

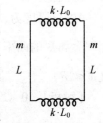

【解析】 由于 $L_0 \ll L$,则 L 等效为无穷长,由于对称性,研究其中一根导体棒即可,平衡位置时,伸长 ΔL

$$2k\Delta L = BIL = k\dfrac{I}{L}$$

$$2k\Delta L = BIL = k\dfrac{I}{L} \cdot IL = \dfrac{\mu_0}{2\pi} \cdot \dfrac{I}{L} \cdot I \cdot L$$

$$2k\Delta L = \frac{\mu_0}{2\pi} \cdot \frac{I^2 L}{L_0 + \Delta L}$$

所以
$$\Delta L = \frac{1}{8\pi k}[-4\pi k L_0 \pm \sqrt{16\pi^2 k^2 L_0^2 + 16\pi k \mu_0 I^2 L}]$$

负号取消,则
$$\Delta L = \frac{L_0}{2}\left[\sqrt{1 + \frac{\mu_0 I^2 L}{\pi k L_0^2}} - 1\right]$$

$$L = L_0 + \Delta L = \frac{L_0}{2}\left[\sqrt{1 + \frac{\mu_0 I^2 L}{\pi k L_0^2}} + 1\right]$$

设向外偏离平衡位置 x

$$F_{回} = 2k(\Delta L + 2x) - \frac{\mu_0 I^2 L}{2\pi(L_0 + \Delta L + 2x)} = 2k\Delta L + 4kx - \frac{\mu_0 I^2 L}{2\pi L} \cdot \frac{1}{1 + \frac{2x}{L}}$$

$x \to 0$ 时
$$\frac{1}{1 + \frac{2x}{L}} = 1 - \frac{2x}{L}$$

所以
$$F_{回} = 2k\Delta L + 4kx - \frac{\mu_0 I^2 L}{2\pi L}\left(1 - \frac{2x}{L}\right) =$$

$$4\left(1 + \frac{\Delta L}{L}\right)kx = 4\left(1 + \frac{\sqrt{1 + \frac{\mu_0^2 I^2 L}{\pi k L_0^2}} - 1}{\sqrt{1 + \frac{\mu_0^2 I^2 L}{\pi k L_0^2}} + 1}\right)kx$$

$$T = 2\pi\sqrt{\frac{m}{k_{回}}}$$

45. 两条无限长的直导线互相垂直而不相交,其间最近距离为 $a = 2.0$ cm,电流分别为 $I_1 = 4.0$ A,$I_2 = 6.0$ A,P 点到两导线的垂直距离都是 a,如图所示,求 P 点的磁感应强度 B.

【解析】 I_1 在 P 点的磁感应强度

$$B_1 = \frac{\mu_0 I_1}{2a}$$

I_2 在 P 点磁感应强度

$$B_2 = \frac{\mu_0 I_2}{a}$$

则
$$B_P = \sqrt{B_1^2 + B_2^2} = \frac{\mu_0}{2\pi a}\sqrt{I_1^2 + I_2^2} = 7.2 \times 10^{-5} \text{ T}$$

B 与 B_2 之间的夹角

$$\theta = \arccos\frac{B_2}{\sqrt{B_1^2 + B_2^2}} = \arccos 0.833\,33 = 33.6°$$

46. 氢原子处于基态时,根据经典模型,它的电子在半径为 $a = 0.529 \times 10^{-8}$ cm 的轨道上匀速圆周运动,速率为 $v = 2.19 \times 10^8$ cm/s. 已知 $e = 1.6 \times 10^{-19}$ C. 求电子的这种运动在轨道中心产生的磁感应强度 B.

【解析】
$$B = \frac{\mu_0 I}{2\pi a} = \frac{\mu_0}{2\pi a} \cdot \frac{e}{T}$$

$$T = \frac{2\pi a}{v}$$

则 $$B = \frac{\mu_0 ev}{4\pi a^2} = 12.5 \text{ T}$$

47. 电流 I 沿着无限长直的薄壁管子流动,电流是均匀地分布在管子的壁截面上的,试求管子内的磁感应强度.

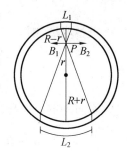

【解析】 沿管子流动的电流可以看作是均匀分布在管面上的许多相同的直线电流的总和,因此,管内任一点磁感应强度均可看作是由这些直线电流产生的磁场的总和

$$L_1 \to I_1, \quad L_2 \to I_2$$

$$\frac{I_1}{I_2} = \frac{\frac{U}{R_1}}{\frac{U}{R_2}} = \frac{\frac{U}{\rho}\frac{L}{S_1}}{\frac{U}{\rho}\frac{L}{S_2}} = \frac{S_1}{S_2} = \frac{R-r}{R+r}$$

$I_1 L_1$ 在 P 处的磁感应强度 $$B_1 = \frac{\mu_0}{2\pi} \cdot \frac{I_1}{R-r}$$

$I_2 L_2$ 在 P 处的磁感应强度 $$B_2 = \frac{\mu_0}{2\pi} \cdot \frac{I_2}{R+r}$$

则 L_1、L_2 在 P 处合感应为

$$B = B_1 - B_2 = 0$$

对应管内任意两个相对应的部分 $B = 0$

所以 $B_{内} = 0$

48. 虚线上方是场强为 E_1 的匀强电场,方向竖直向下.下方是场强为 E_2 的匀强电场,方向水平向右.虚线上、下都有磁感应强度为 B 的匀强磁场,方向垂直纸面向外. ab 为长 L 的绝缘细杆,竖直放在虚线上方的场中.将一质量为 m(重力可忽略),带电量为 $+q$ 的小环套在杆上,由 a 端从静止下落,小环先加速后匀速到达下端 b. 当环离开杆后,在虚线下方仍沿原来方向做匀速直线运动,杆与环的摩擦系数 $\mu = 0.3$.

(1) 求 E_1 和 E_2 的比值.

(2) 撤去 E_2,其他条件不变,小环在虚线下方运动轨迹为半圆,半径为 $\frac{L}{3}$. 求小环从 a 到 b 过程中克服摩擦力做的功 W_f 和匀强电场对小环做的功 W_E 之比.

【解析】 (1) 小环在 E_1 中做匀速运动
$$qE_1 = \mu Bqv$$

小环在 E_2 中做匀速运动
$$qE_2 = Bqv$$

所以 $$\frac{E_1}{E_2} = \mu = 0.3$$

(2) 撤去 E_2,小环做匀速圆周运动

$$R = \frac{L}{3} = \frac{mv}{Bq}$$

$$v = \frac{BqL}{3m}$$

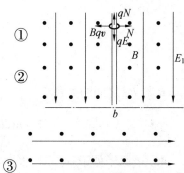

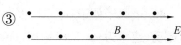

$a \to b$ 的过程:

$$W_E = qE_1 \cdot L = \mu Bqv \cdot L = \mu Bq \cdot \frac{BqL}{3m}L = \frac{\mu B^2 q^2 L^2}{3m} \qquad ⑤$$

$$W_E - W_f = \frac{1}{2}mv^2 \qquad ⑥$$

$$W_f = \frac{(6\mu - 1)q^2 B^2 L^2}{18m}$$

则
$$\frac{W_f}{W_E} = \frac{6\mu}{6\mu - 1} = \frac{4}{9}$$

49. 题48中,若考虑重力 G,情况如何呢?

【解析】
$$qE_1 + mg = \mu Bqv$$
$$v = \frac{qE_1 + mg}{\mu Bq}$$

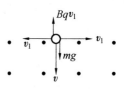

(1) 进入下边区域时 E_2 撤掉

水平0分解 $\begin{cases} \text{向左 } v_1 & \text{对应 } Bqv_1 = mg \text{ (}v_1\text{ 向左匀速)}\\ \text{向右 } -v_1 \end{cases}$

$$v' = \sqrt{v_1^2 + v^2} = \sqrt{\left(\frac{mg}{Bq}\right)^2 + \left(\frac{qE_1 + mg}{\mu Bq}\right)^2}$$

v' 为匀速圆周运动,则

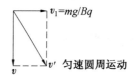

$$v_{\max} = v_1 + v'$$
$$a = \frac{v'^2}{R}$$
$$R = \frac{mv'}{Bq}$$

(2) 进入下边区域时 E_2 不撤掉

$$Bqv_1 = \sqrt{(mg)^2 + (qE_2)^2}$$
$$v_2 = \sqrt{v_1^2 + v^2 - 2v_1v\cos\theta}$$
$$\tan\theta = \frac{qE_1}{mg}$$
$$v_{\max} = v_1 + v$$

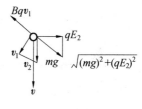

50. 如图,在空间有一个其方向与水平面平行(向里),足够大的磁感应强度为 B 的匀强磁场区域. 在磁场区域中有 a、b 两点,相距 s,ab 连线在水平面上且与 B 垂直. 一质量为 m,电量为 $q(q > 0)$ 的粒子从 a 点以 v_0 的初速度对着 b 点射出,为了使粒子能经过 b 点,试问 v_0 可取什么值?

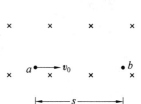

【解析】 若不考虑 mg,则粒子做匀速圆周运动可回到 a 点,但永远不能到达 b 点,想要到达 b 点,则必计 mg

(1) 特殊解:
$$Bqv_0 = mg$$
$$v_0 = \frac{mg}{Bq}$$

粒子匀速运动到达 b

(2) 若 $v_0 \neq \frac{mq}{Bq}$

当 $v_0 > \dfrac{mg}{Bq}$ 时，$v_0 = v_1 + v_2$，$v_1 = \dfrac{mg}{Bq}$，v_1 匀速，$Bqv_1 = mg$，v_2 匀速圆周

当 $v_0 < \dfrac{mg}{Bq}$ 时，$v_0 = v_1 - v_2$，$v_1 = \dfrac{mg}{Bq}$，v_1 匀速，v_2 匀速圆周

若到达 b 点，则
$$s = v_1 \cdot t = \dfrac{mg}{Bq} \cdot t \quad \text{①}$$

$$t = nT = n \cdot \dfrac{2\pi m}{Bq} \quad \text{②}$$

$$s = \dfrac{2n\pi m^2 g}{B^2 q^2} \quad (n = 1,2,3\cdots)，v_0 \text{ 可取任意值}$$

$$s = \dfrac{2n\pi m^2 g}{B^2 q^2} \quad (n = 1,2,3\cdots)，v_0 = \dfrac{mg}{Bq}，\text{粒子匀速到达 } b$$

51. 在空间有相互垂直的场强为 E，磁感应强度为 B 的匀强磁场. 一电子从原点静止释放，求电子在 y 轴方向前进的最大距离.

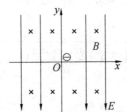

【解析】 y 轴最大距离，其速度必沿 x 方向

$$v_0 = 0 \begin{cases} v_x = v \quad Bev = eE \quad v = \dfrac{E}{B} \quad \text{匀速直线} \\ -v_x = -v \quad \text{匀速圆周} \quad R = \dfrac{mv}{Bq} = \dfrac{mE}{B^2 q} \end{cases}$$

$$y_m = 2R = 2\dfrac{mv}{Bq} = \dfrac{2mE}{B^2 e}$$

52. 在星际空间某处有 $B = 1.0 \times 10^{-5}$ T 的匀强磁场，一个电子在其中做螺旋运动，其速度沿 B 方向的分量为光速的 $\dfrac{1}{100}$. 求它沿磁场方向前进一光年时，其绕磁感线转几圈.

【解析】 $\quad v_{/\!/B} = v\cos Q = \dfrac{1}{100}C \quad$ ①

$v_{\perp B} = v\sin Q \quad$ 匀速圆周运动 $\quad T = \dfrac{2\pi m}{Bq} \quad$ ②

1 光年 $\quad S = Ct = 3 \times 10^8 \times 365 \times 24 \times 3\,600$ s

沿 B 方向 1 光年需 $\quad \lambda' = \dfrac{S}{\dfrac{1}{100}C} = 3.15 \times 10^9$

所以 $\quad \dfrac{\lambda}{T} = 8.8 \times 10^{14}$

53. 从 z 轴上的 O 点发射一束电荷量为 $q(q > 0)$，质量为 m 的带电粒子，它们速度的方向分布在以 O 点为顶点，z 轴为对称轴的一个顶角很小的锥体内. 如图，速度的大小都为 v，试设计一种匀强磁场，能使这束带电粒子另聚于 z 轴上的另一点 M，M 点离开 O 点的距离为 d，要求给出该磁场的方向，磁感应强度的大小和最小值. （不计粒子间的相互作用和重力的作用）

【解析】 $\quad v_{/\!/} = v\cos\theta \approx v \quad$ 匀速直线 $\quad d = v \cdot t \quad$ ①

$v_\perp = v\sin\theta = v \cdot \theta \quad$ 匀速圆周 $\quad T = \dfrac{2\pi m}{Bq} \quad$ ②

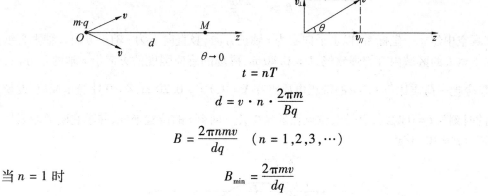

所以
$$d = v \cdot n \cdot \frac{2\pi m}{Bq}$$

$$B = \frac{2\pi nmv}{dq} \quad (n = 1, 2, 3, \cdots)$$

当 $n = 1$ 时
$$B_{\min} = \frac{2\pi mv}{dq}$$

54. 匀强电场场强 $E = 20 \times 10^4$ V·m^{-1}，匀强磁场 $B = 3 \times 10^{-2}$ T，两者相互平行. 如图所示，现有 150 eV 的质子与场垂直沿 x 轴正方向射入场内，有一感光片垂直于速度方向与质子相距 5.1 cm. 问：

(1) 质子经过多长时间能打到感光片上？

(2) 质子打在感光片的哪个位置？（质子质量 $m = 1.67 \times 10^{-27}$ kg）

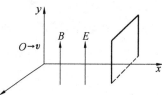

【解析】 (1) 质子在 xOz 平面做匀速圆周运动，在 y 轴做 $v_0 = 0$ 的匀加速直线运动，叠加后做螺距增大的螺旋线运动

$$E_k = 150 \text{ eV}$$

$$R = \frac{mv}{Bq} = \frac{\sqrt{2mE_k}}{Bq} = 5.8 \text{ cm}$$

打在感光片上偏离 x 轴，设旋转角为 θ

$$\sin\theta = \frac{d}{R}, 则 \theta = 61.6°$$

$$t = \frac{61.6°}{360°} \cdot T = 3.73 \times 10^{-7} \text{ s}$$

(2)
$$y = \frac{1}{2} \cdot \frac{qE}{m} \cdot t^2 = 13 \text{ cm}$$

$$z = R(1 - \cos\theta) = 2.95 \text{ cm}$$

$$x = 5.1 \text{ cm}$$

55. 如图，A_1 和 A_2 是两块面积很大，互相平行又相距很近的带电金属板，相距为 d，两板间的电势差为 U. 同时，在这两板间还有方向与均匀电场正交而垂直纸面向外的均匀磁场. 一束电子通过左侧带负电的板 A_1 上的小孔，沿垂直于金属板的方向射入. 为使该电子束不碰到右侧带正电的板 A_2，问所加磁场的磁感应强度至少要多大？（设电子所受到的重力及从小孔进入时的初速度均可不计）

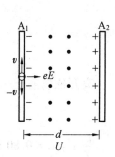

【解析】 $v_0 = 0$ 分解 $\begin{cases} y \text{ 轴} + v \to Bqv = qE \text{ 匀速} \\ -y \text{ 轴} \quad -v \quad \text{匀速圆周} \end{cases}$

不碰 A_2 板，则
$$2R \leq d$$

$$R = \frac{mv}{Bq} = \frac{m \cdot \frac{E}{B}}{Bq} \leq \frac{d}{2}$$

$$B \geqslant \sqrt{\frac{2mv}{ed^2}}$$

56. 在真空中建立一坐标系,以水平向右为 x 轴正方向,竖直向下为 y 轴正方向,z 轴垂直纸面向里. 在 $0 \leqslant y \leqslant L$ 的区域内有匀强磁场,$L = 0.80$ m,磁场的感应强度的方向沿 z 轴的正方向,大小 $B = 0.10$ T. 今把一荷质比 $\frac{q}{m}$ C/kg 的带正电质点在 $X = 0, Y = -0.20$ m,$Z = 0$ 处静止释放,设带电质点过原点的时刻为 $t = 0$ 时刻,求带电质点在磁场中任一时刻 t 的位置坐标,并求它刚离开磁场时的位置和速度. ($g = 10$ m/s^2)

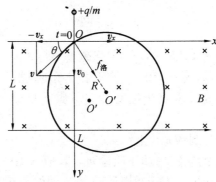

【解析】 $\frac{+q}{m}$ 自由下落 y 到 O 点进入磁场时的速度为

$$v_0 = \sqrt{2gy}$$ ①

$$v_0 = \sqrt{2gy} = 2 \text{ m/s}(\text{竖直向下})$$

水平方向 0 分解 $\begin{cases} \text{向右 } v_x \quad \text{匀速直线} \quad Bqv_x = mg \\ \text{向左 } -v_x \quad \text{与 } v_0 \text{ 合成} \quad \text{匀速圆周} \end{cases}$ ②

$$v_x = \frac{mg}{Bq} = 2 \text{ m/s}$$

$$R = \frac{m\sqrt{2}v_0}{Bq} = 0.56 \text{ m}$$

$$\theta = 45°$$

圆心 O' 坐标

$$x_0 = R\sin 45° = 0.40 \text{ m}$$

$$y_0 = R\cos 45° = 0.40 \text{ m}$$

$$\omega = \frac{v}{R} = 5.0 \text{ rad/s}$$

离开磁场前任一时刻 t 的坐标为(到达下边界离开)

$$x = v_0 t - [R\sin(\omega t + \theta) - x_0]$$

$$y = y_0 - R\cos(\omega t + \theta)$$

将 $y = L = 0.80$ m 代入上式得

$$t = 0.31 \text{ s}$$
$$x = 0.63 \text{ m}$$
$$y = 0.80 \text{ m}$$
$$z = 0$$

(2)
$$v'_x = v_x + v_0$$
$$v'_y = v_y$$

由于圆心 O' 的
$$y_0 = 0.40 \text{ m} = \frac{y}{2}$$

所以离开磁场时,$\theta' = 45°$,右下方
$$v_x = v\cos\theta' = 2 \text{ m/s}$$
$$v_y = v\sin\theta' = 2 \text{ m/s}$$
$$v'_x = 4 \text{ m/s}$$
$$v'_y = 2 \text{ m/s}$$
$$v' = \sqrt{v'^2_x + v'^2_y} = 4.5 \text{ m/s}$$

与 x 轴的夹角
$$\tan\alpha = \frac{v'_y}{v'_x} = \frac{1}{2}$$
$$\alpha = 27°$$

57. 在匀强电场 E 和匀强磁场 B 中,一电子(m,e)以初速 v_0 自原点射出. 已知 E 沿 $-x$ 方向,B 沿 $+x$ 方向,v_0 在 xOy 平面内且与 $+x$ 方向的夹角为 α,不计重力. 求:

(1) 电子运动轨迹.
(2) 电子在 z 方向偏转的最大距离.

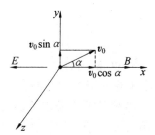

【解析】 x 轴方向:匀加速直线
$$x = v_0\cos\alpha \cdot t + \frac{1}{2} \cdot \frac{eE}{m}t^2$$
$$v_x = v_0\cos\alpha + \frac{eE}{m}t$$

yOz 面,逆 x 轴看:逆时针转

匀速圆周运动
$$R = \frac{mv_0\sin\alpha}{Be}$$
$$T = \frac{2\pi m}{Be}$$

合成:螺距不断增加的螺旋线运动

螺距为 $\Delta h = x(T+t) - xt =$
$$v_0\cos\alpha \cdot (T+t) + \frac{1}{2} \cdot \frac{eE}{m}(T+t)^2 - v_0\cos\alpha \cdot t - \frac{1}{2} \cdot \frac{eE}{m}t^2 =$$
$$v_0\cos\alpha \cdot T + \frac{eE}{2m}T^2 + \frac{eE}{m}T \cdot t$$

(2) $$z_{\max} = 2R = \frac{2mv_0\sin\alpha}{Be}$$

58. 如图所示的空间区域中,x 轴上方有一匀强磁场,磁感应强度 B 的方向垂直纸面向里,大小 $B = 0.02$ T,今有一质子以速度 $v = 2.0 \times 10^6$ m/s,由 y 轴上的 A 点沿 y 轴正方向射入磁场,回旋了 $\theta = 210°$ 以后进入 x 轴下方的匀强电场区,该电场强度 $E = 0.30 \times 10^6$ V/m,方向与 y 轴正方向夹角为 30°. 不计重力,求:

(1) 该质子从开始射入磁场区到再次进入磁场区共用多少时间?
(2) 再次进入磁场区初始点的 x 的坐标.

【解析】(1) 磁场中 $\qquad R = \frac{mv}{Be}$ ①

$$T = 2\pi m/Bq \qquad ②$$

所以 $\qquad t_B = \frac{210°}{360°}T = 1.91 \times 10^{-7}$ s

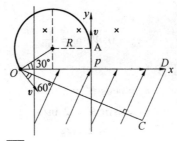

$$\overline{OC} = R + R\cos 30° = 0.195 \text{ m}$$

电场中:类斜抛运动

(2)
$$\overline{CD}\cos 30° = v_0\cos 30° t_E (匀速运动)$$
$$x_D = \overline{CD} - \overline{OC} = 0.278 - 0.195 = 0.083 \text{ m}$$
$$\overline{CD}\sin 30° = v\sin 30° t_E - \frac{1}{2}\frac{qE}{m}t_E^2 (匀减速运动)$$

所以
$$t_E = 0.39 \times 10^{-7} \text{ s}$$
$$\overline{CD}\sin 30° = 0.278 \text{ m}$$
$$t_总 = t_B + t_E = 3.30 \times 10^{-7} \text{ s}$$

59. 如图所示,一长方体绝缘容器,容器内部高为 L,厚为 d,两侧装有两根开口向上的管子,上下装有电极 C(正极)和 D(负极),并经电键 K 与电源连接,容器中注满能导电的液体,液体的密度为 ρ_0,将容器置于一匀强电场中,磁场方向垂直纸面向里,当电键断开时,竖直管子 a、b 中的液面高度相同,电键 K 闭合后,a、b 管中液面将出现高度差. 问:

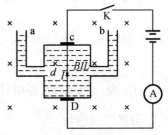

(1) 电键闭合后,哪个管的液面高些?
(2) 若在回路中接一电流表,并测得电流强度为 I,两管液面高度差为 h,则磁感应强度的大小是多少?

【解析】 (1) F_A 向右,b 高 a 低
(2) 长方形容器两侧面压强差 $\Delta p = \rho g h$
通电液体 $F_A = BIL = \Delta p \cdot S$
$$\Delta p = \frac{BIL}{Ld}$$
则 $$\rho g h = \frac{BIL}{Ld}$$
$$h = \frac{BI}{\rho g d}$$
$$B = \frac{\rho g d h}{I}$$

60. 如图所示,半径为 R 的匀质细圆环质量为 m,均匀带正电,总质量为 Q 的圆环放在光滑水平面上,处于竖直向上的磁场中,磁感应强度为 B,若圆环以角速度 ω 绕通过圆心的竖直轴匀速转动,试求环内这种转动造成的附加张力.

【解析】
$$I_环 = \frac{Q}{T} = \frac{Q}{2\pi/\omega} = \frac{\omega Q}{2\pi}$$
$$\Delta F_A = BI\Delta L = B \cdot \frac{\omega Q}{2\pi} \cdot R\Delta\phi$$

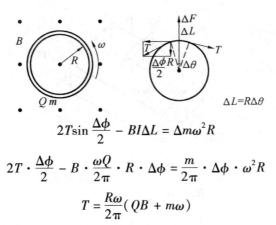

$$2T\sin\frac{\Delta\phi}{2} - BI\Delta L = \Delta m\omega^2 R$$

$$2T\cdot\frac{\Delta\phi}{2} - B\cdot\frac{\omega Q}{2\pi}\cdot R\cdot\Delta\phi = \frac{m}{2\pi}\cdot\Delta\phi\cdot\omega^2 R$$

$$T = \frac{R\omega}{2\pi}(QB + m\omega)$$

61. 光滑平行的异形金属轨道 $abcd$ 如图所示,轨道水平部分 bd 处于竖直向上的匀强磁场中,bc 宽度为 cd 宽度的 2 倍,轨道足够长. 将质量相等的金属棒 P 和 Q 分别放置于轨道上的 ab 段和 cd 段,P 棒位于距水平轨道高 h 的地方,放开 P 棒,使其自由下滑. 求 P 棒和 Q 棒的最终速度.

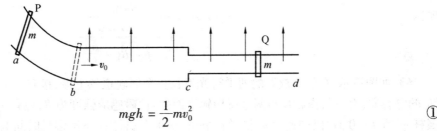

【解析】 对 P 棒 $\qquad mgh = \frac{1}{2}mv_0^2 \qquad$ ①

稳定时的速度为 v_P、$v_Q(\Delta\phi = 0)$

$$v_P\cdot t\cdot L_P = v_Q\cdot t\cdot L_Q$$
$$v_Q = 2v_P \qquad ②$$

由动量定理:

对 P $\qquad \overline{F}_1\Delta t = m(v_0 - v_P) \qquad$ ③

对 Q $\qquad \overline{F}_2\Delta t = mv_Q \qquad$ ④

$$F_1 = 2F_2$$

所以 $\qquad v_P = \frac{1}{5}v_0 = \frac{1}{5}\sqrt{2gh}$

$$v_Q = \frac{2}{5}v_0 = \frac{2}{5}\sqrt{2gh}$$

62. 磁流体发电机的工作原理如图所示,横截面为矩形的管道长为 L,宽为 a,高为 b,上、下两个侧面是绝缘体,这两个侧面与负载电阻 R_L 相连. 整个管道处于匀强磁场区域,B 垂直于上、下侧面向上. 管道内沿长度方向流有电阻率为 ρ 的电离气体,气体流速处处相同,所受摩擦阻力的大小与流速成正比. 今在管的两端维持恒定的压强差 p,设无磁场时气体的流速为 v_0,试求有磁场存在时,此发电机的电动势 E 的值.

【解析】 无磁场时:两端压力差 $\Delta F =$ 阻接力 f

$$p_{ab} = kv_0 \qquad ①$$

$$k = \frac{p_{ab}}{v_0}$$

有磁场时:宽为 a 的磁流体切割 B,产生感应电流

平衡 $\qquad F_{安} + f = \Delta F \qquad$ ②

$$B \cdot \frac{Bav}{R_L + \rho \cdot \frac{a}{L \cdot b}} \cdot a + kv = p_{ab} \quad \text{③}$$

$$v = \frac{p_{ab}}{\frac{p_{ab}}{v_0} + \frac{B^2 a^2}{R_L + \frac{\rho a}{bL}}}$$

所以
$$\varepsilon = Bav = \frac{Bav_0}{1 + \frac{B^2 av_0}{pb(R_L + \frac{\rho a}{bL})}}$$

63. 如图所示,在竖直放置的两平行光滑长直金属轨道的上端,接有一个电容为 C,击穿电压为 U_b 的电容器,有一匀强磁场与两金属导轨平面垂直,磁感应强度为 B,现有一质量为 m,长为 L 的金属杆 ef,在 $t = 0$ 时,以初速度 v_0 沿导轨下滑,试求金属杆 ef 下滑多长时间电容器就被击穿(假设图中任何部分的电阻和电感均可忽略不计).

【解析】
$$\varepsilon = BLv \quad \text{①}$$

电容器充电电流
$$I = \frac{\Delta Q}{\Delta t} = \frac{C\Delta U}{\Delta t}$$

$$I = C \cdot \frac{\Delta \varepsilon}{\Delta t} = C \cdot \frac{BL\Delta v}{\Delta t} = CBL \cdot a \quad \text{②}$$

对导体棒
$$mg - BIL = ma \quad \text{③}$$
$$mg - B \cdot CBL \cdot a \cdot L = ma$$

所以
$$a = mg/m + CB^2L^2 \quad \text{④}$$

匀加速下滑
$$v_t = v_0 + at$$

击穿时
$$U_b = BLv_\lambda$$

所以
$$t = (\frac{U_b}{BL} - v_0)(m + CB^2L^2)/mg$$

64. 如图所示,两根竖直放置的金属杆相距为 L,上端通过电动势为 ε,内阻为 r 的电池连接在一起,一质量为 m,电阻为 R 的匀质导体棒,两端分别套在两杆上,用手扶住让它静止. 在空间有均匀磁场,磁感应强度 B 与杆棒构成平面垂直,现放手让导体棒下落,设棒与杆间的摩擦力和杆本身的电阻忽略不计,且杆足够长,求棒下落的最大速度 v_m. 若考虑摩擦,且摩擦力与速度成正比,结果又如何？大小关系怎样？

【解析】 （1）若 B 向外

$$mg + BIL = ma$$

$$mg + B \cdot \frac{\varepsilon - BLv}{R + r} \cdot L = ma$$

$a_{小} \to v_{大}$

当 $a = 0$ 时，棒下落的速度最大，为 v_m

$$v_m = \frac{mg(R + r)}{B^2L^2} + \frac{mg(R + r)}{BL}$$

（2）若 B 向里，(x)

$$mg - BIL = ma$$

$$mg - B\frac{\varepsilon + BLv}{R + r}L = ma$$

$a_{小} \to v_{大}$

$$v'_m = \frac{mg(R + r)}{B^2L^2} - \frac{\varepsilon}{BL}$$

则 $v'_m < v_m$

（3） $\qquad f = kv$（有摩擦）

B 若向外 $\qquad mg + B\frac{\varepsilon - BLv}{R + r} - kv = ma$

当 $a = 0$ 时，棒下落的速度最大，为 v''_m

$$v''_m = \frac{mg(R + r) + BL\varepsilon}{B^2L^2 + k(R + r)}$$

B 若向里(x) $\qquad mg - B\frac{\varepsilon + BLv}{R + r}L - kv = ma$

$$a = 0$$

$$v'''_m = \frac{mg(R + r) - BL\varepsilon}{B^2L^2 + k(R + r)}$$

$$v'''_m < v''_m$$

65. 一个电子感应加速器的简化模型如图所示，半径为 r_0 的圆形区域中的磁感应强度为 B_1，在 $r > r_0$ 的环形区域中的磁感应强度为 B_2，欲使带正电荷 q 的粒子能在环形区域内沿半径 $r = r_0$ 的圆形轨道上不断被加速，试求：B_1 与 B_2 的时间变化率之间应满足何种关系？

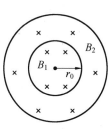

【解析】 带电粒子在 B_2 中

$$B_2 qv = m\frac{v^2}{r_0}$$

$$r_0 = \frac{mv}{Bq}$$

$\frac{\Delta B_1}{\Delta t_2}$ 激发 $E_{涡}$ 使 q 加速，为使 r_0 不变，则 B_2 随 v_2 增大

$$B_2 = \frac{m}{r_0 q}v$$

$$\frac{\Delta B_2}{\Delta t} = \frac{m}{r_0 q} \cdot \frac{\Delta v}{\Delta t}$$

$$\frac{\Delta B_1}{\Delta t} \text{激发} \quad E_{\text{涡}} \cdot 2\pi r_0 = S \frac{\Delta B_1}{\Delta t}$$

$$E_{\text{涡}} = \frac{r_0}{2} \cdot \frac{\Delta B_1}{\Delta t} \qquad ③$$

则
$$qE_{\text{涡}} = m \cdot \frac{\Delta v}{\Delta t} \qquad ④$$

$$q \cdot \frac{r_0}{2} \cdot \frac{\Delta B_1}{\Delta t} = m \cdot \frac{r_0 q}{m} \cdot \frac{\Delta B_2}{\Delta t}$$

所以
$$\frac{\Delta B_2}{\Delta t} = \frac{1}{2} \cdot \frac{\Delta B_1}{\Delta t}$$

66. 质量为 m 的小球，可以且只能沿半径为 r 的圆形轨道运动. 轨道平面为水平面，小球带有固定的正电荷 q，设有空间分布均匀但随时间 t 变化的磁场，磁感应强度为 $B(t)$，方向垂直于圆环面向外. 当 $t = 0$ 时，$B = 0$，小球静止于环上；当 $0 < t < T$ 时，$B = B_0$，$t \geq T$ 时，磁场稳定不变. 试定量地讨论分析 $t > 0$ 时小球的运动状况以及小球对轨道的作用力.（摩擦力和重力忽略不计）

【解析】
$$\frac{\Delta B}{\Delta t} = \frac{B_0}{T} = k$$

$$B = \frac{B_0}{T} t$$

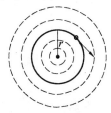

$$\frac{\Delta \phi}{\Delta t} = S \frac{\Delta B}{\Delta t} = E_{\text{涡}} \cdot 2\pi r$$

$$E_{\text{涡}} = \frac{\pi r^2}{2\pi r} \cdot \frac{\Delta B}{\Delta t} = \frac{r}{2} \cdot \frac{B_0}{T}$$

$$v_t = at = \frac{qE}{m} t = \frac{qrB_0}{2mT} t$$

$0 < t < T$ 时

$$f = Bqv = \frac{B_0}{T} t \cdot q \cdot \frac{qrB_0}{2mT} t = \frac{q^2 B_0^2 r}{2mT^2} t^2 \text{（大）}$$

$$F_{\text{向}} = m \frac{v^2}{r} = m \cdot \frac{q^2 r^2 B_0^2 t^2}{2^2 m^2 T^2 r} = \frac{q^2 B_0^2 r}{4mT^2} t^2 \text{（小）}$$

则
$$f - N = F_{\text{向}}$$

$$N = \frac{q^2 B_0^2 r}{4mT^2} t^2$$

则小球对轨道压力 $N' = -N$，指向圆心

$t \geq T$ 时

$$v_T = \frac{qrB_0}{2m}$$

$$N' = \frac{q^2 B_0^2 r}{4m}$$

67. 如图，AB 是一根裸导线，单位长度的电阻为 R_0，一部分弯曲成半径为 r_0 的圆圈，圆圈导线相交处导电接触良好，圆圈所在区域有与圆圈平面垂直的均匀磁场，磁感强度为 B_0. 导线一端 B 点固定，A 段在沿 BA 方向的恒力 F 作用下向右缓慢移动，从而使圆圈缓慢缩小，设在缩小过程中始终保持圆的形状. 设导体回路是柔软的，

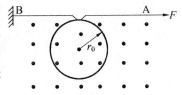

试求此圆圈从初始的半径 r_0 到完全消失所需的时间 T.

【解析】 在恒力 F 的作用下缓慢右移，$\Delta t \to 0$，$\Delta x \to 0$，半径缩小 Δr，则有

$$\Delta x = 2\pi \Delta r \qquad ①$$

$$F \cdot \Delta x = \frac{\varepsilon^2}{R} \cdot \Delta t \qquad ②$$

$$\varepsilon = \frac{\Delta \phi}{\Delta t} = B \frac{\Delta S}{\Delta t} = B \frac{2\pi r \cdot \Delta r}{\Delta t} \qquad ③$$

$$R = R_0 \cdot 2\pi r \qquad ④$$

$$\Delta t = \frac{B^2 \Delta S}{2FR_0 \pi}$$

则

$$t_{\text{总}} = \sum \Delta t = \sum \frac{B^2 \Delta S}{2\pi FR_0} = \frac{B^2}{2\pi FR_0} \sum \Delta S = \frac{r_0^2 B^2}{2FR_0}$$

68. 在劲度系数为 k 的弹簧上挂一物体，物体固定在水平放置长为 L 的铜杆 AB 上，铜杆 AB 可以无摩擦地沿着固定的竖直导轨 AK 和 BP 滑动，并且接触良好，用电容为 C 的电容器接在导轨上，系统处于匀强磁场中，磁感应强度为 B，方向水平垂直于铜杆. 求物体竖直振动的周期.（物体和铜杆质量等于 m，铜杆、导轨和导线的电阻可忽略不计，简谐运动 $T = 2\pi \sqrt{\dfrac{m}{k}}$）

【解析】 平衡位置 O $mg = k$ ①

下移 x $k(x + x_0) + BIL - mg = ma$ ②

充电电流 $I = \dfrac{\Delta Q}{\Delta t} = \dfrac{C\Delta U}{\Delta t} = \dfrac{C \cdot \Delta BLv}{\Delta t} = \dfrac{C \cdot \Delta BLv}{\Delta t} = C \cdot BL \cdot a$ ③

联立得 $mg - k(x + x_0) - BCBLa \cdot L - mg = ma$

$$a = -kx/m + B^2 L^2 C$$

$$F_{\text{回}} = ma = -kmx/\sqrt{m + B^2L^2C} = -k'x$$

$$T = 2\pi \sqrt{\dfrac{m}{k'}} = 2\pi \sqrt{\dfrac{m + B^2LS}{k}}$$

69. 假想有一水平方向的匀强磁场，磁感应强度 B 未知，有一半径为 R，厚度为 d（$d \ll R$）的金属圆盘，在此磁场中竖直下落，盘面始终位于竖直平面内并与磁场方向平行，如图所示，若要使圆盘在磁场中下落的加速度比没有磁场时减小 $1/1\,000$（不计空气阻力），试求所需磁感应强度的数值，假定金属盘的电阻为零，密度 $\rho = 9 \times 10^3 \text{ kg/m}^3$，其介电常数为 $\varepsilon = 9 \times 10^{-12} \text{ C}^2/\text{N} \cdot \text{m}^2$.

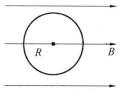

【解析】 $U = \varepsilon = Bv \cdot d$

$$Q = CU = \dfrac{\varepsilon S}{d} \cdot Bv \cdot d$$

$$I = \dfrac{\Delta Q}{CU} = \dfrac{\varepsilon \pi R^2}{d} \cdot B \cdot d \dfrac{\Delta v}{\Delta t}$$

$$I = \varepsilon\pi R^2 B \frac{\Delta v}{\Delta t} = \varepsilon\pi R^2 B \cdot a$$
$$mg - BId = ma$$
$$mg - B \cdot \varepsilon\pi R^2 Ba = ma$$
$$a = \frac{mg}{m + \varepsilon\pi R^2 B^2 d} = (1 - \frac{1}{1\,000})g$$
$$m = \rho \cdot \pi R^2 d$$

所以 $B \approx 10^6 \text{T}$

70. 如图所示的电路中,电池的电动势 $\varepsilon = 12$ V,内阻 $r = 1\ \Omega$,$R_1 = 2\ \Omega$,$R_2 = 9\ \Omega$,$R_3 = 15\ \Omega$,$L = 2H$. 初始时,k 与 A 接通,将 k 迅速地由 A 移至与 B 接通,则线圈 L 中可产生的最大自感电动势多大?

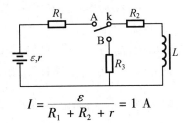

【解析】 k → A 稳定时 $I = \frac{\varepsilon}{R_1 + R_2 + r} = 1$ A

k → B 时,线圈 $\varepsilon_{自}$ 阻碍 $I_{小}$

k → B 瞬间,$I = 1$ A 最大,$\varepsilon_{自}$ 达最大

$$\varepsilon_{Lm} = I(R_2 + R_3) = 24 \text{ V}$$

以后 $I \to$ 小,$\varepsilon_{自} \to$ 小

71. 如图电路中,已知两电阻阻值分别为 R_1、R_2,线圈自感系数 L,(直流电阻不计) 电源电动势 ε(内阻不计).

(1)求电键 k 接通瞬间,ab 间的电压,流经 R_1 和 R_2 的电流强度以及线圈的自感电动势.

(2)求电路稳定后,电键 k 突然打开瞬间,ab 间的电压、电流以及线圈自感电动势.

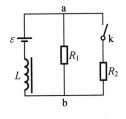

【解析】 (1)k 接通前,稳定时 $I_0 = \frac{\varepsilon}{R_1}$

k 接通瞬间,由于自感 $I_干 = I_0$

$$U_{ab} = I_0 \frac{R_1 R_2}{R_1 + R_2} = \frac{R_2}{R_1 + R_2} \cdot \varepsilon$$

$$I_1 = \frac{U_{ab}}{R_1} = \frac{R_2 \varepsilon}{R_1(R_1 + R_2)}$$

$$I_2 = \frac{U_{ab}}{R_2} = \frac{R_2 \varepsilon}{R_2(R_1 + R_2)}$$

此时 $\varepsilon = \varepsilon_{自} + U_{ab}$

所以 $\varepsilon_{自} = \varepsilon - \frac{R_2}{R_1 + R_2} \cdot \varepsilon = \frac{R_1 \varepsilon}{R_1 + R_2}$

方向与 ε 相反.

(2)k 接通稳定后,干路上电流

$$I_0' = \frac{\varepsilon}{\frac{R_1 R_2}{R_1 + R_2}} = \frac{\varepsilon(R_1 + R_2)}{R_1 R_2}$$

k 突然打开，I_0' 不变

$$U_{ab} = I_0' \cdot R_1 = \frac{\varepsilon(R_1 + R_2)}{R_2}$$

$$I_1' = \frac{U_{ab}'}{R_1} = \frac{\varepsilon(R_1 + R_2)}{R_1 R_2}$$

$$\varepsilon_{自} = \frac{\varepsilon(R_1 + R_2)}{R_1 R_2} - \varepsilon = \frac{R_1}{R_2} \cdot \varepsilon$$

$\varepsilon_{自}$ 与 ε 相同.

72. 如图所示，已知电感 L（内阻不计），电阻 R，电源电动势 ε，电源内阻 r，开始时电键 k 断开. 求电键闭合后通过电阻的电量（设线圈内阻不计）.

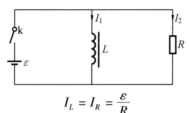

【解析】 k 闭合瞬间
$$I_L = I_R = \frac{\varepsilon}{R}$$

k 闭合稳定，R 被短路
$$I_R' = 0$$

此过程中某一瞬间，设 I_1、I_2
$$L \cdot \frac{\Delta I_1}{\Delta t} = I_2 R$$

$$I_2 \Delta t = \frac{L}{R} \cdot \Delta I_1$$

$$Q_R = \sum I_2 \Delta t = \frac{L}{R} \sum \Delta I_1$$

$$\sum \Delta I_1 = \varepsilon/r$$

所以
$$Q_R = \frac{L\varepsilon}{Rr}$$

73. 自感为 L 的线圈匝数为 n，线圈面积为 S，沿与圈面垂直的方向加一匀强外磁场，磁感应强度在 τ_1 时间内从零线性地增长到 B_0，然后在 τ_2 时间内又均匀地减为零. 如果把线圈两端快速连接，在 τ_1 和 τ_2 时间内将有多少电荷流过线圈？电路的欧姆电阻忽略不计.

【解析】
$$\frac{\Delta \varphi}{\Delta t} = \frac{\Delta(nBS)}{\Delta t} = L\frac{\Delta I}{\Delta t}$$

$$nBS = L \cdot I$$

$$I = \frac{nBS}{L}$$

$$q_1 = \bar{I} \cdot \tau_1 = \frac{nS}{L}\bar{B} \cdot \tau_1 = \frac{nSB_0}{L \cdot 2}\tau_1$$

$$q_2 = \bar{I} \cdot \tau_2 = \frac{nS}{L}\bar{B} \cdot \tau_2 = \frac{nSB_0}{L \cdot 2}\tau_2$$

$$q = q_1 + q_2 = \frac{nB_0 S}{2L}(\tau_1 + \tau_2)$$

74. 如图，A 内阻不计，$R_1 = 2.5\ \Omega$，$R_2 = 7.5\ \Omega$，自感线圈无直流电阻．当闭合电键 k 的瞬间，安培表读数 $I_1 = 0.2$ A．当线圈中电流稳定后，安培表的读数 $I_2 = 0.4$ A．求 ε 和 r 的值．

【解析】 k 闭合瞬间　　　　　$\varepsilon = I_1(R_1 + R_2 + r)$　　　　　　　　　　　　　①
k 闭合稳定后　　　　　　　　$\varepsilon = I_2(R_1 + r)$　　　　　　　　　　　　　　②
　　　　　　　　　　　　　　$\varepsilon = 3$ V，　$r = 5\ \Omega$

75. 为了用一个电压为 $U = 5$ V 的大功率电源给电动势 $\varepsilon = 12$ V 的蓄电池充电，用电感 $L = 1$ H 的线圈、二极管 D 和自动开关 k 组成电路，如图所示，开关 k 可以周期性地自动接通和切断，接通和切断的时间 $\tau_1 = \tau_2 = \tau = 0.101$ s．蓄电池和电源内阻、开关 k 的接触电阻、二极管的正向电阻均可忽略，求蓄电池充电的平均电流为多大？

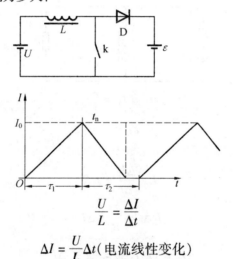

【解析】 k 闭合时
$$\frac{U}{L} = \frac{\Delta I}{\Delta t}$$
$$\Delta I = \frac{U}{L}\Delta t\ (\text{电流线性变化})$$

τ_1 末，开关断开时
$$I_0 = \frac{U}{L}\tau_1 = 0.05\ \text{A}$$

k 断开后，二极管接通，$I_{小}$，$\varepsilon_{自}$ 阻碍
$$U + \varepsilon_{自} = \varepsilon$$
$$\varepsilon_{自} = \varepsilon - U = 7\ \text{V} < U = 5\ \text{V}$$

说明电流下降速度比 τ_1 中电流增长速度快，当电流降到 $I = 0$ 时，k 还未闭合
$$\Delta q = \frac{1}{2}I_0 t_n = \frac{1}{2}I_0 \tau_1 \frac{U}{\varepsilon - U} = \frac{U^2 \tau_1^2}{2L(\varepsilon - U)}$$
$$\bar{I} = \frac{\Delta q}{\Delta t_1 + \tau_2} = 8.9\ \text{MA}$$

76. 如图所示，线圈自然系数 $L = 2.4$ H，电源电动势 $\varepsilon = 10$ V，在调节滑动变阻器 R 的瞬时，由于电流的变化，在线圈上产生的自感电动势为 3 V，其极性为上正下负．

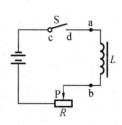

(1) 求此时电流变化率多大？变阻器滑动头向哪个方向滑动？
(2) 若 S 断开瞬间，电流在 0.1 s 内由 5 A 减小到零，在开关 S 两端的电压多大？哪端电势高？

【解析】（1）
$$\varepsilon_自 = L\frac{\Delta I}{\Delta t}$$

所以 $$\frac{\Delta I}{\Delta t} = \frac{\varepsilon_自}{L} = 1.25 \text{ A/s}$$

$\varepsilon_自$ 上正下负，与 ε 反向，所以 $\Delta I > 0$，R 小，P 左移

(2) S 断开瞬间 $\Delta t = 0.1 \text{ s}, \Delta I = 5 \text{ A}$

$$\varepsilon_自 = L\frac{\Delta I}{\Delta t} = 2.4 \times \frac{5}{0.1}\text{V} = 120 \text{ V}$$

$\varepsilon_自$ 与 ε 相同

$$U_S = \varepsilon + \varepsilon_自 = 10 \text{ V} + 120 \text{ V} = 130 \text{ V}$$

S 两端左负右正，D 端电压高。

77. 一单相变压器原副线圈匝数之比为 20：1，原线圈两端电压 $U_1 = 220$ V，副线圈电阻 $r_2 = 1$ Ω，负载电阻 $R = 19$ Ω，求副线圈输出电压 U_2、原线圈输入功率 P_1 及变压器的功率.

【解析】
$$\frac{\varepsilon_1}{\varepsilon_2} = \frac{n_1}{n_2}$$

$$\frac{220}{\varepsilon_2} = 20$$

$$\varepsilon_2 = 11 \text{ V}$$

$$\varepsilon_2 = U_2 + I_2 r = I_2(R + r)$$

$$I_2 = \frac{\varepsilon_2}{R + r} = 0.55 \text{ A}$$

$$U_2 = I_2 R = 10.45 \text{ V}$$

$$\frac{I_1}{I_2} = \frac{n_2}{n_1}$$

$$I_1 = \frac{n_2}{n_1} I_2 = 0.028 \text{ A}$$

原线圈输入功率 $P_1 = U_1 I_1 = 6.05 \text{ W}$
输出功率 $P_2 = U_2 I_2 = 5.75 \text{ W}$

$$\eta = \frac{P_1}{P_2} = 95\%$$

78. 电阻均为 $R = 2.5$ Ω 的导体 AB 和 CD 分别接在两个电源上，如图所示，电源电动势和内电阻分别为：$\varepsilon_1 = 1.5$ V，$\varepsilon_2 = 2.0$ V，$r_2 = 1.6$ Ω，求接在两导体中点之间的伏特表的示数.

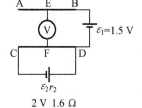

【解析】 $I_{AB} = 0$

$U_E = U_B = U_A$ 等势

回路 $CFD\varepsilon_2 C$ 中

$$I = \frac{\varepsilon_2}{R + r_2} \quad ②$$

$$U_{DF} = U_D - U_F = I \cdot \frac{R}{2} \quad ③$$

$$U_{BD} = \varepsilon_1 = U_B - U_D = 1.5 \text{ V} \quad ④$$

则伏特表的读数为 $U = U_E - U_F = U_B - U_F = $

$\varepsilon_1 + U_D - U_F = $

$$\varepsilon_1 + \frac{\varepsilon_2}{R+r} \cdot \frac{R}{2} = 2.1 \text{ V}$$

79. 如图,x 和 y 为两个未知电阻,当输入电压为 12 V 时,测得 A、B 间的电压为 4 V,B、C 间的电压为 2 V. 求 x、y 的阻值.

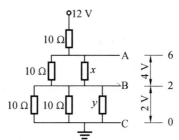

【解析】

$$\frac{6}{10} = \frac{4}{\frac{10x}{10+x}}$$

所以 $\quad x = 20 \text{ Ω}$

$$\frac{6}{10} = \frac{2}{\frac{5y}{5+y}}$$

所以 $\quad y = 10 \text{ Ω}$

80. 12 个阻值均为 1 Ω 的电阻接成如图所示的田字型,则 a、b 两点间的等效电阻为多大?

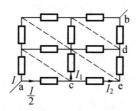

【解析】 方法一:

$$U_{ab} = U_{ac} + U_{ce} + U_{ed} + U_{db} =$$

$$\frac{I}{2}R + \left(\frac{I}{2} - I_1\right)2R + \frac{I}{2}R =$$

$$2IR - 2\frac{I}{4}R = \frac{3}{2}IR$$

所以 $\quad R_{ab} = \frac{U_{ab}}{I} = \frac{3}{2}R = 1.5R$

方法二:

$$R_{ab} = \frac{R}{2} + \frac{R}{4} + \frac{R}{4} + \frac{R}{2} = \frac{3}{2}R$$

81. 如图所示,两个同轴螺线管,半径分别为 R、$2R$,其单位长度具有相同圈数,从某一时刻两个螺线管中电流线性增长,内圈是外圈的 2 倍,方向相同,在两管之间一静止电子开始做圆运动,求运动半径.

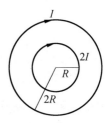

【解析】 设外圈电流 $\quad I = kt$

则内圈电流 $\quad I' = 2kt$

由 I 产生的磁场 $\quad B_0 = \mu_0 nkt$

由 I、I' 共同在内圈产生 $\qquad B = 2B_0 + B_0 = 3B_0$

设运动半径为 r

$$\phi = \pi R^2 \cdot 2B_0 + \pi r^2 \cdot B_0 = (2 + r^2)\pi\mu_0 nkt \qquad ①$$

$$\frac{\Delta\phi}{\Delta t} = E \cdot 2\pi r = (2R^2 + r^2)\pi\mu_0 nk \qquad ②$$

$$E = \frac{(2R^2 + r^2)\pi\mu_0 nk}{2\pi r} \qquad ③$$

法向 $\qquad Bqv = mv^2/r \qquad ④$

切向 $\qquad v = at = \dfrac{qE}{m}t \qquad ⑤$

联立得 $\qquad r = \sqrt{2}R$

82. 如图,由9根相同的导线组成一个三棱柱框架,每根导线的电阻为 R,导线之间接触良好,求 BD 间的电阻值.

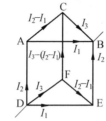

【解析】
$$U_{DB} = U_{DE} + U_{EB} = I_1 R + I_2 R \qquad ①$$
$$U_{DB} = U_{DA} + U_{AC} + U_{CB} = I_2 R + (I_2 - I_1)R + I_3 R \qquad ②$$

得 $\qquad I_2 = \dfrac{3}{2}I_3$

$$U_{AB} = U_{AC} + U_{CB}$$
$$I_1 R = (I_2 - I_1)R + I_3 R \qquad ③$$

$$I_1 = \dfrac{5}{4}I_3$$

即 $\qquad R_{BD} = \dfrac{U_{DB}}{I} = \dfrac{I_1 R + I_2 R}{I_1 + I_2 + I_3} = \dfrac{11}{15}R$

83. 如图,由几根阻值均为 R 的金属棒组成的一个正六面体框,求:

(1) A、H 两点间的阻值 R_{AH}.

(2) A、F 两点间的阻值 R_{AF}.

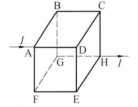

【解析】 (1) $I_{AB} = \dfrac{1}{3}I$

$$I_{BC} = \dfrac{1}{2}I_{AB} = \dfrac{1}{6}I$$

$$I_{CH} = \dfrac{1}{3}I$$

所以 $\qquad R_{AH} = \dfrac{U_{AB} + U_{BC} + U_{CH}}{I} = \dfrac{\dfrac{1}{3}I \cdot R + \dfrac{1}{6}I \cdot R + \dfrac{1}{3}I \cdot R}{I} = \dfrac{5R}{6} = \dfrac{5}{6}R$

(2) 等效电路如下:

"压扁成面"

等势 $U_B = U_D$,$U_G = U_E$(对称性)

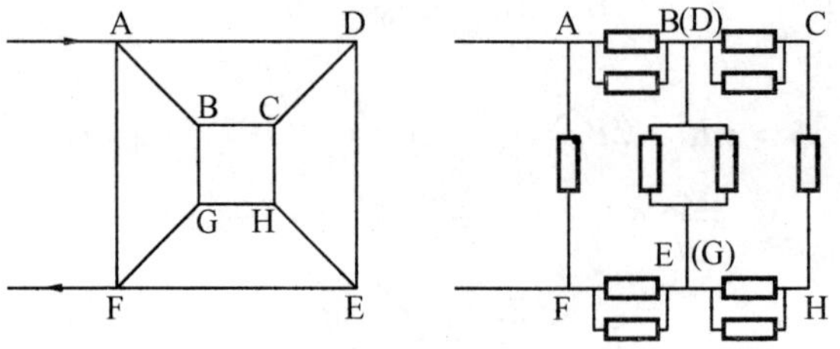

$$R_{AF} = \frac{12}{17}R$$

84. 如图,七个电阻构成网络,求 A、B 两点间的阻值 R_{AB}.

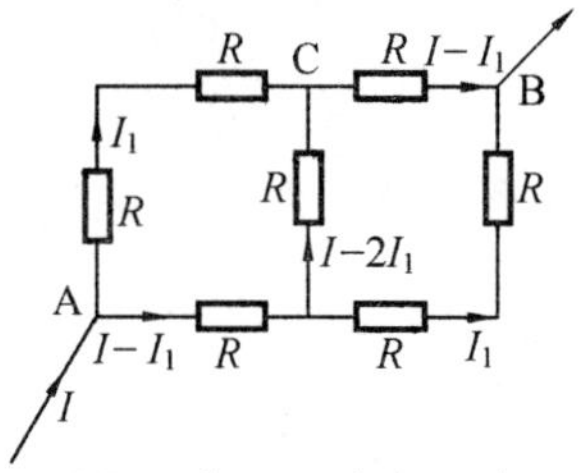

【解析】
$$U_{AC} = I_1 \cdot 2R = (I - I_1)R + (I - 2I_1)R$$

则
$$I_1 = \frac{2}{5}I$$

$$U_{AB} = I_1 \cdot 2R + (I - I_1)R = \frac{7}{5}IR$$

即
$$R_{AB} = \frac{U_{AB}}{I} = \frac{7}{5}R$$

85. 如图,十根电阻丝组成网络,求 A、B 两点间的阻值 R_{AB}.

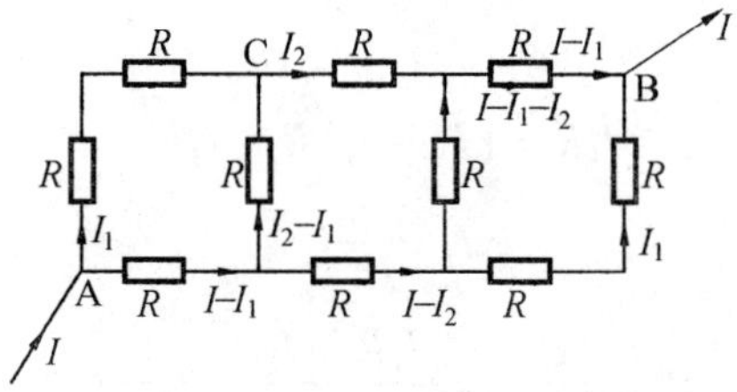

【解析】
$$U_{AC} = I_1 2R = (I - I_1)R + (I_2 - I_1)R$$

由于对称性:
$$\begin{cases} I_2 = I - I_2 \\ I_2 - I_1 = I - I_1 - I_2 \end{cases}$$

则
$$I_2 = \frac{I}{2}$$

$$I_1 = \frac{3}{8}I$$

即
$$R_{AB} = \frac{U_{AB}}{I} = \frac{I_1 2R + I_2 R + (I - I_1)R}{I} = \frac{15}{8}R$$

86. 如图,将 20 个相同的电阻 R 连接,求 A、B 两点间的阻值 R_{AB}.

【解析】（1）连接等势点法:
$$R_{AB} = \frac{R}{2} + \frac{R}{4} + \frac{R}{4} + \frac{R}{4} + \frac{R}{2} = 2R$$

（2）此题也可在 a、b 两处断开,不影响各处电流流动
$$U_a = U'_a$$
$$U_b = U'_b$$

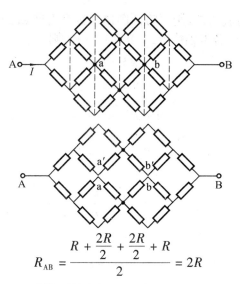

$$R_{AB} = \frac{R + \frac{2R}{2} + \frac{2R}{2} + R}{2} = 2R$$

87. 用等轴法计算无限长空心导体圆筒之间的电容.

（1）如图甲,在$(-a,0),(a,0)$两点有垂直于xOy平面的两根无限长导线,带电线密度分别为$-\lambda$、λ. 已知若空间某点距$-\lambda$导线r_1,距$+\lambda$导线r_2,则该点电势为$\frac{\lambda}{2\pi\varepsilon_0}\ln\frac{r_1}{r_2}$. 求空间等势线方程.

（2）如图乙,现有两无限长空心薄壁导体圆筒,半径均为R,两筒轴心相距$2d$,求单位长圆筒间的电容大小.

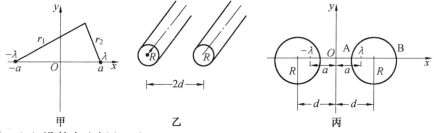

【解析】（1）设某点坐标(x,y)

$$r_1 = \sqrt{(x+a)^2 + y^2}$$

$$r_2 = \sqrt{(x-a)^2 + y^2}$$

$$u = \frac{\lambda}{2\pi\varepsilon_0}\ln\frac{r_1}{r_2} = \frac{\lambda}{2\pi\varepsilon_0}\ln\frac{\sqrt{(x+a)^2+y^2}}{\sqrt{(x-a)^2+y^2}}$$

令

$$\frac{\sqrt{(x+a)^2+y^2}}{(x-a)^2+y^2} = e^{\frac{2\pi\varepsilon_0 u}{\lambda}} = k$$

$$(s+a)^2 + y^2 = k^2(x-a)^2 + k^2 y^2$$

$$(1-k^2)x^2 + 2a(1+k^2)x + (1-k^2)a^2 + (1-k^2)y^2 = 0$$

$$x^2 + 2a\frac{1+k^2}{1-k^2}x + a^2 + y^2 = 0$$

$$\left(x - a\frac{k^2+1}{k^2-1}\right) + y^2 = a^2\left(\frac{1+k^2}{1-k^2}\right)^2 - a^2 = \frac{4a^2k^2}{(1-k^2)^2}$$

等势线方程为圆

$$\left(x - a\frac{k^2+1}{k^2-1}\right)^2 + y^2 = \frac{4a^2k^2}{(1-k^2)^2}$$

其中

$$k = e^{\frac{2\pi\varepsilon_0 u}{\lambda}}$$

（2）由（1）可知等势线方程为圆，则可将两圆筒安装在等势面上，用等效的两根导线求带电量、电势. 如图丙，由对称性得到各电轴位置，A、B 两点等势，则

$$U_A = U_B$$

$$\frac{r_{A1}}{r_{A2}} = \frac{r_{B1}}{r_{B2}}$$

$$\frac{a+d-R}{a+R-d} = \frac{a+d+R}{d-a+R}$$

$$d^2 - (a-R)^2 = (a+R)^2 - d^2$$

所以
$$d^2 = a^2 + R^2$$

$$U_+ = \frac{\lambda}{2\pi\varepsilon_0} \ln \frac{\sqrt{d^2-R^2}+d-R}{\sqrt{d^2-R^2}+R-d}$$

$$U_- = -\frac{\lambda}{2\pi\varepsilon_0} \ln \frac{\sqrt{d^2-R^2}+d-R}{\sqrt{d^2-R^2}+R-d}$$

$$U = \frac{\lambda}{2\pi\varepsilon_0} \ln \frac{\sqrt{d^2-R^2}+d-R}{\sqrt{d^2-R^2}+R-d}$$

$$C = \frac{\lambda}{U} = \frac{\pi\varepsilon_0}{\ln \dfrac{\sqrt{d^2-R^2}+d-R}{\sqrt{d^2-R^2}+R-d}}$$

88. 如图所示的电阻丝网络中，每一段电阻丝的电阻同为 R. 求：A、B 两节点间电阻 R_{AB} 的值.

【解析】 由对称性对折等效成

由对称性知，$U_{O_1} = U_{O_2} = U_{O_3}$，等势点则等效为

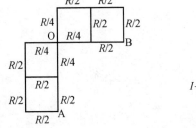 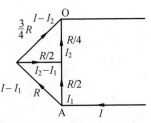

$$(I - I_1)R + (I_2 - I_1)\frac{R}{2} = I_1\frac{R}{2} \qquad ①$$

$$(I - I_2)\frac{3}{4}R = (I_2 - I_1)\frac{R}{2} + I_2\frac{R}{4} \qquad ②$$

所以
$$I_1 = \frac{15}{22}, \quad I_2 = \frac{8}{11}I$$

$$R_{AO} = \frac{U_{AO}}{I} = \frac{I_1\frac{R}{2} + I_2\frac{R}{4}}{I} = \frac{23}{44}R$$

则
$$R_{AB} = 2R_{AO} = \frac{23}{22}R$$

89. 如图所示网络,其中各电阻的阻值均为 r.

(1) 若有电流 I 从 O 流入,从 A 流出,求通过各电阻的电流值及 R_{OA} 的值.

(2) 若有电流 I 从 A 流入从 B 流出,求通过各电阻的电流及 R_{AB} 的值.

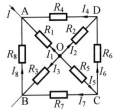

【解析】 (1)
$$I_5 = I - I_1 - 2I_2 \qquad ①$$

$$I_6 = \frac{I_5}{2} \qquad ②$$

$$I_6 = \frac{I - I_1 - 2I_2}{2} = \frac{I - I_1}{2} - I_2 \qquad ③$$

$$I_4 = I_2 + I_6 = \frac{I - I_1}{2} \qquad ④$$

$$U_{OA} = I_1 r = I_2 r + I_4 r \qquad ⑤$$

将 ⑤ 代入 ④ 中,得
$$I_1 = I_2 + \frac{I - I_1}{2} \qquad ⑥$$

$$U_{OD} = I_2 r = I_5 r + I_6 r \qquad ⑦$$

将 ① 代入 ⑦ 中,得
$$I_2 = \frac{3}{2}(I - I_1) - 3I_2 \qquad ⑧$$

联立得
$$I_1 = \frac{7}{15}I, \quad I_2 = \frac{1}{5}I, \quad I_5 = \frac{2}{15}I, \quad I_6 = \frac{1}{15}I, \quad I_4 = \frac{4}{15}I$$

$$R_{OA} = \frac{U_{OA}}{I} = \frac{I_1 r}{I_1 + 2I_4} = \frac{\frac{7}{15}r}{\frac{7}{15} + 2\frac{4}{15}} = \frac{7}{41}r$$

(2) 该电路由等势点法可将 O 点断开,由串并联电路显然可得

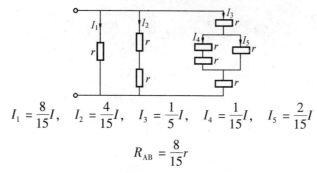

$$I_1 = \frac{8}{15}I, \quad I_2 = \frac{4}{15}I, \quad I_3 = \frac{1}{5}I, \quad I_4 = \frac{1}{15}I, \quad I_5 = \frac{2}{15}I$$

$$R_{AB} = \frac{8}{15}r$$

90. 如图的电路是由相同阻值 R 的电阻组成的无穷网路. 求:A、B 两点的等效电阻 R_{AB}.

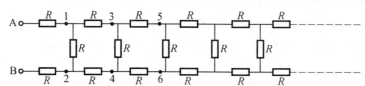

【解析】 无穷多个小格子,多一个或少一个均无穷,没有影响

$$R_{12} = R_{34} = R_{56} = \cdots = R_x$$

1、2 两点向右看无穷

3、4 两点向右看无穷

5、6 两点向右看无穷

因此,上述两点间的阻值均等效为 R_x

上图将 1、2 两点间的电阻用 R_x 替代,等效为

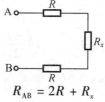

则 $$R_{AB} = 2R + R_x$$

上图将 3、4 两点间电阻用 R_x 替代,等效为

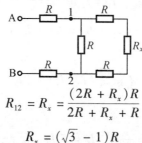

$$R_{12} = R_x = \frac{(2R + R_x)R}{2R + R_x + R}$$

则 $$R_x = (\sqrt{3} - 1)R$$

即 $$R_{AB} = 2R + (\sqrt{3} - 1)R = (\sqrt{3} + 1)R$$

91. 如图为单方面网无穷网络,求 A、B 两点间的阻值 R_{AB}.

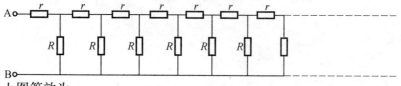

【解析】 上图等效为

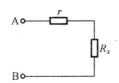

也可等效为

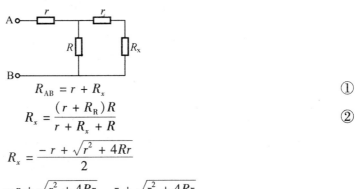

$$R_{AB} = r + R_x \qquad ①$$

$$R_x = \frac{(r + R_R)R}{r + R_x + R} \qquad ②$$

得

$$R_x = \frac{-r + \sqrt{r^2 + 4Rr}}{2}$$

则

$$R_{AB} = r + \frac{-r + \sqrt{r^2 + 4Rr}}{2} = \frac{r + \sqrt{r^2 + 4Rr}}{2}$$

92. 电阻丝无穷网络如图,每两个节点之间的电阻丝电阻都是 r,求 A、B 两点之间的阻值 R_{AB}.

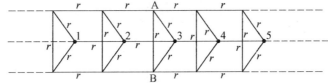

【解析】 此题为双方无穷网络,由于对称性,1、2、3、4、5、…均为等势点,将此线删掉,不影响电路结构,则此电路等效为

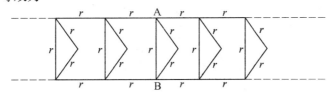

等效为

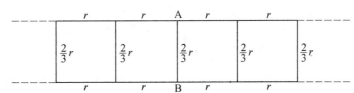

以 AB 为轴对折,等效单方无穷

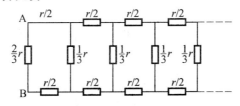

等效简化为

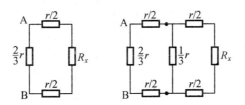

$$R_{AB} = \frac{(R_x + r)\frac{2}{3}r}{R_x + r + \frac{2}{3}r}$$ ①

$$R_x = \frac{(R_x + r)\frac{1}{3}r}{R_x + r + \frac{1}{3}r}$$ ②

得
$$R_x = \frac{3 + \sqrt{21}}{6}r$$

$$R_{AB} = \frac{2}{21}\sqrt{21}\,r$$

93. 试求框架 A、B 两点间电阻 R_{AB} 的值. 此框架由相同金属丝制作,单位长度的电阻为 r,一连串内接等边"△"的数目可认为趋向无穷.（已知 AB 边长为 a,以下每个"△"的边长依次减少一半）

$R = a \cdot r$

【解析】
上图等效为

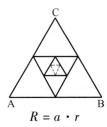

$$R_{AB} = \frac{R\left(R + \frac{R \cdot R_{AB}/2}{R + R_{AB}/2}\right)}{R + R + \frac{R \cdot R_{AB}/2}{R + R_{AB}/2}} = \frac{1}{3}(\sqrt{7} - 1)ar$$

94. 有一无限平面导体网络,它由大小相同的正六边形网眼组成,如图,所有六边形每边的电阻均为 R.

(1) 求 a、b 两点间的阻值 R_{ab}.

(2) 若有电流 I 从 a 点流入网络,由 g 点流出网络,那么流过 de 段电阻的电流 I_{de} 为多少？

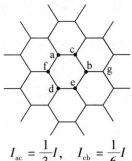

【解析】（1）I 从 a 入 $I_{ac} = \frac{1}{3}I$, $I_{cb} = \frac{1}{6}I$

I 从 b 出 $\qquad I_{cb} = \frac{1}{3}I, \quad I_{ac} = \frac{1}{6}I$

则 $\qquad I'_{ac} = I'_{cb} = \frac{1}{3}I + \frac{1}{6}I = \frac{1}{2}I$

$$R_{ab} = \frac{U_{ac} + U_{cb}}{I} = \frac{\frac{1}{2}R + \frac{1}{2}R}{I} = R$$

(2) I 从 a 入

$$I_{af} = \frac{1}{3}I, \quad I_{fd} = \frac{1}{6}I, \quad I_{de} = \frac{1}{12}I, \quad I_{eb} = \frac{1}{24}I, \quad I_{bg} = \frac{1}{48}I$$

I 从 g 出

$$I_{bg} = \frac{1}{3}I, \quad I_{eb} = \frac{1}{6}I, \quad I_{de} = \frac{1}{12}I, \quad I_{fd} = \frac{1}{24}I, \quad I_{af} = \frac{1}{48}I$$

则 $\qquad I_{de} = \frac{1}{12}I + \frac{1}{12}I = \frac{1}{6}I$

95. 如图,电源内阻 $r = 4\ \Omega, R_1 = 2\ \Omega$,当 $R_2 = 4\ \Omega$ 时,电源内部发热功率 $P' = 4$ W.

(1) 求电源输出的最大功率.
(2) 当 R_2 取何值时,它消耗的功率最大,有多大?

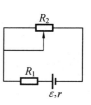

【解析】 (1) $\qquad P'_{内} = I^2 \cdot r$

$$I = 1\ \text{A}$$
$$\varepsilon = I(R_1 + R_2 + r) = 10\ \text{V}$$

当 $R_{外} = r$ 时,

$$P_{max} = \frac{\varepsilon^2}{4r} = 6.25\ \text{W}$$

(2) $\qquad R'_2 = r' = R_1 + r = 6\ \Omega$

$$P_{2max} = \frac{\varepsilon^2}{4r'} = 4\frac{1}{6}\ \text{W}$$

96. 如图,$\varepsilon = 12$ V,$r = 2\ \Omega, R_1 = 4\ \Omega, R_3 = 10\ \Omega$. 问:

(1) 当 R_2 取何值时,它与 R_3 并联电路消耗的功率之和最大,有多大?
(2) 此时电压表 V 的读数为多少?
(3) 当 R_2 为何值时,R_2 消耗的功率最大,为多大?

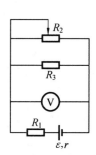

【解析】 (1) 当 $R_{23} = R_1 + r$ 时

$$P_{23max} = \frac{\varepsilon^2}{4(R_1 + r)} = 6\ \text{W}$$

$$\frac{R_2 R_3}{R_2 + R_3} = R_1 + r$$

$$R_2 = 15\ \Omega$$

(2) $\qquad U = \frac{\varepsilon}{2(R_1 + r)} \cdot \frac{R_2 R_3}{R_2 + R_3} = 6\ \text{V}$

(3) $\qquad r' = R_2 = \frac{(R_1 + r)R_3}{R_1 + r + R_3} = \frac{15}{4}\ \Omega$

$$\varepsilon' = \frac{\varepsilon}{R_1 + R_3 + r} \cdot R_3 = 7.5\ \text{V}$$

$$P_{2max} = \frac{\varepsilon'^2}{4r'} = 3.75\ \text{W}$$

97. 如图，$\varepsilon = 12$ V，$r = 2$ Ω，$R_1 = 4$ Ω. 求：R_2 为何值时，它消耗的功率最大，为多大？

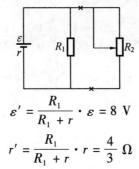

【解析】
$$\varepsilon' = \frac{R_1}{R_1 + r} \cdot \varepsilon = 8 \text{ V}$$

$$r' = \frac{R_1}{R_1 + r} \cdot r = \frac{4}{3} \text{ Ω}$$

当 $R_2 = \frac{R_1}{R_1 + r} \cdot r = \frac{4 \times 2}{4 + 2} = \frac{4}{3}$ Ω 时

$$P_{\max} = \frac{\varepsilon'^2}{4r'} = \frac{\frac{4}{4+2} \times 12}{4 \times \frac{4}{3}} = 12 \text{ W}$$

98. 如图，虚线内各元件参数不知（ε、r、R_1、R_2 未知），若在 a、b 两端所接电阻 $R = 10$ Ω 时，测得电流为 $I_1 = 1$ A，若 a、b 两端所接电阻 $R = 18$ Ω 时，测得电流 $I_2 = 0.6$ A. 当所接电阻 $R = 118$ Ω 时，电流 I_3 的值为多少？

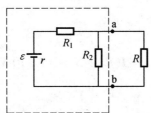

【解析】 图中方框等效为新电源 ε'、r'.

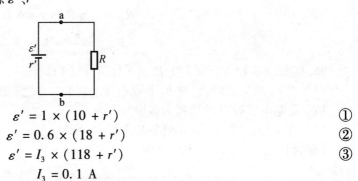

$$\varepsilon' = 1 \times (10 + r') \qquad ①$$
$$\varepsilon' = 0.6 \times (18 + r') \qquad ②$$
$$\varepsilon' = I_3 \times (118 + r') \qquad ③$$

得 $I_3 = 0.1$ A

99. 如图所示，半径为 R 的金属圆环是由两种等长、等粗的不同金属材料组合而成，斜线所示材料的电阻率为另一种材料的 2 倍. 此圆环放在垂直纸面向里的均匀磁场中，当圆环所围面积内磁场 $\frac{\Delta B}{\Delta t}$（恒量）均匀增加时，求分界面上 A、B 两处的电势差.

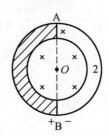

【解析】 等效电路为

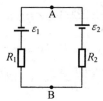

根据题意可知,$\rho_1 = 2\rho_2$,则 $R_1 = 2R_2$

$$\varepsilon = \frac{\Delta \phi}{\Delta t} = \pi R^2 \cdot \frac{\Delta B}{\Delta t} = k\pi R^2$$

$$\varepsilon_1 = \varepsilon_2 = \frac{\varepsilon}{2} = \frac{1}{2}k\pi R^2 (均逆时针)$$

$$I = \frac{\varepsilon}{R_1 + R_2} = \frac{k\pi R^2}{3R_2}$$

$$U_{AB} = \varepsilon_2 - I \cdot R_2 = \frac{1}{2}k\pi R^2 - \frac{k\pi R^2}{3R_2} \cdot R_2 = \frac{\pi}{6}kR^2$$

同理

$$I = \frac{k\pi R^2}{R_1 + \frac{1}{2}R_1} = \frac{k\pi R^2}{\frac{3}{2}R_1}$$

$$U_{BA} = \varepsilon_1 - IR_1 = \frac{1}{2}k\pi R^2 - \frac{k\pi R^2}{\frac{3}{2}R_1} \cdot R_1 = -\frac{\pi}{6}kR^2$$

$$U_{AB} = \frac{\pi}{6}kR^2$$

涡漩电场无电势高低之分(无源场).

100. 如图,两根很长的金属导轨相距 L,它们所在的平面与水平面成 α 角,导轨两端分别与电源、电容器和开关 S 相连. 一质量为 m、不计电阻的金属棒 ab 横跨在导轨上,整个空间充满磁感应强度为 B 的竖直向上的匀强磁场. 已知:电源的电动势为 ε,内阻为 R,电容器的电容为 C,不计导轨电阻,问:

(1) 开关 S 接通时,ab 的稳定速度是多少?

(2) ab 达到稳定速度时开关 S 投向 2,ab 再下滑距离 s,这一过程中电容器储存的电能是多少?

【解析】 (1)

$$I = \frac{\varepsilon - BLv\cos \alpha}{R} \quad ①$$

$$mg\sin \alpha + BIL\cos \alpha = ma \quad ②$$

$$mg\sin \alpha + B \cdot \frac{\varepsilon - BLv\cos \alpha}{R} \cdot L\cos \alpha = ma$$

当 $a = 0$ 时,其速度稳定,为 v_{max}

则

$$v_{max} = \frac{mgR\sin \alpha + BL\varepsilon\cos \alpha}{B^2L^2\cos^2\alpha}$$

（2）当开关 S 投向 2 时，电容器被充电，充电电流为 I'

$$I' = \frac{\Delta Q}{\Delta t} = \frac{C\Delta \varepsilon}{\Delta t} = \frac{C \cdot \Delta BLv'\cos \alpha}{\Delta t} = CBL\cos \alpha \cdot \frac{\Delta v'}{\Delta t} = CBL\cos \alpha \cdot a' \quad ①$$

$$mg\sin \alpha - BI'L\cos \alpha = ma' \quad ②$$

所以
$$a' = \frac{mg\sin \alpha}{m + CB^2L^2\cos^2\alpha}（匀加速下滑）$$

由能量守恒定律得

$$mgs\sin \alpha = W_C + \Delta E_k \quad ③$$

$$mgs\sin \alpha = W_C + \frac{1}{2}m(v'^2 - v^2)$$

$$v'^2 - v^2 = 2a's（匀加速）$$

所以
$$W_C = mgs\sin \alpha - 2a's \cdot \frac{1}{2}m =$$

$$mgs\sin \alpha - 2 \cdot \frac{mg\sin \alpha}{m + CB^2L^2\cos^2\alpha} \cdot s \cdot \frac{1}{2}m =$$

$$\frac{mgsCB^2L^2\sin \alpha \cdot \cos^2\alpha}{m + CB^2L^2\cos^2\alpha}$$

101. 一导线围成半径为 D 的圆环 $adbc$，在圆环所围的区域内有一半径为 $\frac{D}{2}$ 的圆柱形磁场区域。其周界与圆环内切于 c 点，此区域内有均匀磁场，磁感应强度为 B，方向垂直纸面向里。磁场随时间增加，变化率 $\frac{\Delta B}{\Delta t}$，导线 ab 是圆环的一条直径，与磁场边界相切，如图所示，设导线 ab 以及被其所分割成的两个半圆的电阻都是 r。今用一电流计 G 接在 a、b 两点之间，电流计位于纸面内，内阻亦为 r（连接电流计的导线电阻忽略不计），试问下列情况下，通过电流计的电流 I_g 的值为多少？

（1）半圆环 acb 和 adb 都位于纸面内，分居 ab 两侧。
（2）半圆环 adb 绕直径 ab 转过 $90°$，折成与纸面垂直。
（3）半圆环 adb 再绕 ab 转 $90°$，折成与 acb 重合。

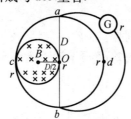

【解析】 （1）设 $\varepsilon_{acb}(a$ 负 b 正$)$

$$\varepsilon_{boa} = \varepsilon_{bda} = \varepsilon_{bGa} = \varepsilon_2(a、b \text{ 在同一条涡漩电场线上})$$

$$\varepsilon_1 + \varepsilon_2 = \pi\left(\frac{D}{2}\right)^2 \cdot \frac{\Delta B}{\Delta t} = \frac{1}{4}\pi D^2 k$$

等效电路取

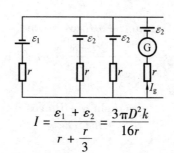

总电流
$$I = \frac{\varepsilon_1 + \varepsilon_2}{r + \frac{r}{3}} = \frac{3\pi D^2 k}{16r}$$

电流计 G 的读数

$$I_g = \frac{I}{3} = \frac{\pi D^2 k}{16r}$$

(2) 同上

$$I_g = \frac{\pi D^2 k}{16r}$$

(3)

$$I_{总} = \frac{\varepsilon_1 + \varepsilon_2}{\frac{r}{2} + \frac{r}{2}} = \frac{\pi D^2 k}{4r}$$

$$I_g = \frac{1}{2} I_{总} = \frac{\pi D^2 k}{8r}$$

102. 如图，表示两个相邻近的线圈 C_1 和 C_2 平行放置，其中心在同一条轴线上，两线圈的自感系数均为 L，如果 C_1 中通有电流时，通过 C_1 回路的磁感线中有 $\frac{3}{5}$ 通过 C_2 回路. 问：

(1) 在 C_1 回路的 a、b 两端加电压 U_1，使该回路中的电流 I_1 按 $\frac{\Delta I_1}{\Delta t}$（常数）规律增长，且 $t=0$ 时，$I_1=0$. 已知 C_1 回路的总电阻为 R_1，则在时刻 t，ab 两端的电压 U_1 为多大？电流 I_1 为多大？

(2) 在时刻 t，C_2 回路中 a′b′ 两端的电压 U_2 为多少？

(3) 如果 C_1 回路中的电流仍按（1）中的情况变化，而在 C_2 回路中的 a′b′ 两端加上电压 U_2，从而使 C_2 回路中的电流保持为恒值 I_2，且已知 C_2 回路中的总电阻为 R_2，问 U_2 可取何值？

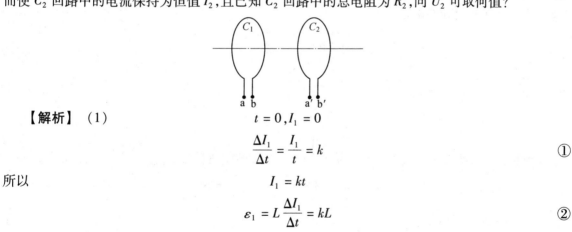

【解析】 (1) $t=0, I_1=0$

$$\frac{\Delta I_1}{\Delta t} = \frac{I_1}{t} = k \qquad ①$$

所以
$$I_1 = kt$$

$$\varepsilon_1 = L \frac{\Delta I_1}{\Delta t} = kL \qquad ②$$

与 v_1 相反（阻碍增加）

$$U_1 - \varepsilon_1 = I_1 R_1$$
$$U_1 = \varepsilon_1 + I_1 R_1 = kL + ktR_1$$

(2) 依题意
$$\phi_2 = \frac{3}{5} \phi_1$$

$$\Delta \phi_2 = \frac{3}{5} \Delta \phi_1$$

$$\varepsilon_1 = \frac{\Delta \phi_1}{\Delta t}, \quad \varepsilon_2 = \frac{\Delta \phi_2}{\Delta t}$$

所以
$$\varepsilon_2 = \frac{3}{5} \varepsilon_1 = \frac{3}{5} kL$$

a′、b′ 断开 $\qquad U_{a'b'} = \varepsilon_2 = \dfrac{3}{5}kL$

(3) $U_{a'b'}$,使 I_2 恒定,等效电路为

讨论如下几种可能:

① U_2 与 ε_2 相反(I_2 与 ε_2 反向)

$$U_2 - \varepsilon_2 = I_2 R_2$$
$$U_2 = \dfrac{3}{5}kL + I_2 R_2$$

② U_2 与 ε_2 相同(I_2 与 ε_2 同向)

$$U_2 + \varepsilon_2 = I_2 R_2$$
$$U_2 = I_2 R_2 - \varepsilon_2 = I_2 R_2 - \dfrac{3}{5}kL$$

$I_2 R_2 \geqslant \dfrac{3}{5}kL$ 时 $\qquad U_2 = I_2 R_2 - \dfrac{3}{5}kL$

$I_2 R_2 < \dfrac{3}{5}kL$ 时 $\qquad U_2 = \dfrac{3}{5}kL - I_2 R_2$

103. 如图所示是测量螺线管中磁场的一种装置,把一个很小的探测圈放在待测处,这线圈与测量电量的冲击电流计 G 串联.当用反向开关 k 使螺线管的电流反向时,探测线圈中就产生感应电动势,从而产生电量 Δq 的迁移,由 G 测出 Δq,就可以算出测量线圈所在处的磁感应强度 B.已知探测线圈有 2 000 匝,它的直径为 2.5 cm,它和 G 串联回路的电阻为 1 000 Ω,在 k 反向时测得 $\Delta q = 2.5 \times 10^{-7}$ C.求被测处的磁感应强度的量值.

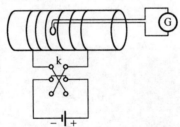

【解析】 设被测处的磁感应强度为 B,穿过小线圈的磁通量为 ϕ

$$\phi = BS = B \cdot \pi \left(\dfrac{d}{2}\right)^2 = \dfrac{1}{4}\pi B d^2 \qquad ①$$

换向开关使 I 反向,则 $\qquad \Delta\phi = 2\phi = \dfrac{1}{2}\pi B d^2 \qquad ②$

流过线圈的电量 $\qquad \Delta q = \Delta I \cdot \Delta t = \dfrac{n\Delta\phi}{\Delta t \cdot R} \cdot \Delta t = \dfrac{n\pi B d^2}{2R}$

则 $\qquad B = \dfrac{2R\Delta q}{n\pi d^2} = 1.27 \times 10^{-4}$ T

104. 两线圈的自感分别为 L_1 和 L_2,它们之间的互感为 M.问:
(1) 将两线圈顺串联,如图甲,求 ① 和 ④ 之间的自感.
(2) 将两线圈反串联,如图乙,求 ① 和 ③ 之间的自感.

注:顺串联时,串联后二线圈绕向相同,通电后,电流在二线圈中电流流向相同,而反串联时,二线圈电流方向相反.

【解析】 (1) 顺串联

L_1 产生自感电动势 $\qquad \varepsilon_{L1} = L_1 \dfrac{\Delta I}{\Delta t}$

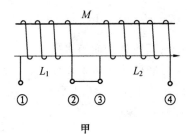

甲

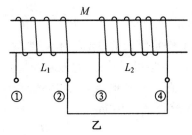

乙

L_2 产生自感电动势 $\qquad \varepsilon_{L2} = L_2 \dfrac{\Delta I}{\Delta t}$

若 $\Delta I > 0$ 增加，ε_{L1}、ε_{L2} 均阻碍增加，ε_{L1}、ε_{L2} 方向相同，与 I 相反

L_1 引起 L_2 互感 $\qquad \varepsilon_{M2} = M \dfrac{\Delta I}{\Delta t}$

L_2 引起 L_1 互感 $\qquad \varepsilon_{M1} = M \dfrac{\Delta I}{\Delta t}$

因 $\Delta I > 0$，ε_{M2}、ε_{M1} 也与 I 相反，则 ε_{L1}、ε_{L2}、ε_{M1}、ε_{M2} 均与 I 反向

所以 $\qquad \varepsilon_{总} = \varepsilon_{L1} + \varepsilon_{L2} + \varepsilon_{M1} + \varepsilon_{M2} = (L_1 + L_2 + 2M)\dfrac{\Delta I}{\Delta t}$

二线圈看成一个线圈①④，由于自感 $\qquad \varepsilon_{总} = L \cdot \dfrac{\Delta I}{\Delta t}$

所以 $\qquad L = L_1 + L_2 + 2M$

（2）反串联（同理）

$$\varepsilon_{总} = \varepsilon_{L1} + \varepsilon_{L2} - \varepsilon_{M1} - \varepsilon_{M2} = (L_1 + L_2 - 2M)\dfrac{\Delta I}{\Delta t}$$

$$\varepsilon_{总} = L' \cdot \dfrac{\Delta I}{\Delta t}$$

所以 $\qquad L' = L_1 + L_2 - 2M$

105. 一个边长 $L = 0.1$ m、质量 $m = 0.05$ kg、电阻 $R = 0.6$ Ω 的正方形线圈，从 $H = 5$ m 的高处由静止开始自由下落，如图，然后进入一高度为 $h = 0.1$ m 的匀强磁场中．进入磁场后，线圈恰好做匀速运动．线圈在通过磁场的整个过程中，线圈中产生了多少热量？（$g = 10$ m/s²）

【解析】 由于线圈做匀速运动

$$mg = BIL = B \cdot \dfrac{BLv}{R} L \qquad ①$$

$$v = \sqrt{2gH} \qquad ②$$

所以 $\qquad B = \sqrt{\dfrac{mgR}{L^2 \cdot \sqrt{2gH}}}$

线圈通过磁场产生的热量为 Q

则 $$Q = \frac{\varepsilon^2}{R}t = \frac{(BLv)^2}{R} \cdot \frac{2L}{v} = 2mgL = 0.1 \text{ J}$$

106. 如图，有一足够长的U形导体框架，宽度 $L=1$ m，其所在平面与水平面的夹角 $\theta = 30°$，电阻可以不计. 匀强磁场与U形框架垂直，$B = 0.2$ T. 今有一金属杆 ab 横跨在U形框架上，其质量 $m = 0.2$ kg，有效电阻 $R = 0.1$ Ω，可沿导轨无摩擦滑动，$g = 10$ m/s². 求：金属杆 ab 下滑的最大速度.

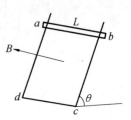

【解析】 $mg\sin\theta - BIL = ma$

$$I = \frac{BLv}{R}$$

当 $mg\sin\theta = B \cdot \frac{BLv}{R} \cdot L$ 时，$a=0$，金属杆 ab 下滑的最大速度为 v_m

则 $$v_m = \frac{mg\sin\theta}{B^2L^2} = 2.5 \text{ m/s}$$

107. 两金属杆 ab 和 cd 长均为 L，电阻均为 R，质量分别为 M 和 m，$M > m$. 用两根质量和电阻均可不计的不可伸长的柔软导线将它们连成闭合回路，并悬挂在水平、光滑且不导电的圆棒两侧，两金属杆都处在一与回路平面相垂直的匀强磁场 B 中. 若金属杆 ab 正好匀速向下运动，求运动的速度大小.

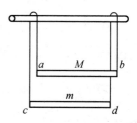

【解析】 设物体匀速运动时速度为 v，则

对 ab 列平衡方程 $Mg = 2T + BIL$ ①

对 cd 列平衡方程 $2T = mg + BIL$ ②

则 $$Mg = 2BIL + mg$$

$$I = \frac{\varepsilon_1 + \varepsilon_2}{2R} = \frac{BLv + BLv}{2R} = \frac{BLv}{R}$$

所以 $$v = \frac{(M-m)gR}{2B^2L^2}$$

108. 如图，框架回路含有电源 ε、内阻 r，导轨宽为 L，金属杆 ab 的质量为 m，有效电阻为 R，匀强磁场 B 竖直向上，杆 ab 在恒力 $F_{外}$ 的作用下向右运动. 求杆 ab 的最大速度 v_m 的值.

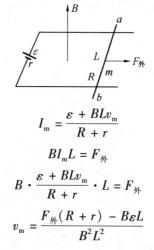

【解析】 $$I_m = \frac{\varepsilon + BLv_m}{R+r}$$

$$BI_mL = F_{外}$$

$$B \cdot \frac{\varepsilon + BLv_m}{R+r} \cdot L = F_{外}$$

$$v_m = \frac{F_{外}(R+r) - B\varepsilon L}{B^2L^2}$$

109. 如图所示，已知 $U_m = 311$ V，$R = 2\,400$ Ω，求：

（1）电压表 V 的读数.

（2）电流表 A 的读数.

【解析】 (1)电压表 V 的读数

$$U = \frac{U_m}{\sqrt{2}} = \frac{311}{\sqrt{2}} \text{ V} = 220 \text{ V}$$

(2)电流表 A 的读数

$$I = \frac{U}{R} = \frac{220}{2\,400} \text{ A} = 9.16 \times 10^{-2} \text{ A}$$

110. 如图,日光灯电路中,已知灯管电阻 $R = 195$ Ω,镇流器的电感 $L = 2.1$ H(镇流器电阻忽略),电源是市电,$U = 220$ V. 求:

(1)电路的阻抗 z 的值.
(2)I 值.
(3)U_R 值.
(4)U_L 值.
(5)$\Delta \phi$ 值(电流、电压相位差).

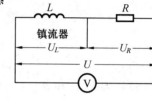

【解析】 (1) $$z = \sqrt{R^2 + (2\pi f L)^2} \text{ Ω}$$

(2) $$I = \frac{U}{z} = 0.32 \text{ A}$$

(3) $$U_R = IR = 62.4 \text{ V}$$

(4) $$U_L = I2\pi f L = 211 \text{ V}$$

(5) $$\tan \phi = \frac{U_L}{U_R}$$

$$\phi = \arctan \frac{U_L}{U_R} = \arctan \frac{211}{62.4} = 73.6°$$

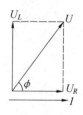

111. 设有 $C = 79.4$ μF 的电容器接到 220 V 50 Hz 的交流电源上,求:阻抗和 I 值.

【解析】 $$X_C = \frac{1}{2\pi f C} = 40 \text{ Ω}$$

$$I = \frac{U}{X_C} = \frac{220}{40} \text{ A} = 5.5 \text{ A}$$

112. 在一个 1 μF 的电容器两端加上 $U = 70.7\sqrt{2}\sin(314t - \frac{\pi}{6})$ 的正弦电压.

(1)求通过电容器中的电流有效值及瞬时值表达式.
(2)若所加电压的有效值与初相不变,而 $f = 100$ Hz,则其结果又怎样?

【解析】 (1)有效值为 $$I = \frac{U}{X_L} = U\omega C = 22.2 \text{ mA}$$

瞬时值为 $$i = 22.2\sqrt{2}\sin(314t - \frac{\pi}{6} + \frac{\pi}{2}) = 22.2\sqrt{2}\sin(314t + \frac{\pi}{3}) \text{ mA}$$

(2)当 $f = 100$ Hz 时

$$\omega = 2\pi f = 628 \text{ rad/s}$$

有效值为 $$I = \omega CU = 44.4 \text{ mA}$$

瞬时值为 $$i = 44.4\sqrt{2}\sin(618t + \frac{\pi}{3}) \text{ mA}$$

113. 如图,有 300 Hz 的输入信号通过 RC 串联电路,$R = 100$ Ω,要求输出信号与输入信号之间有 $\frac{\pi}{4}$ 的相差,求电容 C 的值.

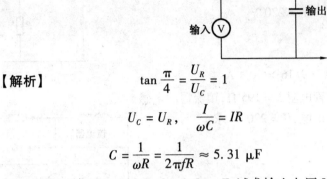

【解析】
$$\tan\frac{\pi}{4} = \frac{U_R}{U_C} = 1$$
$$U_C = U_R, \quad \frac{I}{\omega C} = IR$$
$$C = \frac{1}{\omega R} = \frac{1}{2\pi fR} \approx 5.31\ \mu\text{F}$$

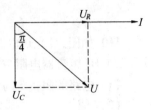

114. 如图，已知 $R = 16\ \text{k}\Omega$，$C = 0.01\ \mu\text{F}$，试求输入电压 U_1 的 f 值为多少才能使输出 U_2 的相位超前 $U_1\ 45°$？如果此时输入电压的最大值为 $U_{m1} = 1\ \text{V}$，则 U_{m2} 的值为多少？

【解析】（1）
$$\frac{U_C}{U_R} = \tan 45° = 1$$

所以
$$U_C = U_R, \quad \frac{I}{\omega C} = IR$$
$$2\pi f CR = 1$$
$$f = 995\ \text{Hz}$$

（2）
$$U_1^2 = U_C^2 + U_R^2$$
$$U_2 = U_R = \frac{1}{\sqrt{2}}U_1$$
$$U_{m2} = \frac{1}{\sqrt{2}}U_{m1}$$
$$U_{m2} = 0.707\ \text{V}$$

115. 设 R、L、C 串联，当电路通以有效值 $U = 12\ \text{V}$ 的交流电时，$R = 4\ \Omega$，$X_L = 6\ \Omega$，$X_C = 5\ \Omega$. 求：

(1) z 值.
(2) I 值.
(3) 各元件的电压.
(4) 总电压与电流的 ϕ 值.

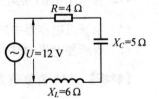

【解析】（1）$z = \sqrt{R^2 + (X_L - X_C)^2} \approx 4.13\ \Omega$

（2）$I = \dfrac{U}{z} \approx 2.91\ \text{A}$

（3）$U_R = IR = 11.6\ \text{V}$
$$U_L = IX_L = 17.5\ \text{V}, \quad U_C = IX_C = 14.6\ \text{V}$$

（4）$\phi = \arctan\dfrac{U_L - U_C}{U_R} = 14°$

或 $\phi = \arctan\dfrac{X_L - X_C}{R} = 14°$

116. 设 R、L、C 并联,当电路通以 $U = 24$ V 交流电时,$R = 6 \ \Omega$,$X_L = 3 \ \Omega$,$X_C = 4 \ \Omega$. 求:

(1) 各支路电流值.
(2) $I_总$ 值.
(3) z 值.
(4) 总电流与电压相位差.

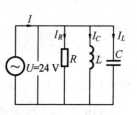

【解析】 (1)
$$I_R = \frac{U}{R} = 4 \text{ A}$$
$$I_C = \frac{U}{X_C} = 6 \text{ A}$$
$$I_L = \frac{U}{X_L} = 8 \text{ A}$$

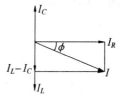

(2) $$I_总 = \sqrt{I_R^2 + (I_L - I_C)^2} = 4.47 \text{ A}$$

(3) $$z = \frac{U}{I} = 5.36 \ \Omega$$

(4) $$\phi = \arctan \frac{I_L - I_C}{I_R} = 26.6°$$

117. 已知 $U_1 = U_2 = 20$ V,$X_C = R_2$,求 U 的值.

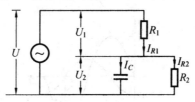

【解析】

因为 $$X_C = R_2$$
$$I_{R2} = \frac{U_2}{R_2}, I_C = \frac{U_2}{X_C}, I_{R2} = I_C$$
$$I_{R1} \cdot I_{R2} = 45°$$

又因为 $$U_1 = U_2 = 20 \text{ V}$$

所以 $$\phi = \frac{45°}{2}$$
$$U = 2U_2 \cos \frac{45°}{2} \approx 37 \text{ V}$$

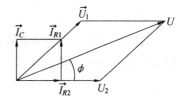

118. 如图,已知 $X_L = X_C = R$,求各量间相位差:

(1) U_C 与 I_R.
(2) I_C 与 I_R.
(3) U_R 与 U_L.
(4) U 与 I.

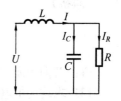

【解析】
$$X_C = X_L = R$$
所以 $$I_R = I_C$$
$$I = \sqrt{2} I_R, \quad I_R = \frac{I}{\sqrt{2}}$$

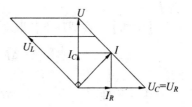

$$U_R = I_R R = \frac{RI}{\sqrt{2}}$$

而
$$X_L I = U_L = IR$$

所以 (1) 0; (2) $\frac{\pi}{2}$; (3) $-\frac{3}{4}$; (4) $\frac{3}{4}\pi$

119. 如图为纯电感电路,已知 $L = 63.3$ Hz, $U = 141\sin 314t$. 求电压表 V 和电流表 A 的读数,并画出 u, i 波形图.

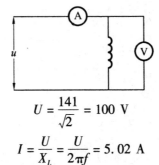

【解析】
$$U = \frac{141}{\sqrt{2}} = 100 \text{ V}$$

$$I = \frac{U}{X_L} = \frac{U}{2\pi f} = 5.02 \text{ A}$$

i 比 U 落后 $\frac{\pi}{2}$,则

$$i = 5.02\sqrt{2}\sin(314t - \frac{\pi}{2}) = 7.07\sin(314t - \frac{\pi}{2})$$

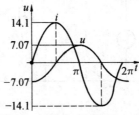

120. 真空中一半径为 R 的均匀带电球面,总电量为 $q(q < 0)$. 今在球面上挖去非常小的一块面积 ΔS(连同电荷),且假设不影响原来的电荷分布,求挖去 ΔS 球心处的电场强度大小和方向.

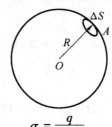

【解析】
$$\sigma = \frac{q}{4\pi R^2}$$

$$E = \frac{\sigma \Delta S}{4\pi \varepsilon_0 R^2}$$

方向背向小面积圆.

121. 求均匀带电圆环轴线上的场,已知该圆环带电量为 q,其半径为 R.

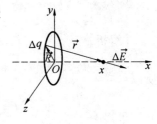

【解析】 在圆环上任取电荷元 Δq
$$\Delta \vec{E} = \frac{\Delta q}{4\pi \varepsilon_0 r^3}\vec{r}$$

由对称性
$$\Delta E_x = \frac{\Delta q x}{4\pi \varepsilon_0 r^3}$$

$$E_x = \sum \frac{\Delta q x}{4\pi\varepsilon_0 r^3} = \frac{x}{4\pi\varepsilon_0 r^3} \sum \Delta q = \frac{qx}{4\pi\varepsilon_0 r^3} = \frac{qx}{4\pi\varepsilon_0 (R^2+x^2)^{\frac{3}{2}}}$$

$$\vec{E} = \frac{q}{4\pi\varepsilon_0 (x^2+R^2)^{\frac{3}{2}}} \vec{i}$$

若 $x \gg R$

$$E = \frac{q}{4\pi\varepsilon_0 x^2} = \frac{q}{4\pi\varepsilon_0 r^2}$$

为点电荷场

若 $x = 0$

$$E = 0$$

符合对称性要求.

122. 计算均匀带电球面的电势分布.

【解析】 利用电势定义式进行计算,均匀带电球面电场的分布为

$$\vec{E} = \begin{cases} 0 & (r < R) \\ \dfrac{Q}{4\pi\varepsilon_0 r^3} \vec{r} & (r > R) \end{cases}$$

(1) 场点在球面内,即 $r < R$,如图

$$V = \sum_P^\infty \vec{E} \cdot \Delta \vec{l} = \sum_r^R 0 \cdot \Delta r + \sum_R^\infty \frac{Q}{4\pi\varepsilon_0 r_i^2} \Delta r_i = \frac{Q}{4\pi\varepsilon_0 R}$$

(2) 场点在球面外,即 $r > R$,如图

$$V = \sum_r^\infty \frac{Q}{4\pi\varepsilon_0 r_i^2} \Delta r_i = \frac{Q}{4\pi\varepsilon_0 r}$$

123. 在点电荷 q 的电场中,选取以 q 为中心、R 为半径的球面上一点 P 处作为电势零点,则与点电荷 q 距离为 r 的 P' 点的电势为(   ).

A. $\dfrac{q}{4\pi\varepsilon_0 r}$ B. $\dfrac{q}{4\pi\varepsilon_0 r}\left(\dfrac{1}{r}-\dfrac{1}{R}\right)$

C. $\dfrac{q}{4\pi\varepsilon_0 r(r-R)}$ D. $\dfrac{q}{4\pi\varepsilon_0}\left(\dfrac{1}{R}-\dfrac{1}{r}\right)$

【答案】 B

【解析】 由于 $\varphi_P = \varphi_{P''}$,而 $U_{P''P'}$ 不变,所以若以无穷远处为零势面,则

$$U_{P''P'} = \frac{q}{4\pi\varepsilon_0} \cdot \frac{1}{R} - \frac{q}{4\pi\varepsilon_0} \cdot \frac{1}{r} \qquad ①$$

而取 P 为零势面 $\qquad U_{P''P'} = 0 - \varphi_{P'} \qquad ②$

由于 ① = ②,所以

$$\varphi_{P'} = \frac{q}{4\pi\varepsilon_0}\left(\frac{1}{r} - \frac{1}{R}\right)$$

124. 电荷以相同的面密度 σ 分布在半径为 r_1 和 r_2 的两个同心球面上. 设无限远处电势为零,球心处的电势为 U_0.

(1) 求电荷面密度 σ.

(2) 若要使球心处的电势也为零,外球面上电荷改变量为多少?

【解析】 (1) $U_0 = U_1 + U_2 = \dfrac{\sigma}{\varepsilon_0}(r_1 + r_2)$

$$\sigma = \frac{\varepsilon_0 U_0}{r_1 + r_2}$$

(2)
$$\frac{q_1}{4\pi\varepsilon_0 r_1} + \frac{q_2}{4\pi\varepsilon_0 r_2} = 0$$

$$q_2 = -\frac{r_2}{r_1} q_1$$

$$\Delta q = -\frac{r_2}{r_1}\sigma 4\pi r_1^2 - \sigma \cdot 4\pi r_2^2 = -4\pi\sigma r_2(r_1 + r_2)$$

125. 两块近距离放置的导体平板,面积均为 S,分别带电 q_1 和 q_2. 求平板上的电荷分布.

【解析】 电荷守恒

$$\sigma_1 S + \sigma_2 S = q_1$$
$$\sigma_3 S + \sigma_4 S = q_2$$

由静电平衡条件可知,导体板内没有电场

$$E_A = \frac{\sigma_1}{2\varepsilon_0} - \frac{\sigma_2}{2\varepsilon_0} - \frac{\sigma_3}{2\varepsilon_0} - \frac{\sigma_4}{2\varepsilon_0} = 0$$

$$E_B = \frac{\sigma_1}{2\varepsilon_0} + \frac{\sigma_2}{2\varepsilon_0} + \frac{\sigma_3}{2\varepsilon_0} - \frac{\sigma_4}{2\varepsilon_0} = 0$$

$$\begin{cases} \sigma_1 = \sigma_4 = \dfrac{q_1 + q_2}{2S} \\ \sigma_2 = -\sigma_3 = \dfrac{q_1 - q_2}{2S} \end{cases}$$

当两平板带等量的相反电荷时

$$q_1 = -q_2 = Q$$

$$\begin{cases} \sigma_1 = \sigma_4 = 0 \\ \sigma_2 = -\sigma_3 = \dfrac{Q}{S} = \sigma \end{cases}$$

电荷只分布在两个平板的内表面,由此可知:两平板外侧的电场强度为零,内侧

$$E = \frac{\sigma}{\varepsilon_0}$$

$$\begin{cases} \sigma_1 = \sigma_4 = \dfrac{q_1 + q_2}{2S} \\ \sigma_2 = -\sigma_3 = \dfrac{q_1 - q_2}{2S} \end{cases}$$

126. 两个相距很远的导体,半径分别为 r_1、r_2,都带有电量 q,如果用一导线将两球连接起来,求最终每个球上的电量.

【解析】 两球等势,电荷守恒

$$\frac{q_1}{4\pi\varepsilon_0 r_1} = \frac{q_2}{4\pi\varepsilon_0 r_2}$$

$$q_1 + q_2 = 2q$$

$$\begin{cases} q_1 = \dfrac{r_1}{r_1 + r_2} q \\ q_2 = \dfrac{r_2}{r_1 + r_2} q \end{cases}$$

专题三 电磁学

127. 金属球 A 与金属球壳 B 同心放置. 已知球 A 半径为 R_1, 带电为 q, 金属壳 B 内外半径分别为 R_2、R_3, 带电为 Q. 求:

(1) 系统的电荷分布.

(2) 空间电势分布及球 A 和壳 B 的电势.

【解析】 （1）静电平衡时,导体(净)电荷只能分布在导体表面上,球 A 的电量只可能在球的表面,壳 B 有两个表面,电量分布在内、外两个表面,由于 A、B 对称中心重合,电荷及场分布应该对该中心是球对称,电荷在导体表面均匀分布,电荷分布如图所示.

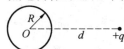

可以等效为:真空中三个中心相互重合的均匀带电球面

（2）利用叠加原理求电势

$$V_I = \frac{q}{4\pi\varepsilon_0 r} + \frac{-q}{4\pi\varepsilon_0 r} + \frac{Q+q}{4\pi\varepsilon_0 r} = \frac{Q+q}{4\pi\varepsilon_0 r}$$

$$V_{II} = \frac{q}{4\pi\varepsilon_0 r} + \frac{-q}{4\pi\varepsilon_0 R_2} + \frac{Q+q}{4\pi\varepsilon_0 R_3}$$

$$\begin{cases} V_B = V_I \mid_{r=R_3} \\ V_A = V_{II} \mid_{r=R_1} \end{cases}$$

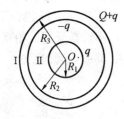

128. 一个未带电的空腔导体球壳,内半径为 R. 在腔内离球心的距离为 d 处 ($d < R$), 固定一点电荷 $(+q)$. 用导线把球壳接地后,再把地线撤去. 选无穷远处为电势零点,则球心处的电势为多少?

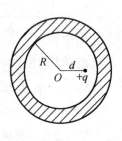

【解析】 球壳接地,外表面电荷中和,外电量为零,内表面带不均匀分布的负电荷 $(-q)$, 电势叠加

$$U_O = \frac{q}{4\pi\varepsilon_0 d} + \frac{-q}{4\pi\varepsilon_0 R}$$

129. 原来不带电的导体球附近有一点电荷,如图所示,求导体球的电势.

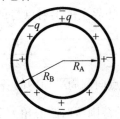

【解析】 导体是个等势体,若求出 O 点的电势,即为导体球的电势

设感应电荷的面密度为 σ, 则

$$Q = \sum_i \sigma \Delta S_i = 0$$

$$V_O = \frac{q}{4\pi\varepsilon_0 d} + \sum_i \frac{\sigma \Delta S_i}{4\pi\varepsilon_0 R} = \frac{q}{4\pi\varepsilon_0 d}$$

130. 如图,有一球形电容器,试求其电容.

【解析】
$$\vec{E} = \frac{q}{4\pi\varepsilon_0 r^2}\vec{e}_r$$
$$\Delta V = \frac{q}{4\pi\varepsilon_0}\left(\frac{1}{R_A} - \frac{1}{R_B}\right)$$
$$C = \frac{q}{\Delta V} = 4\pi\varepsilon_0 \frac{R_A R_B}{R_B - R_A}$$

131. 金属球 A 与同心球壳 B 组成球形电容器,球 A 上带电荷 q,壳 B 上带电荷 Q,测得球与球壳之间电势差为 V_{AB},可知该电容器电容值为( ).

A. q/V_{AB} B. Q/V_{AB}
C. $(q+Q)/V_{AB}$ D. $(q+Q)/(2V_{AB})$

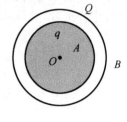

【答案】 A

【解析】 由 $C = \dfrac{Q}{U}$ 可知 $C = \dfrac{q}{V_{AB}}$.

132. 如图所示,在水平放置的平板 MN 的上方有均匀磁场,磁感应强度的大小为 B,磁场方向垂直于纸面向里. 许多质量为 m 带电量为 $+q$ 的粒子,以相同的速率 v 沿位于纸面内的各个方向,由小孔 O 射入磁场区域. 不计重力,不计粒子间的相互作用. 下列图中阴影部分表示带电粒子可能经过的区域,其中正确的是( ).

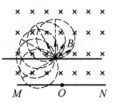

  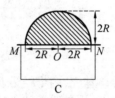 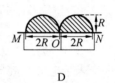
A B C D

【答案】 A

【解析】 由题中运动轨迹边缘连接即为答案.

133. 一个顶角为 $30°$ 的扇形区域内有垂直纸面向内的均匀磁场 $\vec{B}$. 有一质量为 m、电量为 $q(q>0)$ 的粒子,从一个边界上距顶点为 l 的地方以速率 $v = \dfrac{lqB}{2m}$ 垂直于边界射入磁场,则粒子从另一边界上的出射点与顶点的距离为( ).

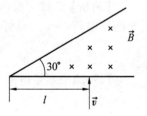

A. $\dfrac{\sqrt{3}l}{3}$ B. $\dfrac{\sqrt{3}l}{2}$
C. $\sqrt{3}l$ D. $2\sqrt{3}l$

【答案】 B

【解析】 粒子垂直于磁场方向进入均匀磁场区域,不考虑粒子受到的重力(重力与洛伦兹力相比可忽略),粒子在磁场区域将沿圆轨道运动,轨道半径 $R = \dfrac{mv}{Bq} = \dfrac{l}{2}$. 因此,圆轨道的圆心在磁场下边缘离顶点 $\dfrac{l}{2}$ 的位置. 则粒子从另一边界上的出射点与顶点的距离为

$$s = \sqrt{\left(\frac{l}{2}\right)^2 + \left(\frac{l}{2}\right)^2 - 2\cdot\frac{l}{2}\cdot\frac{l}{2}\cdot\cos 120°} = \frac{\sqrt{3}l}{2}$$

134. 在匀强磁场中,从圆周上的 A 点向圆周平面内的各个方向以相同速率发射电子. 若磁场的磁感应强度为 B_1 时,电子打到圆周上的范围所对圆心角为 $\dfrac{2\pi}{3}$. 若磁场的磁感应强度为 B_2 时,电子

打到圆周上的范围所对圆心角为$\frac{\pi}{3}$. 求$\frac{B_1}{B_2}$的值.

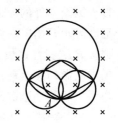

【解析】 $$r = \frac{mv}{Be}$$

B_1时直径对圆心的张角为$\frac{\pi}{3}$

$$(2r)^2 = 2R^2 - 2R^2\cos\frac{\pi}{3}$$

所以 $$r = \frac{R}{2}, \quad B_1 = \frac{2mv}{Re}$$

同理可得 $$B_2 = \frac{2mv}{Re\sqrt{2-\sqrt{3}}}$$

则 $$\frac{B_1}{B_2} = \sqrt{2-\sqrt{3}}$$

135. 如图所示,空间匀强电场的方向竖直向下,场强为E_1,匀强磁场沿水平方向向外,磁感应强度为B. 有两个带电小球A和B都能在垂直于磁场方向的同一竖直平面内做匀速圆周运动(两小球间的库仑力可忽略),运动轨迹如图所示. 已知两个带电小球A和B的质量关系为$m_A = 3m_B$,轨道半径为$R_A = 3R_B = 9$ cm.

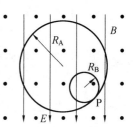

(1)试说明小球A和B带什么电,它们所带的电荷量之比$q_A : q_B$等于多少?

(2)指出小球A和B的绕行方向.

(3)设带电小球A和B在图示位置P处相碰撞,且碰撞后原先在小圆轨道上运动的带电小球B恰好能沿大圆轨道运动,求带电小球A碰撞后所做圆周运动的轨道半径(设碰撞时两个带电小球间电荷量不转移).

【解析】 (1)因为带电小球在电场和磁场同时存在时仍能沿圆轨道运动,因此,必然有第三种力场存在,即要考虑重力场的作用,且必须满足$|q|E = mg$

电场力方向向上,因此,两球都带负电. 对两球有关系式

$$|q_A|E = m_A g \text{ 和 } |q_B|E = m_B g$$

(2)因两小球都带负电,由洛伦兹力公式$f = q(v \times B)$,可以判断出,两小球沿圆轨道绕行的方向都为逆时针方向.

(3)两小球的运动速度分别满足$R_A = \frac{m_A v_A}{Bq_A}$和$R_B = \frac{m_B v_B}{Bq_B}$. 由$R_A = 3R_B$,可知$v_A = 3v_B$. 两小球在P点相碰后,小球B恰好能沿大圆轨道运动,要求小球B的速度满足$R_A = \frac{m_B v'_B}{Bq_B}$,则$v'_B = 3v_B$. 两小球在P点相碰满足沿P点轨道切线方向的动量守恒,即

$$m v_A + m v_B = m v'_A + m v'_B$$

由此可得 $$v'_A = \frac{7}{3}v_B$$

小球A碰撞后的轨道半径为

$$R'_A = \frac{m_A v'_A}{Bq_A} = \frac{m_A \cdot \frac{7}{3}v_B}{Bq_A} = \frac{7}{3}\frac{m_A v_B}{Bq_A} = \frac{7}{9} \cdot \frac{m_A v_A}{Bq_A} = \frac{7}{9}R_A = 7 \text{ cm}$$

136. PR是一块长L的绝缘平板,空间有一平行于PR的匀强电场E,在板的右半部分有一个垂

直于纸面向外的匀强磁场 B. 一个质量为 m、带电量为 q 的物体,从板的 P 端由静止开始向右做匀加速运动,进入磁场后恰能做匀速运动. 物体碰到板 R 端弹性挡板后被弹回,若在碰撞瞬间撤去电场,物体返回时在磁场中仍做匀速运动,离开磁场后做匀减速运动停在 C 点,$PC=L/4$,物体与平板间的动摩擦因数为 μ. 求:

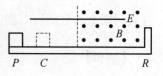

(1) 物体与挡板碰撞前、后的速度 v_1 和 v_2.
(2) 磁感强度 B 的大小.
(3) 电场强度 E 的大小和方向.

【解析】 (1) 设电场 E 向右

$$(qE - \mu mg)\frac{L}{2} = \frac{1}{2}mv_1^2$$

(2) 向右运动的第二阶段,水平方向电场力等于摩擦力

$$qE = \mu(mg + qv_1B)$$

(3) 向左运动的第三阶段,竖直方向磁场力等于重力

$$qv_2B = mg$$

(4) 向左运动的第四阶段

$$-\mu mg \frac{L}{4} = 0 - \frac{1}{2}mv_2^2$$

$$v_2 = \frac{\sqrt{2\mu gL}}{2}$$

$$B = \frac{m\sqrt{2\mu gL}}{q\mu L}$$

$$v_1 = \sqrt{2\mu gL}$$

$$E = \frac{\mu mg}{q}$$

137. A_1 和 A_2 是两块带电金属板,相距 d,电势差为 U. 在这两板间还有如图所示的均匀磁场. 一束电子通过板 A_1 上的小孔以很小的速度射入两板间,为使该电子束不碰到板 A_2,问所加磁场的磁感应强度至少要多大?

【解析】 考虑到当磁场为临界值时,电子束刚好与板 A_2 相切,采用图示坐标系,对切点 P 我们有

$$x_P = d, \quad (v_x)_P = 0 \qquad ①$$

由能量关系得(磁场力不做功)

$$\frac{1}{2}m(v_y)_P^2 = eU \qquad ②$$

当一个电子位于一般点 Q 时,它所受到的 y 方向的力是 $F_y = ev_xB$. 这个力提供电子 y 方向的加速度

$$ev_xB = ma_y \qquad ③$$

即 $$eB\Delta x_i/\Delta t_i = m\Delta(v_y)_i/\Delta t_i$$
$$eB\Delta x_i = m\Delta(v_y)_i$$

把电子从 O 点到 P 点运动过程中所有小段全部加起来

$$\sum_i (eB\Delta x_i) = \sum_i [m\Delta(v_y)_i] \qquad ④$$

由于 $$\sum_i x_i = x_P - x_O = d, \quad \sum_i \Delta(v_y)_i = (v_y)_P - (v_y)_O$$

而 $(v_y)_O = 0$，$(v_y)_P$ 可由式 ② 求出，所以式 ④ 就变成

$$eBd = \sqrt{\frac{2eU}{m}}$$

即 $$B = \sqrt{\frac{2mU}{ed^2}}$$

这便是磁感应强度的临界值. 只要磁感应强度大于此值，电子就不会碰到 A_2 板.

138. 在下面四幅图中，各线框完全相同，线框绕着各自的转轴转动切割磁感应线，各线框转动的角速度大小相同，则线框中产生电流最大的图是哪幅？

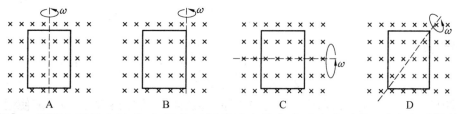

A   B   C   D

【解析】 线圈在磁场中转动时，导体切割磁感应线产生动生电动势. 动生电动势的大小可以用法拉第电磁感应定律计算

$$\varepsilon = -\frac{\Delta\Phi_m}{\Delta t}$$

其中 $$\Phi_m = BS\cos\theta$$

θ 为线圈平面的法线方向与磁场 B 的夹角. 则电动势的大小为

$$\varepsilon = \left|\frac{\Delta\Phi_m}{\Delta t}\right| = BS|\sin\theta|\omega$$

ω 为线圈旋转的角速度大小. 电动势的最大值为

$$\varepsilon_{max} = BS\omega$$

电流的最大值为 $$i_{max} = \frac{BS\omega}{R}$$

R 为线圈的电阻. 对于题设的四种情况，因线圈的面积相同，旋转角速度相同，则四种情况下的最大电流均相同.

139. 如图所示，阻值为 R，质量为 m，边长为 l 的正方形金属框位于光滑水平面上. 金属框的 ab 边与磁场边缘平行，并以一定的初速度进入矩形磁场区域，运动方向与磁场边缘垂直. 磁场方向垂直水平面向下，在金属框运动方向上的长度为 $L(L > l)$. 设金属框的 ab 边进入磁场后，框的运动速度与 ab 边在磁场中的位置坐标之间的关系为 $v = v_0 - cx(x < l)$，式中 c 为未知的正值常量. 若金属框完全通过磁场后恰好静止，求：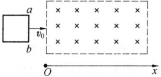

（1）磁场的磁感应强度.

（2）从线框进入磁场区域到线框 ab 边刚出磁场区域的运动过程中安培力所做的功.

【解析】 线框进入磁场后受力

由
$$F = -\frac{vB^2l^2}{R}$$
$$v = v_0 - cx, \quad a = -cv$$
$$-\frac{vB^2l^2}{R} = ma = -mcv$$

所以
$$B = \sqrt{\frac{cmR}{l^2}}$$

框完全通过磁场后恰好静止
$$v|_{\text{末}} = v_0 - cl - cl = 0$$

所以
$$c = \frac{v_0}{2l}$$

$$B = \sqrt{\frac{v_0 mR}{2l^3}}$$

由对称性,框进出磁场过程速度改变相等
$$v_0 \rightarrow \frac{v_0}{2}, \quad \frac{v_0}{2} \rightarrow 0$$

安培做作功
$$A = \frac{1}{2}mv_0^2 - \frac{1}{2}m\left(\frac{v}{2}\right)^2 = \frac{3}{4}mv_0^2$$

140.(2012·华约联盟) 由两块不平行的长导体板组成的电容器如图所示.若使两板分别带有等量异号的电荷,定性反映两板间电场线分布的图可能是( ).

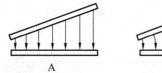
A
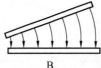
B
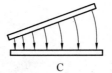
C
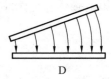
D

【答案】 C

【解析】 按照静电场的性质,(1)在导体表面附近,电场强度沿导体表面的法线方向,则 A 选项错误.(2)导体是等势体,则两个导体的电势差确定,因此,电场应为非均匀场.导体间距小的地方,电场强度应大.(3)电场线的密度与电场强度大小成正比.据此可知,B、D 选项错误.则 C 选项正确.

141.(2012·北约联盟) 两个相同的电容器 A 和 B 如图连接,它们的极板均水平放置.当它们都带有一定电荷并处于静电平衡时,电容器 A 中的带电粒子恰好静止.现将电容器 B 的两极板沿水平方向移动使两极板错开,移动后两极板仍处于水平位置,且两极板的间距不变.已知这时带 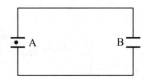 电粒子的加速度为 $g/2$,求 B 的两个极板错开后正对着的面积与极板面积之比.设边缘效应可忽略.

【解析】 未错开时,$C_A = C_B$, $q_A = q_B$

如果错开后,正对着的面积占总面积的比例为 r,则 $C'_B = rC_B$

这时由于两个电容器的电压相等,所以
$$q'_A/C_A = q'_B/C'_B = \frac{1}{r}q'_B/C_B$$

所以
$$q'_B = rq'_A$$

解出
$$q'_A = \frac{2}{1+r}q_A$$
$$E'_A = \frac{2}{1+r}E_A$$

这时,带电粒子受到的静电力为 $F'_e = \frac{2}{1+r}qE_A$

粒子受力为 $F'_A = F'_e - mg = \frac{2}{1+r}qE_A - mg = \frac{2}{1+r} - mg = \frac{1-r}{1+r}mg$

得加速度为 $a = \frac{1-r}{1+r}g = \frac{1}{2}g$

由此解得 $2 - 2r = 1 + r$
$r = 1/3$

142. (2012·卓越联盟) 在如图所示的坐标系内,带有等量负电荷的两点电荷 A、B 固定在 x 轴上,并相对于 y 轴对称,在 y 轴正方向上的 M 点处有一带正电的检验电荷由静止开始释放. 若不考虑检验电荷受到的重力,那么检验电荷运动到 O 点的过程中( ).

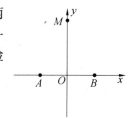

A. 电势能逐渐变小
B. 电势能先变大后变小,最后为零
C. 先做加速运动后做减速运动
D. 始终做加速运动,到达 O 点时加速度为零

【答案】 AD

【解析】 (1) 按定义,两个点电荷 q_1、q_2 的电势能为 $E = k\frac{q_1q_2}{r}$,其中 r 为两个点电荷间的距离. A、B 两个点电荷相对于检验电荷对称分布,电荷又相同,检验电荷的运动是沿 y 轴负方向的一维运动. 在检验电荷运动到 O 点的过程中,带正电的检验电荷距两个带负电荷的距离逐渐变小,则系统的电势能逐渐减小,则 A 选项正确,B 选项错误.

(2) 在释放检验电荷后,它受到的合力沿 y 轴负方向,在运动到 O 点的过程中始终做加速运动,但到达 O 点时,它受到的合力为零,则它的加速度为零. 因此,D 选项正确.

143. (2012·华约联盟) 如图,在 $0 \leq x \leq a$ 的区域有垂直于纸面向里的匀强磁场,磁感应度的大小为 B;在 $x > a$ 的区域有垂直于纸面向外的匀强磁场,磁感应强度的大小也为 B. 质量为 m、电荷量为 $q(q > 0)$ 的粒子沿 x 轴从原点 O 射入磁场.

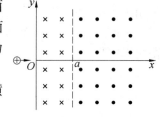

(1) 若粒子在磁场中的轨道半径为 $2a$,求其轨迹与 x 轴交点的横坐标.

(2) 为使粒子返回原点,粒子的入射速度应为多大?

【解析】 (1) 带电粒子在匀强磁场中做匀速圆周运动,设其轨道半径为 R,其在第一象限中的运行轨迹如图甲所示. 此轨迹由两段圆弧组成,圆心分别在 C 和 C' 处,与 x 轴交点为 P. 由对称性可知 C' 在 $x = 2a$ 直线上,设此直线与 x 轴交点为 D,P 点的 x 坐标为
$$x_P = 2a + DP \qquad ①$$
过两段圆弧的连接点作平行于 x 轴的直线 EF,则
$$DF = R - \sqrt{R^2 - a^2}$$
$$C'F = \sqrt{R^2 - a^2}$$

$$C'D = C'F - DF$$
$$DP = \sqrt{R^2 - C'D^2} \qquad ②$$

由此得 P 点的坐标为

$$x_P = 2a + 2\sqrt{R\sqrt{R^2 - a^2} - (R^2 - a^2)}$$

代入题给条件得

$$x_P = 2[1 + \sqrt{\sqrt{2} - 1}]a \qquad ③$$

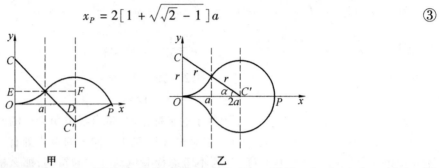

甲　　　　　　　乙

(2) 若要求粒子能返回原点,由对称性,其运动轨迹应如图乙所示,这时 C' 在 x 轴上,设 $\angle CC'O = \alpha$,粒子做圆周运动的轨道半径为 r,由几何关系得

$$\alpha = \frac{\pi}{6} \qquad ④$$

$$r = \frac{a}{\cos \alpha} = \frac{2\sqrt{3}}{3}a \qquad ⑤$$

设粒子的入射速度为 v,由牛顿定律和洛伦兹力公式得

$$r = \frac{mv}{qB} \qquad ⑥$$

解得

$$v = \frac{2\sqrt{3}qBa}{3m}$$

144. (2012·华约联盟) 铁路上常使用如图所示的电磁装置向控制中心传输信号,以报告火车的位置.火车首节车厢下面安装一磁铁,磁铁产生垂直于地面的匀强磁场.当磁铁经过安放在两铁轨间的线圈时,会使线圈产生电脉冲信号并被控制中心接收.若火车以恒定加速度通过线圈,则表示线圈两端的电压 u 与时间 t 的关系图线可能正确的是(　　).

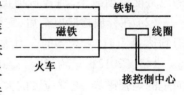

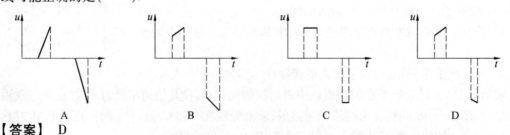

A　　　　B　　　　C　　　　D

【答案】 D

【解析】 (1) 在火车上磁铁前端到达线圈前,通过线圈的磁通量为零,线圈中没有感应电动势.

(2) 火车以恒定加速度 a 通过线圈,火车上磁铁前端通过线圈时的速度大小为 $v = v_0 + at$,其中 v_0 为火车上磁铁前端到达线圈边缘(此时 $t = 0$)时的速度大小.在磁场全部覆盖线圈之前,通过线圈(宽度为 l)的磁通量大小为

$$\Phi_1 = (v_0 t + \frac{1}{2}at^2)l$$

则线圈中的动生电动势大小为

$$\varepsilon_1 = \left|\frac{\Delta\Phi}{\Delta t}\right| = \frac{\Delta(v_0 t + \frac{1}{2}at^2)}{\Delta t} = (v_0 + at)l = A + Bt$$

随时间线性变化.

(3) 在磁场全部覆盖线圈期间,通过线圈的磁通量为 Φ_0,Φ_0 为常量,则线圈中的电动势为零.

(4) 当火车上磁铁后端到达线圈时,记为 $t' = 0$(此时火车的速度记为 $v'_0 > v_0$),此后通过线圈的磁通量为

$$\Phi_2 = \Phi_0 - (v'_0 t' + \frac{1}{2}at'^2)l$$

则线圈中的动生电动势大小为

$$\varepsilon_2 = \left|\frac{\Delta\Phi}{\Delta t}\right| = \left|\frac{\Delta[\Phi_0 - (v_0' t' + \frac{1}{2}at'^2)l]}{\Delta t}\right| = (v'_0 + at')l = A' + Bt$$

随时间线性变化,其中 $A' > A$.

(5) 当火车上磁铁后端离开线圈后,通过线圈的磁通量为零,则线圈中的电动势为零.

因为火车是匀加速运动,电动势 ε_2 的持续时间比 ε_1 的持续时间更短,则线圈两端的电压 u 与时间 t 的关系图线可能正确的只能是 D 图.

145.(2012·北约联盟) 如图所示,通有恒定电流的长直导线 MN 右侧放置一个矩形导线框架 $abcd$,其中 ad 边与导线 MN 平行.在下列几种情况下,导线框内不能产生感应电流的是( ).

A. 线框以直导线 MN 为轴旋转
B. 线框以 ad 边为轴旋转
C. 线框以 ab 边为轴旋转
D. 线框沿图平面朝右平动

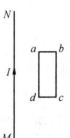

【答案】 A

【解析】 (1) 线框以直导线 MN 为轴旋转时,通过线框的磁通量不随时间变化,因此线框中没有感应电动势和感应电流.

(2) 线框以 ad 边为轴旋转时,线框平面与磁场的夹角发生变化,线框平面处的磁场也发生变化,通过线框的磁通量随时间变化;同时,线框中还有动生电动势.因此线框中有感应电动势和感应电流.

(3) 线框以 ab 边为轴旋转时,线框平面与磁场的夹角发生变化,通过线框的磁通量随时间变化;同时,线框中还有动生电动势.因此线框中有感应电动势和感应电流.

(4) 线框沿图平面朝右平动时,线框平面处的磁场发生变化,通过线框的磁通量随时间变化;同时,线框中还有动生电动势.因此线框中有感应电动势和感应电流.综上所述,只有在第一种情况下,线框中没有感应电流.应选 A.

146.(2012·华约联盟) 如图,平行长直金属导轨水平放置,导轨间距为 l,一端接有阻值为 R 的电阻;整个导轨处于竖直向下的匀强磁场中,磁感应强度大小为 B;一根质量为 m 的金属杆置于导轨上,与导轨垂直并接触良好.已知金属杆在导轨上开始运动的初速度大小为 v_0,方向平行于导轨.忽略金属杆与导轨的电阻,不计摩擦.证明金属杆运动到总路程的 $\lambda(0 \leq \lambda \leq 1)$ 倍时,安培

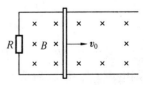

力的瞬时功率为 $P = \dfrac{(1-\lambda)^2 B^2 l^2 v_0}{R}$.

【解析】 取金属杆开始运动时为计时起点. 设在时刻 t（在金属杆最终停止时间之前），金属杆的速度为 v，所受到的安培力的大小为 F，经过的路程为 s，则有

$$F = \dfrac{B^2 l^2}{R} v \qquad ①$$

将区间 $[0, t]$ 分为 n 小段，设第 i 小段的时间间隔为 Δt_i，杆在此段时间的位移为 Δx_i. 规定向右的方向为正，由动量定理得

$$-\sum_{i=1}^{n} F_i \Delta t_i = mv - mv_0 \qquad ②$$

又

$$v_i = \dfrac{\Delta x_i}{\Delta t_i} \qquad ③$$

由式①②③得

$$-\dfrac{B^2 l^2}{R}\sum_{i=1}^{n} \Delta x_i = mv - mv_0 \qquad ④$$

此即

$$-\dfrac{B^2 l^2}{R} s = mv - mv_0 \qquad ⑤$$

当金属杆走完全部路程 L 时，金属杆的速度为零，因而

$$L = \dfrac{mRv_0}{B^2 l^2} \qquad ⑥$$

由式①⑤得，金属杆运动到路程为 $s = \lambda L$ 时的瞬时功率为

$$P = Fv = \dfrac{B^2 l^2}{R}\left[\dfrac{B^2 l^2}{mR}\lambda L - v_0\right]^2 \qquad ⑦$$

由式⑥⑦得

$$P = \dfrac{(1-\lambda)^2 B^2 l^2 v_0^2}{R}$$

147.（2012·卓越联盟） 如图，电阻分布均匀的电阻丝构成的闭合线框 $abcd$ 水平放置在竖直向下的匀强磁场中，电阻不可忽略的导体棒 MN 两端搭接在 ad 和 bc 上，MN 在水平外力 F 的作用下，从靠近 ab 处无摩擦地匀速运动到 cd 附近. MN 与线框始终保持良好接触，在运动过程中（　　）.

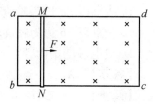

A. MN 中的电流先减小，后增大

B. MN 两端的电压先增大，后减小

C. MN 上外力的功率先减小，后增大

D. MN 上消耗的电功率先增大，后减小

【答案】 ABC

【解析】 按照题意，导体棒 MN 在磁场中匀速运动，有确定的动生电动势 ε_0.

（1）设导体棒 MN 的电阻为 r，闭合线框 $abcd$ 在 MN 左侧的电阻 R_1，在 MN 右侧的电阻为 R_2，则 MN 中的电流为

$$I = \dfrac{\varepsilon_0}{r + \dfrac{R_1 R_2}{R_1 + R_2}} = \dfrac{\varepsilon_0 R}{rR + R_1(R - R_1)} = \dfrac{\varepsilon_0 R}{\left(rR + \dfrac{R^2}{4}\right) + \left(R_1 - \dfrac{R}{2}\right)^2}$$

其中 $R = R_1 + R_2$ 是 MN 的总电阻. 在 MN 向右运动过程中，R_1 由小于 $R/2$ 逐渐变到大于 $R/2$，则电流 I 先减小，后增大，则 A 选项正确.

（2）MN 两端的电压为 $u = \varepsilon_0 - Ir$，根据（1）的判断，MN 两端的电压应先增大，后减小，则 B 选项

正确.

(3) 为了使 MN 匀速运动,外力 F 必须克服 MN 所受的安培力阻力作用,大小为 $F = BIl$,其中 l 为 MN 的长度. 根据(1)的判断,外力应先减小,后增大. 力做功的功率为 $P = Fv_0 = BIlv_0$,则做功功率应先减小,后增大. 则 C 选项正确.

(4) MN 上消耗的电功率 $P' = I^2r$,根据(1)的判断,MN 上消耗的电功率先减小,后增大. 则 D 选项错误.

148. (2011·华约联盟) 如图所示,带电质点 P_1 固定在光滑的水平桌面上,在桌面上距 P_1 一定距离处有另一带电质点 P_2,P_2 在桌面上运动. 某时刻,质点 P_2 的速度垂直于 P_1P_2 的连线方向,则( ).

A. 若 P_1、P_2 带同种电荷,以后 P_2 一定做速度变大的曲线运动
B. 若 P_1、P_2 带同种电荷,以后 P_2 一定做加速度变大的曲线运动
C. 若 P_1、P_2 带异种电荷,以后 P_2 的速度大小和加速度大小可能都不变
D. 若 P_1、P_2 带异种电荷,以后 P_2 可能做加速度、速度都变小的曲线运动

【答案】 ACD

【解析】 带电质点 P_2 受到 P_1 的静电作用,作用力由库仑定律决定.

若 P_1、P_2 带同种电荷,且 P_2 的运动方向垂直于 P_1P_2 的连线方向,在以后的运动过程中,P_2 的位移与库仑力的夹角为锐角,库仑力做正功,则按照动能定理,P_2 的速度一定变大,做曲线运动. A 选项正确.

同样分析,P_2 做远离 P_1 的曲线运动,库仑力减小,加速度值减小,B 选项错误.

若 P_1、P_2 带异种电荷,且 P_2 的运动方向垂直于 P_1P_2 的连线方向,库仑力为吸引力,若 P_2 的速度值以及 P_1、P_2 间的距离满足 P_2 做圆周运动的条件,则以后 P_2 的速度大小和加速度大小都不变. C 选项正确.

同样分析,若 P_2 的速度值以及 P_1、P_2 间的距离不满足 P_2 做圆周运动的条件,如速度值更大时的情况,则此后一段时间内 P_2 的速度大小和加速度大小都会变小,P_2 做曲线运动. D 选项正确.

149. (2011·卓越联盟) 半径为 R 的接地金属球外有一电荷量为 q 的点电荷,点电荷与球心 O 相距 $d = 2R$,如图所示. 则金属球上的感应电荷为( ).

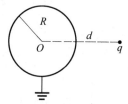

A. 0 B. $-\dfrac{q}{4}$

C. $-\dfrac{q}{2}$ D. q

【答案】 C

【解析】 由于静电感应,导体球表面会有感应电荷分布,感应电荷面密度为 σ. 因导体球接地,导体球为零电势的等势体,O 点的电势也为零. 由电势叠加原理得

$$V_0 = \frac{q}{4\pi\varepsilon_0 d} + \sum \frac{\sigma\Delta S}{4\pi\varepsilon_0 R} = \frac{q}{4\pi\varepsilon_0 d} + \frac{1}{4\pi\varepsilon_0 R}\sum \sigma\Delta S = 0$$

则导体上的感应电荷的电量为

$$Q = \sum \sigma\Delta S = -\frac{R}{d}q = -\frac{1}{2}q$$

选项 C 正确.

150. (2011·卓越联盟) 已知两极板间距为 d,极板面积为 S 的平板电容器的电容为 $\varepsilon_0 S/d$,其中 ε_0 为常量. 若两极板的电荷量减半,间距变为原来的 4 倍,则电容器极板间( ).

A. 电压加倍,电场强度减半　　B. 电压加倍,电场强度加倍
C. 电压减半,电场强度减半　　D. 电压加倍,电场强度不变

【答案】 A

【解析】 已知电荷减半,$Q \to Q/2$,间距变为原来的 4 倍,$d \to 4d$,则电容器电容
$$C = \varepsilon_0 S/d \to \varepsilon_0 S/4d = C/4$$
电容器电压　　　　$U = Q/C \to (Q/2)/(C/4) = 2U$
极板间的电场强度　$E = U/d \to 2U/(4d) = U/(2d) = E/2$
则 A 选项正确.

151.(2011·卓越联盟) 如图所示,一半径为 R,位于竖直面内的绝缘光滑轨道上静止着两个相同的带电小球 A 和 B(可视为质点),两球质量均为 m,距离为 R. 然后用外力缓慢推左球使其到达圆周最低点 C,求此过程中外力做的功.

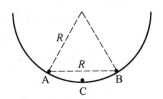

【解析】 在初始位置时,系统平衡,对每个小球都满足重力、静电力和支持力平衡.设小球带电量为 q,可得
$$mg = \frac{kq^2}{R^2}\tan 60° = \sqrt{3}\,\frac{kq^2}{R^2}$$

其中 k 为静电常数. 设末态如图所示,对 B 球列出平衡条件,有
$$N\cos 2\alpha + f\sin \alpha = mg$$
$$f\cos \alpha = N\sin 2\alpha$$

其中 $a = 2R\sin \alpha$ 为两球的间距,两球间的静电力为
$$f = \frac{kq^2}{a^2} = \frac{kq^2}{4R^2\sin^2\alpha}$$

从以上三个方程可以解得
$$\sin \alpha = \frac{1}{2 \times 3^{1/6}}$$

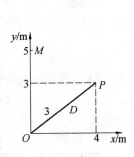

选 C 点为重力势能零点,电荷相距无穷远为电势能零点,则系统初态能量为
$$E_0 = 2mgR(1-\cos 30°) + \frac{kq^2}{a} = 2mgR(1-\cos 30°) + \frac{mgR}{\sqrt{3}}$$
$$E = mga\sin \alpha + \frac{kq^2}{a} = 2mgR\sin^2\alpha + \frac{mgR}{2\sqrt{3}\sin \alpha}$$

按照功能原理,在推动小球的过程中外力的功为
$$A = E - E_0 = 2mgR\sin^2\alpha + \frac{mgR}{2\sqrt{3}\sin \alpha} - 2mgR(1-\cos 30°) + \frac{mgR}{\sqrt{3}} =$$
$$\left(\frac{3^{2/3}}{2} + \frac{2\sqrt{3}}{3} - 2\right)mgR = 0.195mgR$$

152.(2011·华约联盟) 如图所示,带电粒子在光滑水平面(xOy 平面)内运动. 第一象限有平行于 xOy 平面的匀强电场,$E = 100$ V/m;在 $x > 0$,$y < 3$ 区域内还存在与 xOy 平面垂直的磁场. 一质量为 $m = 2 \times 10^{-6}$ kg,电荷量大小为 $q = 2 \times 10^{-7}$ C 的带负电粒子从坐标原点 O 以一定初动能入射,在电场和磁场的作用下发生偏转,到达 $P(4,3)$ 点时,动能变为初动能的 0.2 倍,速度方向平行于 y 轴正方向. 最后,粒子从 y 轴上 $y = 5$ m 的 M 点射出电场,动能变为初动能的 0.52 倍. 求:

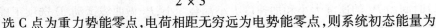

(1) 在 OP 连线上与 M 点等电势的点的坐标;

(2) 粒子由 P 点运动到 M 点所需的时间.

【解析】 (1) 因为洛伦兹力不做功,粒子动能发生变化是因为电场力做功,由动能定理和保守力做功与系统势能增量间的关系,在粒子由 O 到 P 的运动过程中有

$$A_{OP} = -(W_P - W_O) = 0.2E_k - E_k = -0.8E_k$$

则 O、P 点的电势差为

$$U_O - U_P = (W_O - W_P)/q = -0.8E_k/q$$

在粒子由 P 到 M 的运动过程中有

$$A_{PM} = -q(U_M - U_P) = 0.52E_k - 0.2E_k = 0.32E_k$$

则 M、P 点的电势差为 $U_M - U_P = -\dfrac{0.32E_k}{q}$

已知线段 OP 长为 5,沿 OP 方向电势线性变化,且 $U_O - U_P = \dfrac{0.8E_k}{q}$,而 $U_M - U_P = -\dfrac{0.32E_k}{q} = \dfrac{2}{5}(U_O - U_P)$,则与 M 等电势的点在 OP 连线上距 P 点距离为 $\dfrac{2}{5}OP = 2$ 的 D 处,如图所示.因此,D 点的坐标为 $X_D = 4 \times \dfrac{3}{5} = 2.4, Y_D = 3 \times \dfrac{3}{5} = 1.8$.

(2) 因为是匀强电场,等势面一定是平面,因 M、D 两点电势相同,则 MD 平面(垂直于 xOy 平面和 OP 连线)为一等势面.由等势面与电场强度的关系知:因 MD 与 OP 垂直,电场沿 OP 方向.作新坐标系 $P-XY$(如图所示),M 点坐标为 $(-2,4)$,粒子由 P 出发在该坐标系中做类斜抛运动.在 P 点,粒子的速度沿 y 方向,在其后的运动过程中,粒子 PY 方向的速度分量保持不变.由动能定理

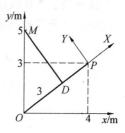

$$A_{OP} = qE \cdot \overline{OP} = 0.8E_k$$

得

$$E_k = \dfrac{25}{4}qE$$

按题意,在 P 点时的动能为 $\dfrac{1}{2}mv^2 = 0.2E_k = \dfrac{5}{4}qE$

得

$$v_y = \sqrt{\dfrac{5qE}{2m}} = \sqrt{\dfrac{5 \times 2.0 \times 10^{-7} \times 100}{2 \times 2.0 \times 10^{-6}}} \text{ m/s} = 5 \text{ m/s}$$

粒子 PY 方向的速度分量为

$$v_Y = 5 \times \dfrac{4}{5} \text{ m/s} = 4 \text{ m/s}$$

在 PY 方向的位移大小为 $DM = 4$ m. 设粒子由 P 点运动到 M 点所需的时间为 Δt,则

$$v_Y \Delta t = 4$$

得

$$\Delta t = 1 \text{ s}$$

153. (2011·卓越联盟) 如图所示,虚线为一匀强磁场的边界,磁场方向垂直于纸面向里.在磁场中某点沿虚线方向发射两个带负电的粒子 A 和 B,其速度分别为 v_A、v_B,两者的质量和电荷量均相同,两个粒子分别经过 t_A、t_B 从点 P_A、P_B 射出,则(　　).

A. $v_A > v_B, t_A > t_B$ B. $v_A > v_B, t_A < t_B$

C. $v_A < v_B, t_A > t_B$ D. $v_A < v_B, t_A < t_B$

【答案】 C

【解析】 带电粒子在均匀磁场中受洛伦兹力的作用沿圆轨道做匀速率运动,圆轨道半径为 $R=\dfrac{mv}{eB}$,速度越大,轨道半径越大.圆轨道运动的周期 $T=\dfrac{2\pi m}{eB}$ 与粒子速度无关.因粒子带负电,粒子向下偏转出磁场边界,由 $f=q(v_B\times B)$ 知两个粒子一定是从 P_A 的上方左侧一点水平向右发射的,因此,有 $R_B>R_A$.由此可知,$v_B>v_A$.

另外,因为两个粒子都出了磁场区域,说明两个粒子都没有完成一个完整的圆周,由几何知识可知,$t_A>t_B$.综上所述,C 选项正确.

154.(2011·华约联盟) 如图所示,某空间区域存在着匀强磁场,磁场的上下边界水平,方向与竖直平面(即纸面)垂直;两个由完全相同的导线制成的刚性线框 a 和 b,其形状分别是周长为 $4l$ 的正方形和周长为 $6l$ 的矩形.线框 a 和 b 在竖直面内从图示位置下落.若从开始下落到线框完全离开磁场的过程中安培力对两线框的冲量分别为 I_a、I_b,则 $I_a:I_b$ 为 ( ).

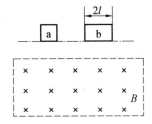

A. 3:8   B. 1:2
C. 1:1   D. 3:2

【答案】 A

【解析】 在线框下落过程中,由于电磁感应现象,线框中将产生感应电流并受到磁场的安培力作用.结合法拉第电磁感应定律,线框 a 在进入磁场的过程中,安培力的冲量大小为

$$I_{a1}=\sum_i f_i\Delta t_i=\sum_i Bli_i\Delta t_i=\sum_i Bl\dfrac{\Delta\Phi_i}{R_a\Delta t_i}\Delta t_i=\dfrac{Bl}{R_a}\Delta\Phi=\dfrac{B^2l}{R_a}S_a$$

可以证明,在线框出磁场区域时,安培力的冲量与其进入磁场区域时的冲量相同,则线框 a 受到的安培力的总冲量大小为 $I_a=2I_{a1}=2\dfrac{B^2l}{R_a}S_a$.同样可以得到线框 b 受到的安培力的总冲量大小为 $I_b=\dfrac{2B^2(2l)}{R_b}S_b$.已知 $S_a:S_b=1:2$,$R_a:R_b=2:3$,则 $I_a:I_b=\dfrac{1}{2}\cdot\dfrac{R_b}{R_a}\cdot\dfrac{S_b}{S_a}=\dfrac{3}{8}$.

因此 A 选项正确.

155.(2010·华约联盟) 如图所示,用等长绝缘线分别悬挂两个质量、电量都相同的带电小球 A 和 B,两线上端固定于 O 点,B 球固定在 O 点正下方.当 A 球静止时,两悬线夹角为 θ.能保持夹角 θ 不变的方法是( ).

A. 同时使两悬线长度减半
B. 同时使 A 球的质量和电量都减半
C. 同时使两球的质量和电量都减半
D. 同时使两悬线长度和两球的电量都减半

【答案】 BD

【解析】 设悬线长为 l,小球 A、B 带电分别为 q_1、q_2,质量分别为 m_1、m_2,A 球在题图所示的位置平衡时

$$m_1g\cos\theta=k\dfrac{q_1q_2}{\left(2l\sin\dfrac{\theta}{2}\right)^2}\cos\dfrac{\theta}{2}$$

即

$$m_1g=k\dfrac{q_1q_2}{4l^2}\cdot\dfrac{\cos\dfrac{\theta}{2}}{\cos\theta\left(\sin\dfrac{\theta}{2}\right)^2}$$

据此可知,在角度确定的情况下,选项 B、D 正确,A、C 错误.

156. (2010·华约联盟) A、B、C 为三块平行极板,A 板上有小孔 K. 在小孔 K 上方有容器 S,其中有带正电的液滴,液滴一滴一滴地从下端滴下,穿过小孔 K 后滴到 B 板上,电荷立即被平均分布. 已知,空间距离尺寸如图中标度所示,每滴液滴的质量为 m、电量为 q,相邻平行板构成的电容器电容量为 $C = \dfrac{\varepsilon S}{d}$,其中介电常数为 ε,极板面积为 S.

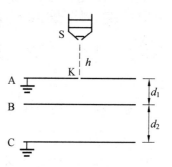

(1) 求从第几滴液滴开始不再落到 B 板上?
(2) 设第 N 滴液滴刚好落到 B 板上,求第 $N+1$ 滴滴落后速度为 0 时距 A 板的距离.

【解析】 (1) 设第 N 滴液滴刚好不能落到 B 板上,这说明有 $N-1$ 滴落到 B 板上,相应的电荷分布在 B 板的上下两个面上,设相应的电荷面密度分别为 σ_1 和 σ_2,考虑到电荷守恒,有

$$(N-1)q = \sigma_1 S + \sigma_2 S$$

由于 A、C 两板接地(电势为零),在 A 板上感应出的电荷只出现在下表面,电荷密度为 $-\sigma_1$,在 C 板上感应出的电荷只出现在上表面,电荷密度为 $-\sigma_2$. B 板与 A 板间的电势差等于 B 板与 C 板间的电势差,即

$$\frac{\sigma_1 S}{C_1} = \frac{\sigma_2 S}{C_2}$$

利用 $C_i = \dfrac{\varepsilon_0 S}{d}$(其中 ε_0 为真空介电常数),得 $\sigma_1 d_1 = \sigma_2 d_2$

因此,当 $N-1$ 滴落到 B 板上,B 板的上表面电荷面密度为

$$\sigma_1 = \frac{(N-1)qd_2}{S(d_1+d_2)}$$

此时,A、C 间的电势差为

$$U_1 = \frac{\sigma_1}{\varepsilon_0} d_1 = \frac{(N-1)qd_1 d_2}{S\varepsilon_0(d_1+d_2)}$$

由此可得

$$N = 1 + \frac{mg\varepsilon_0 S(h+d_1)(d_1+d_2)}{q^2 d_1 d_2}$$

(2) 按照题意,第 N 滴液滴刚好能落到 B 板上,液滴滴到 B 板上前的动能也刚好为零. 此时,B 板上的电荷则为 Nq,B 板与 A 板的电势差为 U_2,类似于上述计算可得

$$U_2 = \frac{\sigma_1}{\varepsilon_0} d_1 = \frac{Nqd_1 d_2}{S\varepsilon_0(d_1+d_2)}$$

设第 $N+1$ 滴滴落后速度为 0 时距 A 板的距离为 x,则

$$mg(h+x) = q\frac{U_2}{d_1}x$$

由此可得

$$x = \frac{mg\varepsilon_0 Sh(d_1+d_2)}{q^2 Nd_2 - mg\varepsilon_0 S(d_1+d_2)}$$

157. (2010·北京大学) 一正四面体由六条棱边组成,每条棱边的电阻均为 R,求任意两顶点间的等效电阻.

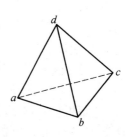

【解析】 因为系统具有对称性,任意两个顶点间的电阻都相同,下面我们求 ab 顶点间的等效电阻.

按照电阻分布的对称性,当在 ab 间加上电压后,通过 ad、bd 以及 ac、bc 的电流大小应完全相同. 则 d、c 顶点的电势应相同,d、c 间应没有电流通过,

可视为断开. 这样,这个电路可视为简单电路,即 a、b 间有三个独立的支路 ab、acb 和 adb,三个支路为并联关系,则等效电阻 R_{ab} 满足

$$\frac{1}{R_{ab}} = \frac{1}{r_{ab}} = \frac{1}{r_{adb}} = \frac{1}{r_{acb}} = \frac{1}{R} + \frac{1}{2R} + \frac{1}{2R} = \frac{2}{R}$$

由此可得 $$R_{ab} = \frac{R}{2}$$

158.(2010·华约联盟) 在匀强磁场中,从圆周上的 A 点向圆周平面内的各个方向以相同速率发射电子. 若磁场的磁感应强度为 B_1 时,电子打到圆周上的范围所对圆心角为 $\frac{2}{3}\pi$. 若磁场的磁感应强度为 B_2 时,电子打到圆周上的范围所对圆心角为 $\frac{1}{3}\pi$. 求 $\frac{B_1}{B_2}$.

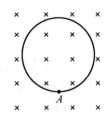

【解析】 当从圆周上的 A 点向圆周平面内的各个方向以相同速率 v 发射电子时,电子受到洛伦兹力的作用将沿圆周运动,圆周的半径为 $r = \frac{mv}{Be}$. 按照题意和分析,这些圆周有一个共同点(即 A 点),要么和大圆周相切,要么和大圆周相交. 和大圆周相交的圆周相对于 A 点到大圆周的中心连线对称分布. 和大圆周相交的两个交点中,一个交点就是 A 点,另外一个交点到 A 点的距离最大为电子运动圆周的直径. 按照题意,当磁场的磁感应强度为 B_1 时,电子运动圆周的直径对圆心的张角为

$$(\frac{2}{3}\pi)/2 = \frac{1}{3}\pi$$

则 $$(2r)^2 = 2R^2 - 2R^2\cos\frac{\pi}{3}$$

其中 R 为大圆周的半径,即

$$(2r)^2 = R^2 \quad 或 \quad r = \frac{1}{2}R$$

则 $$\frac{2mv}{B_1 e} = \frac{1}{2}R$$

可得 $$B_1 = \frac{2mv}{Re}$$

同理可得 $$B_2 = \frac{2mv}{Re\sqrt{2-\sqrt{3}}}$$

则 $$\frac{B_1}{B_2} = \frac{2}{2/\sqrt{2-\sqrt{3}}} = \sqrt{2-\sqrt{3}}$$

159.(2010·北京大学) 如图所示,在 Oxy 直角坐标系中,$y > 0$ 的区域内有磁感应强度为 B 的匀强磁场,$y < 0$ 的区域内有竖直向下的匀强电场,一个质量为 m、带电量为 $-q$ 的粒子从 O 点出射,初速度方向与 x 轴正方向夹角为 $\theta(\pi/2 < \theta < \pi)$,粒子在平面内做曲线运动. 若粒子的运动轨迹经过 OPQ 三点,一直沿 O、P、Q 围成的闭合图形运动,已知 $P(0,40)$,$Q(30,0)$. 求:

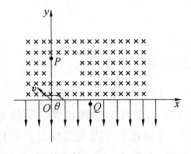

(1)粒子初速度 v 的大小和 θ.
(2)场强大小 E.

【解析】 (1)因为带电粒子垂直于磁场分析入射到磁场区域时,粒子的运动轨迹是圆. 已知 O、P、Q 三点在一个圆上,而 OP 与 OQ 垂直,因此 PQ 为粒子圆轨道的直径.

由 $R = \dfrac{mv}{qB}$ 得粒子的初速度大小为 $v = \dfrac{qPR}{m}$,其中圆轨道半径为

$$R = \sqrt{OQ^2 + OP^2}/2 = \sqrt{30^2 + 40^2}/2 = 25$$

圆心在图示中的 A 点,A 点的坐标为 $(15,20)$. OA 与 OQ 的夹角为

$$\alpha = \arcsin \dfrac{20}{OA} = \arcsin \dfrac{20}{25} = \arcsin \dfrac{4}{5}$$

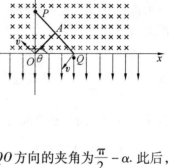

带电粒子入射磁场区域时的速度与 OA 垂直,因此有 $\theta = \dfrac{\pi}{2} + \alpha$.

(2) 粒子在 Q 点离开磁场区域时的速度方向与 AQ 垂直,因而与 QO 方向的夹角为 $\dfrac{\pi}{2} - \alpha$. 此后,粒子进入到均匀电场中,做类似于质点在重力场中的斜抛运动,加速度为 $a = \dfrac{qE}{m}$,斜抛角为 $\dfrac{\pi}{2} - \alpha$. 粒子从 O 点离开电场区域,进入磁场区域,进行下一个周期的运动.

由斜抛距离公式 $s = \dfrac{v^2 \sin 2(\dfrac{\pi}{2} - \alpha)}{a} = \dfrac{v^2 \sin 2\alpha}{a}$,以及 $s = OQ = 30$ 得电场强度为

$$E = \dfrac{mv^2 \sin 2\alpha}{30q}$$

160. (2010·北京大学) 如图所示,光滑U形导轨上有一长为 $L = 0.7$ m 的导线以 $v_0 = 0.4$ m/s 的速度向右切割匀强磁场,磁感强度 $B = 0.5$ T,回路电阻为 $R = 0.3$ Ω,其余电阻不计,求:

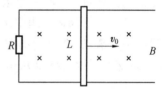

(1) 回路中产生的感应电动势.
(2) R 上消耗的电功率.
(3) 若在运动导线上施加一外力 F,使导线保持匀速直线运动,求力 F 的大小.

【解析】 (1) 金属杆以 v_0 运动时,金属杆上的感应电动势为

$$\varepsilon_0 = vBL = 0.4 \times 0.5 \times 0.7 \text{ V} = 0.14 \text{ V}$$

(2) 回路中有恒定的电流

$$i = \dfrac{\varepsilon}{R} = \dfrac{0.14}{0.3} \text{ A} = 0.47 \text{ A}$$

R 上消耗的电功率为

$$P = i^2 R = 0.47^2 \times 0.3 \text{ W} = 0.065 \text{ W}$$

(3) 回路中有电流时,导体杆会受到安培力的作用,安培力为阻力,方向向左,要维持导体杆的匀速运动,外力应和安培力方向相反,大小相同. 则外力为

$$F = iLB = 0.47 \times 0.7 \times 0.5 \text{ N} = 0.16 \text{ N}$$

161. (2009·北京大学) 有4块相同的正方形金属薄平板从左至右依次平行放置,任意两个相邻平板之间的距离都相等,且平板的边长远大于平板之间的间距. 平板从左至右依次编号为1、2、3、4,如图所示. 其中第1块带净电荷 q_1($q_1 < 0$),第 n 块上的净电荷 $q_n = nq_1$,其中 $n = 1,2,3,4$. 现将第1块和第4块板接地,如图所示,忽略边缘效应. 问:

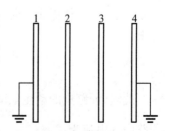

(1) 从第1块板和第4块板流入大地的电荷量 Δq_1 和 Δq_4 分别为 q_1 的多少倍?
(2) 上述两板接地后,哪块板上的电势最低? 求该电势的值,将其表示为两相邻极板之间的电

容 C 和 q_1 的函数.

【解析】 (1) 1、4 两板接地,电势变为 0,可知 1 板左侧 4 板右侧均无电荷分布. 设 1 板右侧所带电荷量为 $q(q>0)$,则各极板所带电荷如图所示.

已知 $U_{13}=U_{43}$,则 $U_{12}+U_{23}=U_{43}$

即
$$\frac{q}{C}+\frac{q+2q_1}{C}=-\frac{q+5q_1}{C}$$

其中 C 为两相邻极板之间的电容,由此可得 $q=-\frac{7}{3}q_1$.

因此,从第 1 块板和第 4 块板流入大地的电荷量分别为

$$\Delta q_1=q-q_1=-\frac{10}{3}q_1$$

$$\Delta q_4=(-q-5q_1)-4q_1=-\frac{20}{3}q_1$$

(2) 由于 $q_1<0$,可知第 3 块金属板电势最低,其电势为

$$U_3=\frac{q+5q_1}{C}=\frac{8q_1}{3C}$$

162. (2008·北京大学) 如图所示,两条电阻可以忽略不计的金属长导轨固定在一个水平面上,互相平行,相距 l. 另外两根长度都是 l,质量都是 m,电阻都是 R 的导体棒,可以在长导轨上无摩擦地左右滑动. 在讨论的空间范围内,存在着竖直向下的匀强磁场,磁感应强度大小为 B. 开始时,右侧的导体棒具有朝右的初速度 $2v_0$,左侧的导体棒具有朝左的初速度 v_0.

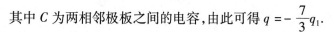

(1) 计算开始时流过两根导体棒的电流强度,以及各自所受安培力的大小和方向.
(2) 当两根导体棒中有一根先停止运动时,再计算此时各棒所受安培力的大小和方向.

【解析】 (1) 两导体棒与导轨构成闭合导体回路,开始时回路中的动生电动势为

$$\varepsilon=B\cdot l\cdot 2v_0+B\cdot l\cdot v_0=3Blv_0$$

回路中的电流为

$$I=\frac{\varepsilon}{2R}=\frac{3Blv_0}{2R}$$

两导体棒受安培力的大小为

$$F_a=F_b=B\cdot I\cdot l=\frac{3B^2l^2v_0}{2R}$$

(2) 因为在任意时刻两导体棒受力大小总相同,而导体棒 a 的初始动量较小,因此 a 会先达到静止状态. 因导体棒 a、b 受到的合力为零,所以它们的总体动量守恒. 设 a 静止时,b 的速度大小为 v_b,则

$$mv_b=2mv_0-mv_0$$

得
$$v_b=v_0$$

此时,回路中的动生电动势为 $\varepsilon=B\cdot l\cdot v=Blv_0$

回路中的电流为
$$I=\frac{\varepsilon}{2R}=\frac{Blv_0}{2R}$$

两导体棒受安培力的大小为 $F_a=F_b=B\cdot I\cdot l=\frac{B^2l^2v_0}{2R}$

a 棒受力方向向右，b 棒受力方向向左．

"零分解"方法

某些看似简单、初始条件为零的物理问题，解决起来却颇为复杂．在一定条件下，可以采用"零分解"的方法处理，简洁明了，直观而且深刻．所谓"零分解"法是把条件"零"分解为等效的两个或几个"非零"量分别处理，将复杂的物理问题转化为相对简单的问题，求解得到的结果再合成．

【例1】 质量 m 带正电荷 q 的小球，距地面高 h 处由静止下落，下落空间充满了水平匀强磁场，磁感应强度 B，求小球恰好掠过地面的运动轨迹及形成该轨迹所满足的 B_0．

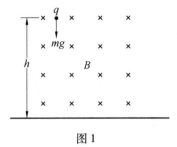

图 1

【解析】 小球由静止自由下落，重力 mg 始终竖直向下．一旦产生速度 v 则立即受到洛伦兹力作用，$F = Bqv$，方向与 v 垂直．或表示为 $\vec{F} = q\vec{v} \times \vec{B}$．显然，随小球的下落，$v$ 逐渐增大，F 亦增大，且方向不断改变，即小球所受洛伦兹力是一个大小和方向都不断变化的变力．在 mg 和 F 这两个力的作用下，要求出其轨迹方程有相当难度，通常要借助高等数学的方法．有没有另外的途径？下面采用"零分解"的方法处理．

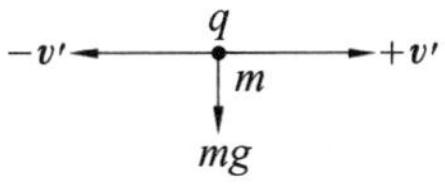

图 2

本来小球的速度 $v_0 = 0$，现在"无中生有"，将"零"分解为正、负 v'，即 $v_0 = 0 = (+v') + (-v')$，将"静止"分解为初速度为 v' 和 $-v'$ 的两个分运动，v' 和 $-v'$ 都垂直于 B．

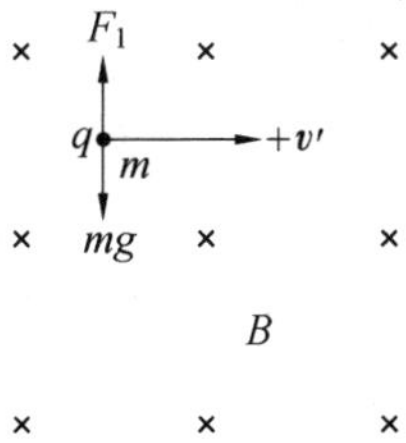

图 3

q 在磁场中以 v' 的速度运动时受洛伦兹力 F_1 的作用是向上的，如果能让 $F_1 = mg$，则小球受力平衡，将保持 v' 的匀速直线运动，这应满足 $Bqv' = mg$，即 $v' = \dfrac{mg}{Bq}$，而 $-v'$ 则使小球在洛伦兹力 F_2 的作用下做匀速圆周运动．

$$F_2 = Bqv' = \frac{m(v')^2}{R}, \quad mg = \frac{m(v')^2}{R}$$

$$R = \frac{(v')^2}{g} = \frac{m^2 g^2}{B^2 q^2 g} \quad \text{即 } R = \frac{m^2 g}{B^2 q^2}$$

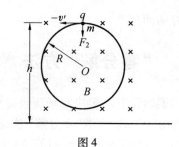

图 4

这样就能把小球的运动转化为如下两个分运动的合成:

(1) 水平向右垂直于 B 保持 v' 的匀速直线运动.

(2) 在垂直于 B 的竖直平面内做半径为 R,速度大小为 v',逆时针方向的匀速圆周运动. 小球的轨迹是半径为 R 的圆以速度 v' 沿 $y=h$ 的直线向右滚动时圆上一点的轨迹,这是一条滚轮线.

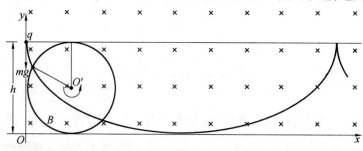

图 5

小球掠过地面的条件是 $h=2R$,即 $h = \dfrac{2m^2 g}{B_0^2 q^2}$

$B_0^2 = \dfrac{2m^2 g}{hq^2}$ 或 $B_0 = \dfrac{m}{q}\sqrt{\dfrac{2g}{h}}$

对于小球不接触地面有 $B > B_0$.

如果只需求满足掠过地面这一条件的 B_0,而无需确定轨迹,也可以用另外的方法.

【解析】 洛伦兹力只会改变速度方向,不会改变速度大小,所以小球一定做曲线运动:蜻蜓点水那样下来、上去、下来、上去… 如果不计空气阻力,每经过一个周期,都会达到相同的高度 h,在竖直方向上做周期振动. 掠过地表时由机械能守恒得

$$mgh = \dfrac{1}{2}mv^2$$

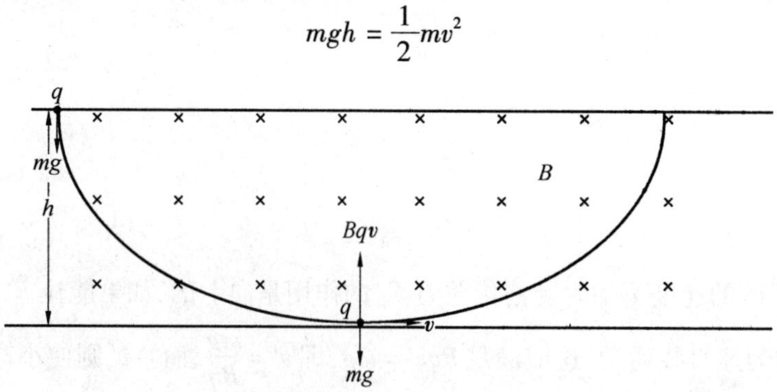

图 6

小球在竖直方向上做周期振动的时候,在上、下端处所受的恢复力相等. 在上端 $v=0$,恢复力就是重力 mg;在下端受两个力,mg 与洛伦兹力 $F = B_0 qv$,这两个力的合力为恢复力. 故有

$$mg = B_0 qv - mg, \quad B_0 qv = 2mg$$

$$v = \frac{2mg}{B_0 q}, \quad v^2 = \frac{4m^2 g^2}{B_0^2 q^2}$$

将 v^2 代入 $mgh = \frac{1}{2}mv^2$，得

$$gh = \frac{2m^2 g^2}{B_0^2 q^2}, \quad h = \frac{2m^2 g}{B_0^2 q^2}$$

$$B_0^2 = \frac{2m^2 g}{hq^2} \quad 或 \quad B_0 = \frac{m}{q}\sqrt{\frac{2g}{h}}$$

现将"零分解"的方法推而广之，看看在匀强电场中会怎么样.

【例2】如图7，空间中存在一个水平方向的匀强磁场，磁感应强度 B，同时存在与 B 垂直的水平匀强电场，场强为 E，垂直于 E 的平面 M 为电场与磁场的边界. 质量 m 带正电荷 q 的小球自 A 点静止开始运动（重力不计）. 求小球与平面 M 的距离 d 至少多大才不会碰到平面 M？并求小球的运动轨迹.

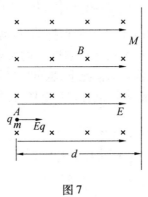

图7

【解析】 先建立坐标系 O—XY，与例1类似，用"零分解"的方法，将 $v_0 = 0$ 分解为 $v_0 = (+v') + (-v')$，v' 竖直向上，$-v'$ 竖直向下.

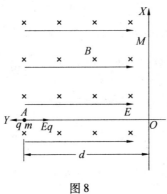

图8

让 v' 产生的洛伦兹力大小等于电场力 $Bqv' = Eq$，则 $v' = \frac{Eq}{Bq} = \frac{E}{B}$

小球的一个分运动就是竖直向上，速度大小为 v' 的匀速直线运动. $-v'$ 同样使小球在另一洛伦兹力的作用下在竖直平面内做匀速圆周运动.

$$Bqv' = Eq = \frac{m(v')^2}{R}, \quad R = \frac{m(v')^2}{Eq}$$

而 $v' = \frac{E}{B}$，故有 $R = \frac{mE}{qB^2}$.

这是半径为 R，速度大小 v'，逆时针方向转动的匀速圆周运动. 这样两种分运动的合成，小球的

运动轨迹同样是一条滚轮线. 滚轮线的参数方程如下:

$$\begin{cases} x = v't - R\sin \omega t \\ y = R + R\cos \omega t \end{cases}$$ 其中, $\omega = \dfrac{v'}{R}$, 轨迹掠过边界时 $h = 2R$

如果小球不会碰到平面 M, 则小球与平面 M 的距离 d 应满足 $d > h$, 即 $d > \dfrac{2mE}{qB^2}$

要注意的是, 重力场中

$$v'_g = \dfrac{mg}{Bq}, \quad R_g = \dfrac{m^2g}{B^2q^2}$$

匀强电场中 $$v'_E = \dfrac{Eq}{Bq} = \dfrac{E}{B}, \quad R_E = \dfrac{mE}{B^2q}$$

有趣的是, 重力场中 $\omega_g = \dfrac{v'_g}{R_g} = \dfrac{mg}{Bq} \cdot \dfrac{B^2q^2}{m^2g}, \omega_g = \dfrac{q}{m} \cdot B$ 周期 $T_g = \dfrac{2\pi m}{qB}$

匀强电场中 $\omega_E = \dfrac{v'_E}{R_E} = \dfrac{E}{B} \cdot \dfrac{B^2q}{mE}, \omega_E = \dfrac{q}{m} \cdot B$ 周期 $T_E = \dfrac{2\pi m}{qB}$

这种滚轮线运动在重力或电场力方向上是简谐振动, 振动时的 T 与 ω 与重力场或匀强电场无关, 而仅仅取决于带电体的荷质比 q/m 和磁感应强度 B 的大小.

同样, 在重力场和匀强电场的混合场的情况下, 也可以采用"零分解"方法.

【例3】如图9, 竖直方向上既有重力场也有匀强电场, 其余同前例.

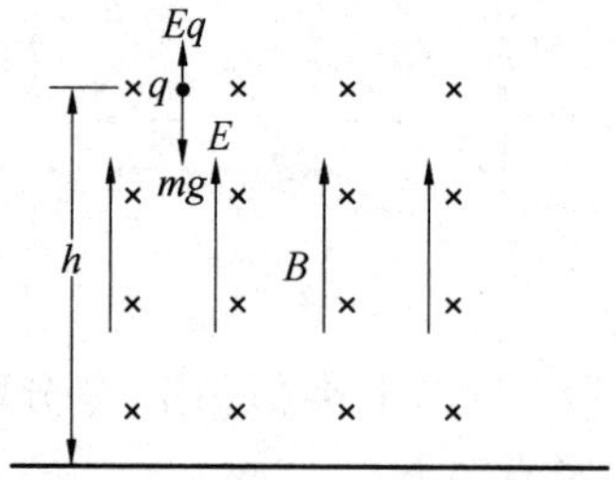

图9

先求出电场力和重力的合力 $F_合 = mg - Eq$, 用"零分解"得

$$Bqv' = mg - Eq, \quad v' = \dfrac{mg - Eq}{Bq}$$

$-v'$ 的结果: $$Bqv' = \dfrac{m(v')^2}{R}$$

$$mg - Eq = \dfrac{m(v')^2}{R}, \quad R(mg - Eq) = m \cdot \dfrac{(mg - Eq)^2}{B^2q^2}$$

$$R = \dfrac{m(mg - Eq)}{B^2q^2}, \quad 下落 h = 2R = \dfrac{2m(mg - Eq)}{B^2q^2}$$

混合场中

$$\omega = \dfrac{v'}{R} = \dfrac{mg - Eq}{Bq} \cdot \dfrac{B^2q^2}{m(mg - Eq)} = \dfrac{q}{m} \cdot B$$

注意: $\omega = \dfrac{q}{m} \cdot B$, 周期 $T = \dfrac{2\pi m}{qB}$

混合场中的 ω, T 依然仅仅取决于带电体的荷质比 q/m 和磁感应强度 B 的大小.

现在将"零分解"方法进一步延伸和拓展, 用这种方法解决"非零"问题.

【例4】如图10, 重力场中充满水平匀强磁场, 磁感应强度 B, 质量 m 带正电荷 q 的小球位于磁场中 a 点, b 点与 a 点位于同一水平面, 相距 s, ab 连线垂直于 B, 小球以初速 v_0 对着 b 点射出. 为了

使小球恰好经过 b 点，v_0 应该满足什么条件？

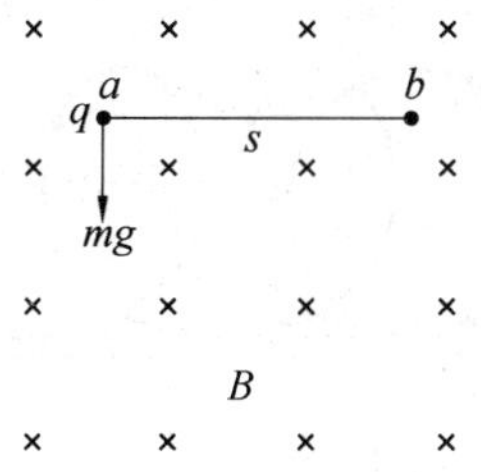

图 10

很容易得到一个特殊解，$Bqv_0 = mg$，$v_0 = \dfrac{mg}{Bq} = V$

当 $v_0 = \dfrac{mg}{Bq} = V$ 时洛伦兹力与重力平衡，小球将以速度 V 经过 b 点．当 $v_0 \neq V$ 时小球将如何运动？

如果 $v_0 > V$，则令 $v_0 = V + v$，小球运动由两种运动合成，其一以 V 做匀速直线运动，其二在 ab 连线上方以 v 做逆时针圆周运动，这是一条螺旋线．现在求要经过 b 点应满足的条件．

$$s = V \cdot t = \dfrac{mg}{Bq} \cdot t$$

而圆运动的周期 $T = \dfrac{2\pi m}{qB}$，与 v 无关，要经过 b 点必有 $t = nT(n = 1,2,3,\cdots)$

解方程组

$$\begin{cases} s = V \cdot t = \dfrac{mg}{Bq} \cdot t \\ t = nT \quad (n = 1,2,3,\cdots) \end{cases}$$

得 $$s = \dfrac{mg}{Bq} \cdot t = \dfrac{mg}{Bq} \cdot \dfrac{2n\pi m}{qB} = \dfrac{2n\pi m^2 g}{B^2 q^2} \quad (n = 1,2,3,\cdots)$$

即：当 $s = \dfrac{2n\pi m^2 g}{B^2 q^2}(n = 1,2,3,\cdots)$ 时 v_0 可取任意值，小球都经过 b 点．

当 $s \neq \dfrac{2n\pi m^2 g}{B^2 q^2}(n = 1,2,3,\cdots)$ 时 v_0 无论取何值，小球都无法经过 b 点．

如果 $v_0 < V$，则令 $v_0 = V - v$，小球运动由两种运动合成，其一以 V 做匀速直线运动，其二在 ab 连线下方以 v 做逆时针圆周运动，这也是一条螺旋线．

同样可以得到：

当 $s = \dfrac{2n\pi m^2 g}{B^2 q^2}(n = 1,2,3,\cdots)$ 时 v_0 可取任意值，小球都经过 b 点．

当 $s \neq \dfrac{2n\pi m^2 g}{B^2 q^2}(n = 1,2,3,\cdots)$ 时 v_0 无论取何值，小球都无法经过 b 点．

小球恰好经过 b 点的运动轨迹示例如图 11 所示．

结论：

当 $v_0 = \dfrac{mg}{Bq} = V$ 时，洛伦兹力与重力平衡，小球将以速度 V 经过 b 点．

当 $v_0 \neq \dfrac{mg}{Bq}$ 时，有两种情况：

（1）当 $s = \dfrac{2n\pi m^2 g}{B^2 q^2}(n = 1,2,3,\cdots)$ 时 v_0 可取任意值，小球都经过 b 点．

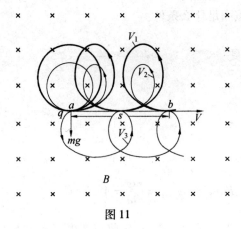

图 11

(2) 当 $s \neq \dfrac{2n\pi m^2 g}{B^2 q^2}(n=1,2,3,\cdots)$ 时 v_0 无论取何值,小球都无法经过 b 点.

专题四　光学与近代物理

大 纲 要 求

这部分内容由于中学未系统、深入地讨论,因此无论是内容、概念及方法均需重新引入,因此只列出需掌握的内容如下:光的产生与传播的基本图象与概念(光源、光线、光程与折射率、色散).反射、折射、全反射的规律.光在光纤中的传播.双缝干涉与薄膜干涉.单缝与圆孔衍射的基本图象与概念,光学仪器的分辨本领.光电效应.玻尔模型.核衰变、半衰期.

狭义相对论的基本原理和基本结论(长度收缩、时间膨胀、质速关系、质能关系、质量亏损).

习　题

1. 薄壁球形鱼缸的半径为 R,盛水 $n = \dfrac{4}{3}$,鱼缸左侧放置一平面镜,一条位于左球面顶点处的小鱼沿缸壁以速度 v 游动.试求从鱼缸右侧观察鱼的直接像与反射像(先经平面镜反射,再经鱼缸所成的像)时,两像之间的相对速度.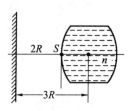

【解析】　(1) 直接像:小鱼 S 经右面折射直接成像 S_1

$$\frac{n'}{P'} - \frac{n}{P} = \frac{n'-n}{r}$$

$$\frac{1}{P'} - \frac{n}{-2R} = \frac{1-n}{-R}$$

$$P' = -3R$$

$$\beta = \frac{P'n}{Pn'} = \frac{-3R \cdot \dfrac{4}{3}}{-2R \cdot 1} = 2$$

放大的正立的虚像

$$v_1 = 2v$$

(2) 反射像:小鱼 S 经平面镜成像 S',S' 经左侧折射成像 S'_1,S'_1 经右侧折射成像 S'_2.

① S' 经左侧成像 S'_1

$$\frac{\dfrac{4}{3}}{P'_1} - \frac{1}{-4R} = \frac{\dfrac{4}{3} - 1}{R}$$

$$P'_1 = 16R$$

$$\beta_1 = \frac{16R \cdot 1}{-4R \cdot \dfrac{4}{3}} = -3$$

②S'_1 经右侧折射成像 S'_2

$$\frac{1}{P'_2} - \frac{\frac{4}{3}}{14R} = \frac{1-\frac{4}{3}}{-R}$$

$$P'_2 = \frac{7}{3}R$$

$$\beta_2 = \frac{\frac{7}{3}R \cdot \frac{4}{3}}{14R \cdot 1} = \frac{2}{9}$$

$$\beta = \beta_1 \cdot \beta_2 = -\frac{2}{3}$$

$$v_2 = -\frac{2}{3}v$$

$$v_{相} = 2v + \frac{2}{3}v = \frac{8}{3}v$$

两像速度方向相反.

2. 如图,一个双凸薄透镜的两个球面的曲率半径为 r,透镜的折射率为 n,考察由透镜后表面反射所形成的实像.试问物体放于何处,可使反射像与物体位于同一平面内(不考虑多重反射)?

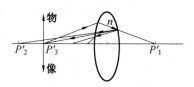

【解析】 物体经左侧而折射成像 P'_1

球面折射公式为
$$\frac{n'}{P'} - \frac{n}{P} = \frac{n'-n}{r}$$

$$\frac{n}{P'_1} - \frac{1}{-P_1} = \frac{n-1}{r} \quad ①$$

球面反射成像
$$\frac{1}{P'} + \frac{1}{P} = \frac{2}{r}$$

$$\frac{1}{-P'_2} + \frac{1}{P'_1} = \frac{2}{r} \quad ②$$

$$\frac{n}{P'_3} - \frac{1}{P'_2} = \frac{n-1}{r}$$

$$P'_3 = -P_1 \quad ③$$

$$P_2 = -P'_1 \quad ④$$

联立公式①、②、③、④可得

$$P = \frac{r}{2n-1}$$

3. 如图,以平行单色光垂直照射到距离为 d 的双缝 A、B 上,光屏上出现干涉条件.已知屏上某点 P 处为第 8 级亮条纹,把双缝距离缩小为 d',则 P 处变为第 4 级亮条纹.

(1) 求 $\dfrac{d'}{d}$ 的值.

(2) 在第一种情况下,设 $d = 0.1$ mm,$L = 1$ m,O 为中央亮级,$OP = x = 4$ cm,求 λ 的值.

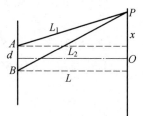

【解析】 (1) $\Delta x = \dfrac{L}{d}\lambda = \dfrac{x}{8}$

$$\Delta x' = \frac{L}{d'}\lambda = \frac{x}{4}$$

所以 $$\frac{d'}{d} = \frac{1}{2}$$

(2) $$x = 8\frac{L}{d}\lambda$$

$$\lambda = 5\,000 \text{ Å}$$

4. 在一块玻璃片上滴一滴油,当油层为油膜时,在波长为 6 000 Å 的单色光正入射的情况下,从反射光中观察油膜所形成的干涉条纹.已知油的折射率 $n_1 = 1.20$,玻璃折射率 $n_2 = 1.50$,如图所示.

(1) 当油膜中心最高点与玻璃片上表面相距 $H = 12\,000$ Å 时,描述所看到的条纹情况:可以看到几条亮条纹? 亮条纹所在处的油膜厚度为多少? 中心点的明暗情况怎样?

(2) 油膜继续展开时,所看到的条纹如何变化? 中心点的情况如何变化?

【解析】 (1) 由于 $1 < n_1 < n_2$,两次均半波损失

$$\delta = 2n_1 h = k\lambda \quad (k = 0,1,2,\cdots)$$

$$h = \frac{k\lambda}{2n_1} = k \cdot 2\,500 \text{ Å}$$

由于 $$0 \leqslant h \leqslant H = 12\,000 \text{ Å}$$

所以 $$k = 0,1,2,3,4$$

可看到 5 条环形亮纹(包括 $h = 0$ 最外边缘的亮纹),中心点较亮,但不是最亮(未达到最亮).

(2) 油膜继续展开时,厚度变小,干涉条纹逐渐减少,油膜中心由于厚度减小,而发生明暗交替变化.

5. 牛顿环是根据薄膜干涉的原理来测量透镜曲率半径或测量光波波长的装置,如图所示,一个凸面半径为 R 的相当大的平凸透镜,其凸面放在平整的平玻璃板上,这样,透镜与玻璃之间便形成一个厚度由零逐渐增大的空气层. 波长为 λ 的单色光由正上方垂直入射,经过空气层的两个表面反射的光线在凸透镜的凸面处产生干涉,形成干涉条纹. 从透镜上方看去,这些干涉条纹是以透镜顶点为圆心的一组明暗相间的圆环. 试导出这些干涉圆环的半径公式,并据此说明这些圆环的分布情况.

【解析】 $$r^2 = R^2 - (R-h)^2 = 2Rh - h^2 = (2R-h)h$$

由于 $R \gg h$,所以 $$r^2 = 2Rh \qquad ①$$

亮纹条件: $$2nh - \frac{\lambda}{2} = k\lambda$$

$$h = \frac{1}{2}\left(k - \frac{1}{2}\right)\lambda \quad (k = 1,2,\cdots) \qquad ②$$

暗纹条件: $$2nh + \frac{\lambda}{2} = (k + \frac{1}{2})\lambda = (2k+1)\frac{\lambda}{2}$$

$$h = \frac{1}{2}k\lambda \quad (k = 0,1,2,\cdots) \qquad ③$$

将②、③代入①中,得

$$r_{亮环} = \sqrt{\left(k - \frac{1}{2}\right)R\lambda}, \quad r_{暗环} = \sqrt{kR\lambda}$$

由此可见,牛顿环的分布情况为:中央为一暗点的若干同心圆环,由中心向外,环纹越来越密,

亮环半径正比于奇数的平方根,暗环半径正比于整数的平方根.

6. 一艘船在其离海平面高度 $h = 25$ m 的桩杆上装有一天线,向位于海平面上方 $H = 150$ m 高处的山顶接收站发射波长 λ 在 $2 \sim 4$ m 范围内的电磁波. 当船行驶至与接收站的水平距离 $L = 2\ 000$ m 时,失去无线电联系. 假定海平面能将无线电波全反射,而且反射波与入射波之间有因反射造成的相位突变,试确定所用无线电的实际波长.

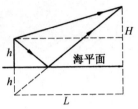

【解析】 $\delta = (\sqrt{L^2 + (H+h)^2} - \sqrt{L^2 + (H-h)^2}) - \dfrac{\lambda}{2} = 3.74 - \dfrac{\lambda}{2}$

当 $\delta = (2k-1)\dfrac{\lambda}{2}$ 时,产生相消干涉

由
$$3.74 = k\lambda$$
$$2 \leq \lambda \leq 4$$

所以
$$k = 1$$
$$\lambda = 3.74 \text{ m}$$

7. 某射电天文台的接收机位于海面上方高度为 $h = 2$ m 处,当一颗能发射波长为 $\lambda = 21$ cm 电磁波的射电星从地平线升起后,接收机可相继地记录到极大值与极小值.

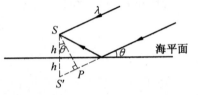

(1) 确定观察到极大值和极小值时电磁波的方向,方向应以相对于水平线的角度 θ 表示.

(2) 射电星在地平线上刚出现时,接收机记录的信号将会减弱还是增强?

【解析】 (1) 射电星可认为在无穷远处,射来的电磁波可视为平行波束

$$\delta = 2h\sin\theta + \dfrac{\lambda}{2} \begin{cases} k\lambda & (k = 0,1,2,\cdots) \quad \text{极大值} \\ \left(k + \dfrac{1}{2}\right)\lambda & (k = 0,1,2,\cdots) \quad \text{极小值} \end{cases}$$

极大值方位 $\theta_1 = \arcsin\left[5.25 \times 10^{-2}\left(k - \dfrac{1}{2}\right)\right] \quad (k = 1,2,3,\cdots)$

极小值方位 $\theta_2 = \arcsin(5.25 \times 10^{-2} k) \quad (k = 0,1,2,\cdots)$

(2) 射电星刚从海平面升起时,对应的方位角 $\theta = 0$,显然接收机记录的相干信号为极小. 升起时方位角 θ 值将上升,故记录的相干信号将增强.

8. 如图,从远处声源上发出的声波,波长为 λ,垂直射到墙上,墙上有两个小孔 A 和 B,彼此相距 $a = 3\lambda$. 将一个探测器沿图中 AP 线移动,遇到两次极大值,试求用 λ 表示的两次极大值位置 Q_1、Q_2 分别与 A 孔的距离 d_1、d_2.

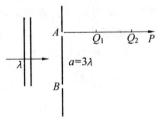

【解析】 $\delta = \sqrt{a^2 + d^2} - d = k\lambda$ 极大值

当 $d = 0, \delta = 3\lambda$,此时 Q 与 A 重合,非题所求

当 d 增大时,δ 减小,则
$$\sqrt{a^2 + d_1^2} - d_1 = 2\lambda$$
$$\sqrt{a^2 + d_2^2} - d_2 = \lambda$$

所以 $d_1 = \dfrac{5}{4}\lambda, \quad d_2 = 4\lambda$

9. 杨氏双缝(A 缝与 B 缝)干涉装置如图所示,有关参量已在图中给出. 当波长为 λ 的单色平行光束按图示方向射来时,试确定屏幕上中央极大位置以及其附近相邻亮线之间的距离.

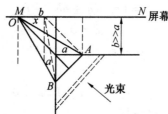

【解析】 O 点到 A、B 两缝距离相等,为中央极大位置

$$\delta = PB - PA = \sqrt{(b-x)^2 + (a+b)^2} - \sqrt{(a+b-x)^2 + b^2}$$

由于 $x^2 \to 0$

$$\delta = \sqrt{(a+b)^2 + b^2 - 2bx} - \sqrt{(a+b)^2 + b^2 - 2(a+b)x}$$

令 $k^2 = (a+b)^2 + b^2$

$$\delta = (k^2 - 2bx)^{1/2} - [k^2 - 2(a+b)x]^{1/2} =$$

$$k(1 - \frac{2bx}{k^2})^{1/2} - k[1 - \frac{2(a+b)}{k^2}x]^{1/2} =$$

$$k(1 - \frac{bx}{x^2} + \cdots) - k(1 - \frac{a+b}{k^2}x + \cdots) = \frac{ax}{k}$$

$\delta = \lambda$,第 0 级到第 1 级

$$x_1 = \frac{k\lambda}{a}$$

$$x_1 = \frac{\sqrt{(a+b)^2 + b^2}}{a}\lambda \approx \frac{\sqrt{2}b}{a}\lambda$$

10. 在半导体元件的生产中,为了测定 Si 片上的 SiO_2 薄膜厚度,将 SiO_2 薄膜磨成劈尖形状. 如图所示,用波长 λ 为 5461 Å 的绿光照射,已知 SiO_2 的折射率为 1.46,Si 的折射率为 3.42,若观察到劈尖上出现了 7 个条纹间距,问 SiO_2 薄膜的厚度是多少?

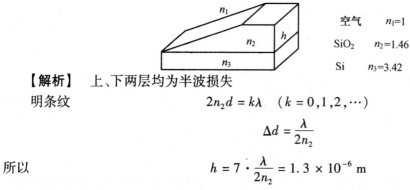

【解析】 上、下两层均为半波损失

明条纹 $\qquad 2n_2 d = k\lambda \quad (k = 0,1,2,\cdots)$

$$\Delta d = \frac{\lambda}{2n_2}$$

所以 $\qquad h = 7 \cdot \frac{\lambda}{2n_2} = 1.3 \times 10^{-6}$ m

11. 在杨氏双缝干涉的实验装置中,S_2 缝上盖厚度为 h,折射率为 n 的透明介质,问原来的零级明条纹移向何处?若观察到零级明纹移到原来第 k 级明纹处,求该透明介质的厚度 h. (设波长为 λ)

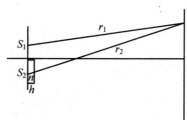

【解析】（1） $\delta = (r_2 - h + nh) - r_1$

对应 0 级亮纹 $\delta = 0$

$r_2 - r_1 = -(n-1)h$

无介质时 $r_2 - r_1 = 0$

有介质时 $r_2 - r_1 = -(n-1)h < 0$

可见，零级条纹向盖介质小孔一侧偏移

（2） $r_2 - r_1 = -(n-1)h$

$r_2 - r_1 = k\lambda$（无介质时）

所以 $h = \dfrac{-k\lambda}{n-1}$（$k$ 为负整数）

12. 在透镜主轴上的物点 S 为 5 200 Å 的单色光源，且离镜 15 cm，今沿直径对截透镜并分开距离 $d = 0.4$ mm，用黑纸挡住分开的缝，如图所示。则在距透镜为 50 cm 处的屏上可以观察到干涉条纹，求屏上干涉条纹数 N.（已知 $f = 10$ cm）

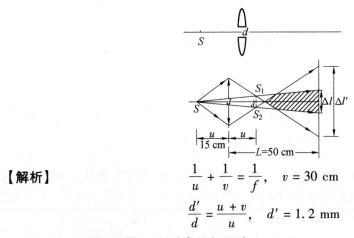

【解析】 $\dfrac{1}{u} + \dfrac{1}{v} = \dfrac{1}{f}$, $v = 30$ cm

$\dfrac{d'}{d} = \dfrac{u+v}{u}$, $d' = 1.2$ mm

S_1、S_2 为相干光源，则屏上干涉条纹间距为

$$\Delta x = \dfrac{L-v}{d'}\lambda$$

$$\dfrac{\Delta L}{d} = \dfrac{u+L}{u}$$

所以 $\Delta L = \dfrac{u+L}{u}d$

所以 $n = \dfrac{\Delta L}{\Delta x} = 20$ 条

13. 将焦距为 $f = 10$ cm 的薄凸透镜沿垂直于其表面的方向切割为对称的两部分，再把这两部分沿着垂直于原立轴的方向平移开小段距离 $t = 20$ cm，今在它们的左侧距离 $t = 20$ cm 的对称位置上放一个波长为 $\lambda = 500$ nm 的单色点光源。问在右侧距离为 $H = 50$ cm 的屏幕上将出现多少条干涉亮纹？

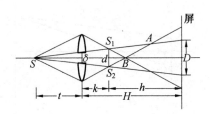

【解析】
$$\Delta x = \frac{h}{d} \cdot \lambda$$

$$k = \frac{tf}{t-f}$$

$$\frac{d}{\delta} = \frac{t+k}{t}$$

$$d = \frac{\delta t}{t-f}$$

$$h = H - k = \frac{H(t-f) - tf}{t-f}$$

所以
$$\Delta x = \frac{H(t-f) - tf}{\delta t}\lambda$$

$$D = \delta\frac{H+t}{t}$$

条纹间距数
$$N' = \frac{D}{\Delta x} = \frac{\delta^2(H+t)}{[H(t-f) - tf]\lambda} = 46.5$$

在右侧距离为 $H = 50$ cm 的屏幕上将出现 47 条干涉亮纹.

14. 计算氢原子的电子从量子数为 n 的状态跃迁到量子数为 $(n-1)$ 的状态时,所发出谱线的频率,并证明当 n 很大时,这频率与由经典物理方法所算得的频率一致.

【解析】
$$h\gamma = \frac{2\pi^2 k^2 e^4 m}{h^2}\left[\frac{1}{(n-1)^2} - \frac{1}{n^2}\right]$$

$$\gamma = \frac{2\pi^2 k^2 e^4 m(2n-1)}{n^2(n-1)^2 h^3}$$

当 $n \to \infty$ 时
$$\gamma = \frac{4\pi^2 k^2 e^4 m}{n^3 h^3}$$

经典电磁论证
$$\gamma = \frac{v_n}{2\pi r_n} = \frac{4\pi^2 k^2 e^4 m}{n^3 h^3}$$

表明:经典物理可看作是量子物理当量子数很大时的极限情况($n \to \infty$),则

$$n = 2 \to 1$$

$$\frac{1}{\lambda'} = \frac{1}{\lambda} = R\left(\frac{1}{1^2} - \frac{1}{2^2}\right) = \frac{3}{4}R$$

$$\gamma' = \frac{C}{\lambda'} = \frac{3RC}{4}$$

所以
$$v = \frac{h\gamma'}{MC} = \frac{3hR}{4M} = 3.26 \text{ m/s}$$

15. 质量为 M 的静止原子,由于内部变化($E_2 \to E_1$)而发射出一个光子.已知 $Mc^2 \gg E_2 - E_1$,求原子的反冲动能与光子能量 E 的比值.

【解析】 光子能量 $E = mc^2 = h\gamma$

光子动量 $P = mc = \dfrac{h\gamma}{c}$

所以 $P = \dfrac{E}{c}$

动量守恒:原子的反冲动量 $Mv = P = \dfrac{E}{c}$

所以 $E_{原子} = \dfrac{P^2}{2M} = \dfrac{E^2}{2Mc^2}$

$$\frac{E_{原子}}{E} = \frac{E}{2Mc^2}$$

16. 试计算由于氢原子在辐射时反冲产生的光子波长的变化,电子从第二轨道跃迁到第一轨道时,氢原子获得多大速度?

【解析】 动量守恒 $\quad Mv = \frac{h\gamma'}{C}, v = \frac{h\gamma'}{MC}$ ①

设原子放射光子前后能级为 E_1、E_2

能量守恒 $\quad E_2 = E_1 + \frac{1}{2}Mv^2 + h\gamma'$ ②

$$h(\gamma - \gamma') = \frac{1}{2}Mv^2 \qquad ③$$

将①代入③中,得

$$\gamma - \gamma' = \frac{h\gamma'^2}{2MC}$$

$$\Delta\gamma = \gamma - \gamma' \ll \gamma$$

$$\gamma' = \gamma - \Delta\gamma$$

$$\Delta\lambda = \lambda' - \lambda = \frac{C}{\gamma'} - \frac{C}{\gamma} = \frac{C(\gamma-\gamma')}{\gamma\gamma'} = \frac{h\gamma'}{2MC\gamma} =$$

$$\frac{h}{2MC} \cdot \frac{(\gamma - \Delta\gamma)}{\gamma} \approx \frac{h}{2MC} = 6.66 \times 10^{-6} \text{ Å}$$

17. 原子核俘获一个 μ^- 子(μ^-子质量是电子质量的207倍,电荷与电子相同)形成 μ 原子.假设原子核静止,试求:

(1) μ^- 子的第一轨道半径.(已知原子核的质量数为 A,且中子数 N 等于质子数 Z,氢原子的第一玻尔轨道半径 $a_0 = 0.529 \times 10^{-10}$ m)

(2) 当 A 大于什么值时, μ^- 子的轨道将进入原子核内.(已知原子核半径 $R = 1.2 \times 10^{-15} A^{\frac{1}{3}}$ m)

【解析】 (1) 对 μ^- 子:

$$k\frac{\left(\frac{A}{2}\right) \cdot e^2}{r^2} = m_\mu \frac{v^2}{r} \qquad ①$$

$$m_\mu \cdot v \cdot r = \frac{h}{2\pi} \qquad ②$$

对 H 原子:

$$k\frac{e^2}{a_0^2} = m_e \frac{v_0^2}{r} \qquad ③$$

$$m_e v_0 a_0 = \frac{h}{2\pi} \qquad ④$$

所以 $\quad r = \frac{2a_0}{A} \cdot \frac{m_e}{m_\mu} = \frac{5.11 \times 10^{-13}}{A}$ m

(2) μ^- 子进入原子核时,$r < R$

$$\frac{2a_0 m_e}{A m_\mu} < R$$

$$A > 94$$

18. 1961 年,有人从高 $H=22.5$ m 的大楼上向地面发射频率为 γ_0 的 γ 光子,并在地面测量接收到的 γ 光子的频率 γ,测得 γ 与 γ_0 不同,但却与理论预计一致,试从理论上求出 $\dfrac{\gamma-\gamma_0}{\gamma_0}$ 的值.

【解析】 地面接收: $\qquad E_1 = h\gamma$

H 高处 $\qquad\qquad\qquad\qquad E_2 = h\gamma_0 + mgH$

$$mc^2 = h\gamma_0$$

$$m = \dfrac{h\gamma_0}{c^2}$$

由于 $\qquad\qquad\qquad\qquad h\gamma = h\gamma_0 + \dfrac{h\gamma_0}{c^2}gH$

所以 $\qquad\qquad\qquad\qquad \gamma - \gamma_0 = \dfrac{gH}{c^2}\gamma_0$

$$\dfrac{\gamma-\gamma_0}{\gamma_0} = \dfrac{gH}{c^2} = 2.5\times 10^{-15}$$

19. 已知基态 He$^+$ 的电离能为 $E = 54.4$ eV.

(1) 为了使处于基态的 He$^+$ 进入激发态,入射光子所需的最小能量应为多少?

(2) He$^+$ 从上述最低激发态跃迁返回基态时,如考虑该离子的反冲,与不考虑反冲时比,它所发射的光子波长变化的百分比有多大?($m_p = 1.67\times 10^{-27}$ kg)

【解析】 (1) $\qquad E_{\min} = E_1\left(\dfrac{1}{1^2} - \dfrac{1}{2^2}\right) = 54.4\left(1-\dfrac{1}{4}\right) = 40.8$ eV ①

(2) 若不考虑反冲,则 $\qquad\qquad E_{\min} = h\gamma_0$ ②

由于反冲 $\qquad\qquad\qquad E_{\min} = h\gamma + \dfrac{1}{2}Mv^2$ ③

根据动量守恒定律 $\qquad\qquad Mv = \dfrac{h\gamma}{c}$ ④

所以 $\qquad\qquad \dfrac{\lambda-\lambda_0}{\lambda_0} = \dfrac{\gamma-\gamma_0}{\gamma_0} = \dfrac{h\gamma_0 - h\gamma}{h\gamma}$

由②、③、④得

$$\dfrac{|\Delta\lambda|}{\lambda_0} = \dfrac{\lambda-\lambda_0}{\lambda_0} = \dfrac{\dfrac{Mv^2}{2}}{Mvc} = \dfrac{h\gamma}{2Mc^2}$$

由于 $\qquad\qquad Mc^2 \gg h\gamma \gg h(\gamma-\gamma_0)$

所以

$$\dfrac{|\Delta\lambda|}{\lambda_0} = \dfrac{h\gamma_0}{2Mc^2} + \dfrac{h(\gamma-\gamma_0)}{2Mc^2} = \dfrac{h\gamma_0}{2Mc^2} = 5.4\times 10^{-9} = 0.000\,000\,54\%$$

20. 在某次核聚变实验中,氘等离子体被加热至高温,这引起动能各为 0.3 MeV 的两个氘核正碰,其反应如下:

$$^2_1\text{H} + ^2_1\text{H} \rightarrow ^3_2\text{He} + ^1_0\text{n} + 17.6\text{MeV}$$

试计算快中子的动能,忽略相对论效应,^3_2He 和 ^1_0n 粒子的质量可分别取正好等于 3 和 1 的原子质量单位.

【解析】 $\qquad\qquad 0 = m_{\text{He}}v_{\text{He}} + m_n v_n$ ①

$$m_{\text{He}}v_{\text{He}} = m_n v_n \qquad\qquad ①$$

$$2E_0 + 17.6 = \dfrac{1}{2}m_n v_n^2 + \dfrac{1}{2}m_{\text{He}}v_{\text{He}}^2 \qquad ②$$

所以 $E_n = \dfrac{1}{2}m_n v_n^2 = 13.65 \text{ MeV}$

21. 在一个密闭的容器中装有放射性同位素氪($_{36}\text{Kr}^{85}$)气,在温度为20℃时,其压强为1 atm. 将容器埋入地下深处,经过22年后取出. 在此期间有些氪气经 β 衰变称为铷($_{37}\text{Rb}^{85}$),铷最后是固体状态. 现在,在温度仍是20℃时,测得容器中的压强为0.25 atm,并测得容器中有固体铷 0.75×10^{-3} mol,铷的体积与容器体积比较可以忽略不计. 试计算埋入时氪的质量以及氪的半衰期.

【解析】 设 n_0 为埋入时氪的物质的量
$$p_0 V = n_0 RT$$
已知衰变的铷是 0.75×10^{-3} mol,则取出的剩下的氪为
$$0.25 p_0 V = (n_0 - 0.75 \times 10^{-3}) RT$$
所以 $n_0 = 1.00 \times 10^{-3}$ mol

埋入时氪的质量 $m = 8.5 \times 10^{-2}$ g

取出后容器中氪气只剩下
$$n = n_0 - 0.75 \times 10^{-3} = 0.25 \times 10^{-3} \text{ mol}$$

22. 在一个原子反应堆中,用石墨(碳)作减速剂使快中子减速. 已知碳核质量是中子质量的12倍,假设把碳核与中子每次碰撞都看成是弹性碰撞,且认为碰撞前碳核都是静止的.

(1) 设碰撞前中子的动能为 E_0,问经过一次碰撞中子损失的动能是多少?

(2) 至少经过多少次碰撞后,中子的动能才小于 $10^{-6} E$. (已知 $\lg 13 = 1.114, \lg 11 = 1.041$)

【解析】(1)
$$m_n v_0 = m_n v_1 + M_C v_2 \quad ①$$
$$\dfrac{1}{2} m_n v_0^2 = \dfrac{1}{2} m_n v_1^2 + \dfrac{1}{2} M_C v_2^2 \quad ②$$
$$m_m = 12 m_n \quad ③$$
$$E_0 = \dfrac{1}{2} m_n v_0^2 \quad ④$$

所以 $v_n = v_1 = -\dfrac{11}{13} v_0$

$$\Delta E = \dfrac{1}{2} m_n v_0^2 - \dfrac{1}{2} m_n v_1^2 = \dfrac{48}{169} E_0$$

(2) 同理 $E_1 = \left(\dfrac{11}{13}\right)^2 E_0$

$$E_2 = \left(\dfrac{11}{13}\right)^2 E_1 = \left(\dfrac{11}{13}\right)^4 E_0$$

...

$$E_n = \left(\dfrac{11}{13}\right)^{2n} E_0$$

依题意 $\left(\dfrac{11}{13}\right)^{2n} E_0 \leq 10^{-6} E_0$

$$2n(\lg 13 - \lg 11) = 6$$
$$n = 41.1 \text{ 次},取 42 \text{ 次}$$

至少经过42次碰撞后,中子的动能才能小于 $10^{-6} E$.

23. 在某次核聚变实验中,氘等离子体被加热至高温,这引起动能各为 0.03 MeV 的两个氘核正碰,其反应方程如下:
$$_1^1\text{H} + _1^2\text{H} \rightarrow _2^3\text{He} + _0^1\text{n} + 3.27 \text{ MeV}$$
试计算反应所产生的快中子的动能,忽略相对论效应,$_2^3\text{He}$ 和 $_0^1\text{n}$ 粒子的质量可分别取正好等于 $3u, 1u$.

【解析】
$$m_n v_0 - m_n v_0 = m_n v_n + m_\alpha v_\alpha \quad ①$$
$$2E_0 + 4mc^2 = \frac{1}{2}m_n v_n^2 + \frac{1}{2}m_\alpha v_\alpha^2 \quad ②$$
$$m_\alpha = 3m_n \quad ③$$

则 $\frac{1}{2}m_n v_n^2 = 2.50 \text{ MeV}$

24. 某放射性元素 A,其半衰期为 τ,原子量为 M,经一系列衰变后变成稳定的元素 B,B 的原子量为 m. 现测得一块矿石中 A 和 B 的质量比为 k,设该矿石最初形成时其内不包含元素 B,试求此时矿石的年龄 t 值.

【解析】 最初始时,矿石中没有元素 B,有 N_0 个 A 原子

现在剩下 A 原子的个数为

$$N_A = N_0 \left(\frac{1}{2}\right)^{\frac{t}{\tau}} \quad ①$$

当 A $\xrightarrow{\text{衰变}}$ 时,矿石中 B 原子的个数为

$$N_B = N_0 - N_A \quad ②$$

依题意 $\frac{N_A \cdot M}{N_B \cdot m} = k$

所以 $t = \tau \log_2 \frac{M+km}{km}$

25. 太阳中能量来源的一种途径是 4 个质子和 2 个电子结合成一个 α 粒子,并释放能量. 若质子质量 $m_p = 1.007\ 277$ 原子质量单位,电子质量 $m_e = 0.000\ 549$ 原子质量单位,α 粒子的质量 $m_\alpha = 4.001\ 50$ 原子质量单位. 则上述核反应所释放的能量为多少?(已知 1 原子质量 = 1.66×10^{-27} kg)

【解析】 $\Delta E = \Delta mc^2 = [(4m_p + 2m_e) - m_\alpha]c^2 = 2.68 \times 10^7$ ev

26. 玻璃棒横截面为矩形,平行光由 A 垂直入射,为使由 A 进入的光全部由 B 射出,R/d 的最小值为多少?(已知 $n = 1.5$)

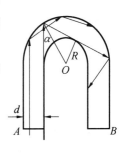

【解析】 由 A 内侧入射的光线与内圆相切,它入射到外圆的入射角 α 最小,其反射光线也与内圆相切

只要 $\alpha \geq \gamma_c$,入射光线可全部由 B 射出

$$\sin \alpha \geq \sin i_c = \frac{1}{n}$$

$$\sin \alpha = \frac{R}{R+d}, \quad \frac{R}{R+d} \geq \frac{1}{n}$$

所以 $\left(\frac{R}{d}\right)_{\min} = \frac{1}{n-1} = 2$

27. 用白光为光源做双缝干涉实验时,在屏幕上出现了彩色干涉条纹. 若在一条缝前放红色滤光片,在另一条缝前放绿色滤光片,则( ).

A. 在屏上只有红色和绿色的干涉条纹出现,其他颜色的干涉条纹消失

B. 在屏上红色和绿色的干涉条纹消失,其他颜色的干涉条纹存在

C. 任何颜色的干涉条纹都消失,但屏上仍有光亮

D. 屏上无任何光亮

【答案】 C

【解析】 两束光不再满足干涉条件,不是相干光源.

28. 用薄云母片($n = 1.58$)覆盖在杨氏双缝的中一条缝上,这时屏上的零级明纹移到原来的第

七级明纹处. 如果入射光波长为 550 nm, 问云母片的厚度为多少?

【解析】 原七级明纹 P 点处

$$r_2 - r_1 = 7\lambda$$

插入云母后, P 点为零级明纹

$$r_2 - (r_1 - d + nd) = 0$$

$$7\lambda = d(n-1)$$

$$d = \frac{7\lambda}{n-1} = \frac{7 \times 550 \times 10^{-9}}{1.58 - 1} \text{ m} = 6.6 \times 10^{-6} \text{ m}$$

29. 如用白光垂直入射到空气中厚度为 320 nm 的肥皂膜上(其折射率 $n = 1.33$), 问肥皂膜呈现什么色彩?

【解析】

$$2nd + \frac{\lambda}{2} = k\lambda$$

$$\lambda = \frac{2nd}{k - 1/2}$$

取 $k = 1, 2, 3$ 代入上式, 分别得

$$\lambda_1 = 4nd = 1\,700 \text{ nm} \quad \text{红外}$$

$$\lambda_2 = \frac{4}{3}nd = 567 \text{ nm} \quad \text{黄光}$$

$$\lambda_3 = \frac{4}{5}nd = 341 \text{ nm} \quad \text{紫外}$$

30. 平面单色光垂直照射在厚度均匀的油膜上, 油膜覆盖在玻璃板上. 所用光源波长可以连续变化, 观察到 500 nm 与 700 nm 波长的光在反射中消失. 油膜的折射率为 1.30, 玻璃折射率为 1.50, 求油膜的厚度.

【解析】
$$2n_1 d = (2k+1)\frac{\lambda_1}{2}$$

$$2n_1 d = [2(k-1)+1]\frac{\lambda_2}{2}$$

$$(2k+1)\frac{\lambda_1}{2} = (2k-1)\frac{\lambda_2}{2}$$

$$k = 3, \quad d = 6.73 \times 10^{-4} \text{ mm}$$

31. 两个直径有微小差别的彼此平行的圆柱之间的距离为 L, 夹在两块平晶的中间, 形成空气劈尖, 当单色光垂直入射时, 产生干涉条纹. 如果两圆柱之间的距离 L 变小, 则在 L 范围内干涉条纹的( ).

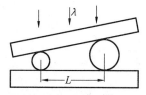

A. 数目增加, 间距不变   B. 数目减少, 间距变大

C. 数目增加, 间距变小   D. 数目不变, 间距变小

【答案】 D

【解析】 由于 θ 很小, 所以 $\tan \theta \approx \theta$, 即 $\frac{\theta}{2} = \frac{R-r}{L}$, $\theta = \frac{2(R-r)}{L}$. 由劈尖干涉条纹间距公式 $\Delta x = \frac{\lambda}{2\theta}$, 可知 $\Delta x = \frac{\lambda L}{4(R-r)}$. 所以, 当 L 减小时, 间距变小, 而条纹数目 $n = \frac{L}{\Delta x} = \frac{4(R-r)}{\lambda}$ 不变.

32. 已知用一束某种波长的平行光照射一小块某种金属能产生光电效应, 光电子的最大初动能为 E_1, 单位时间内产生了 N_1 个光电子, 现用同一束光经凸透镜会聚后照射该金属, 光电子的最大初动能为 E_2, 单位时间内产生了 N_2 个光电子, 则( ).

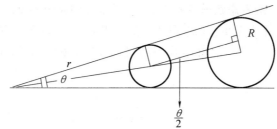

A. $E_1 = E_2, N_1 > N_2$　　　　B. $E_1 < E_2, N_1 > N_2$
C. $E_1 > E_2, N_1 < N_2$　　　　D. $E_1 = E_2, N_1 < N_2$

【答案】　D

【解析】　聚焦 → 光强增大但频率不变

所以 $E_1 = E_2, N_2 > N_1$

33. 玻尔在他提出的原子模型中所做的假设有(　　).

A. 原子处于称为定态的能量状态时,虽然电子做加速运动,但并不向外辐射能量
B. 原子的不同能量状态与电子沿不同半径的圆轨道绕核运动相对应
C. 电子从一个轨道跃迁到另一轨道时,辐射(或吸收)一个光子
D. 电子跃迁时辐射(或吸收)光子的频率等于电子绕核做圆周运动的频率

【答案】　ABC

34. 氢原子从 $n = 6$ 的激发态自发跃迁时共能够产生_____条谱线,其中有_____条在可见光区.

【答案】　15;4

【解析】　由跃迁可知共有 $C_6^2 = 15$ 条谱线,其中可见光为由高能态向 $n = 2$ 跃迁产生的谱线,共4条.

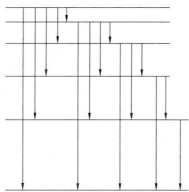

35. 在氢原子中电子运动的最小半径为 r_1,当电子从半径为 $4r_1$ 的轨道自发跃迁时,由玻尔模型,原子电势能的减少_____(大于、等于或小于)电子动能的增加.

【答案】　大于

【解析】　$E_{p4} + E_{k4} > E_{p1} + E_{k1}$

所以 $E_{p4} - E_{p1} > E_{k1} - E_{k4}$

36. 已知基态 He^+ 的电离能为 $E = 54.4 \text{ eV}$,为使处于基态的静止的 He^+ 跃迁到激发态,入射光子所需的最小能量为多少?

【解析】　$E_n = \dfrac{E_1}{n^2}$

$\Delta E = E_2 - E_1 = \dfrac{E_1}{4} - E_1 = -\dfrac{3}{4}E_1 = -\dfrac{3}{4} \times (-54.4)\text{ eV} = 40.8 \text{ eV}$

37. 静止的 He^+ 从第一激发态跃迁到基态时,如果考虑到离子的反冲,与不考虑反冲相比,发射出的光子波长相差的百分比为多少?(离子 He^+ 的能级 E_n 与 n 的关系和氢原子能级公式类似. 电子电荷的大小取为 1.60×10^{-19} C,质子和中子质量均取为 1.67×10^{-27} kg).

【解析】
$$\Delta E = h\nu = h\frac{c}{\lambda_0}$$

$$\lambda_0 = \frac{hc}{\Delta E} \approx 4.046\,975 \times 10^{-8} \text{ m}$$

有反冲时,反冲核时 He^+,共有两个质子和两个中子,设 He^+ 的反冲速度为 v,由动量及能量守恒可得

$$\frac{h}{\lambda_1} = 4mv$$

$$\Delta E = h\nu_1 + \frac{1}{2} \cdot 4mv^2$$

$$\nu_1 = \frac{c}{\lambda_1}$$

$$\lambda_1 = \frac{hc(1 \pm \sqrt{1 + \frac{\Delta E}{2mc^2}})}{2\Delta E}$$

$$\lambda_1 \approx 3.046\,875 \times 10^{-8} \text{ m}$$

$$\frac{\Delta \lambda}{\lambda_0} = \frac{\lambda_1 - \lambda_0}{\lambda_0} = \frac{\sqrt{1 + \frac{\Delta E}{2m_n c^2}} - 1}{2} \approx \frac{(1 + \frac{1}{2} \cdot \frac{\Delta E}{2m_n c^2}) - 1}{2} = \frac{\Delta E}{8m_n c^2} = 5.43 \times 10^{-7}\%$$

38. (2012·华约联盟) 用折射率为 $2/\sqrt{3}$ 的透明材料制成的圆柱形棒,圆柱的直径为 4 cm,长为 40 cm. 一束光线射向圆柱棒一个底面的中心,折射入圆柱棒后再由棒的另一底面出出. 该光线可能经历的全反射次数最多为(   ).

A.4 次　　　　B.5 次　　　　C.6 次　　　　D.7 次

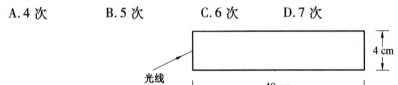

【答案】 C
【解析】 当入射光全反射时的临界角满足

$$\sin i_c = \frac{1}{n} = \frac{\sqrt{3}}{2}$$

所以
$$i_c = \frac{\pi}{3}$$

每反射一次光沿圆柱形棒轴线前进的距离
$$l = d\tan i_c$$

所以光在圆柱形棒反射在最大次数为
$$n = \frac{L}{l} + 1 = \frac{L}{d\tan i_c} + 1 \approx 6.8 \approx 6(\text{次})$$

所以 C 选项正确.

39. (2012·北约联盟) 如图所示为杨氏双缝干涉实验装置,光源 S 为单色面光源,波长为 λ,单缝 A 的中心位于双缝 B 和 C 的垂直平分线上,B 与 C 相距为 d,单缝与双缝相距为 r,接收屏 P 与

双缝相距为 R, $R \gg d$, $r \gg d$, 问:

(1) 接收屏上的干涉条纹间距是多少?

(2) 设单缝 A 的宽度 b 可调,问 b 增大为多少时干涉条纹恰好第一次消失?

(3) 接(2)问,条纹恰好消失时,固定 A 的宽度 b,为了使干涉条纹再次出现,试问 d、r、R 三个参量中应调节哪些量?

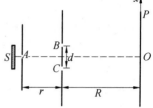

【解析】 (1) 以 BC 垂直平分线与屏幕的交点为原点建立 x 轴,则从单缝出射,经双缝到达屏幕上 x 处两束光的光程差为

$$\Delta = d\sin\theta \approx \frac{xd}{R}$$

亮条纹条件为 $\Delta = n\lambda$ ($n = 0, \pm 1, 2, \cdots$)

亮条纹位置 $x_n = n\dfrac{R\lambda}{d}$

所以条纹间距 $\Delta x = \dfrac{R}{d}\lambda$

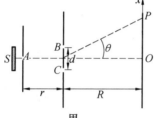 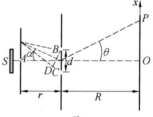

甲　　　　　　　　　乙

(2) 从单缝 A 出来的光可以看成一系列的线光源的非相干叠加. 如图乙,若线光源向上偏移 $b/2$ 时,经过双缝到达 x 处两束光的光程差应增加 $\overline{DC}$,而

$$\overline{DC} = d\sin\alpha \approx d\tan\alpha = d\frac{b/2}{r}$$

由关系 $\Delta = \dfrac{xb}{R}$ 知

所以各级干涉条纹下移的距离

$$\Delta x' = \frac{R\,\overline{DC}}{d} \approx \frac{Rb}{2r}$$

当亮纹下移到原干涉条纹的暗纹中心时(下移半个条纹间距),干涉条纹消失,所以有

$$\frac{Rb}{2r} = \frac{\Delta x}{2} = \frac{R}{2d}\lambda$$

最后的单缝 A 的极限宽度为

$$b_0 = \frac{r}{d}\lambda$$

(3) 由上可知,若 $b_0 \geq b$,但当给定 b 和 λ 时,通过增加 r 和减小 d 条而增大临界宽度 b_0,使得 $b_0 \leq b$,这时干涉条纹会再次出现. 简单地说:调节 R 不会使条纹出现;减小 d 可以出现干涉条纹;增大 r 也可以出现干涉条纹.

40.(2012·卓越联盟) 如图,A 和 B 两单色光,以适当的角度向半圆形玻璃砖射入,出射光线都从圆心 O 沿 OC 方向射出,且这两种光照射同种金属,都能发生光电效应,则下列说法正确的是( ).

A. A 光照射该金属释放的光电子的最大初动能一定比 B 光的大

B. A 光单位时间内照射该金属释放的光电子数一定比 B 光的多
C. 分别通过同一双缝干涉装置，A 光比 B 光的相邻亮条纹间距小
D. 两光在同一介质中传播，A 光的传播速度比 B 光的传播速度大

【答案】 AC

【解析】 由图可见，A 光和 B 光的折射角 γ 相同，由折射定律
$$n\sin i = \sin \gamma$$
因为 A 光的入射角小于 B 光的入射角，故玻璃砖对 A 光的折射率一定大于 B 光的折射率 $n_A > n_B$. 由于介质的色散，这说明 A 光的频率一定大于 B 光的频率 $v_A > v_B$，或它们的波长满足关系
$$\lambda_A < \lambda_B$$
由此可以判断 A 光光子的能量大于 B 光光子能量，故 A 选项正确.

在光电效应中，光电子数的多少取决于光子数的多少，与光子的频率无关，故答案 B 错误.

同样因双缝干涉相邻亮条纹间距与波长成正比，故 C 选项正确. 因光在介质中的传播速度与折射率成反比，故答案 D 错误.

41. (2012 · 华约联盟) 一铜板暴露在波长 $\lambda = 200$ nm 的紫外光中，观测到有电子从铜板表面逸出. 当在铜板所在空间加一方向垂直于板面、大小为 15 V/m 的电场时，电子能运动到距板面的最大距离为 10 cm. 已知光速 c 与普朗克常数 h 的乘积为 1.24×10^{-6} eV·m，则铜板的截止波长约为（   ）.

A. 240 nm　　　　B. 260 nm　　　　C. 280 nm　　　　D. 300 nm

【答案】 B

【解析】 设铜板的脱出功为 A，电子从铜板表面逸出时的动能满足
$$\frac{1}{2}mv^2 + A = hv = \frac{hc}{\lambda}$$
$$\frac{1}{2}mv^2 = eV = eEd$$

所以铜板的截止频率为
$$v_0 = \frac{A}{h} = \frac{c}{\lambda} - \frac{eEd}{h}$$

铜板的截止波长为
$$\lambda_0 = \frac{c}{v_0} = \frac{1}{\frac{1}{\lambda} - \frac{eEd}{hc}} = \frac{\lambda hc}{hc - \lambda eEd} \approx 263 \text{ nm}$$

答案选 B.

42. (2012 · 北约联盟) 玻尔原子理论的轨道量子化条件可以表述为：电子绕原子核（可看作静止）做圆周运动的轨道周长为电子物质波长的整数倍，即 $2\pi r_n = n\lambda (n = 1, 2, 3, \cdots)$，其中 r_n 是第 n 个能级对应的轨道半径. 若已知静电力常数 k、普朗克常数 h、电子电量 e、电子质量 m，不考虑相对论效应，试求：

(1) 氢原子第 n 个能级对应的轨道半径 r_n 的表达式.

(2) 氢原子第 n 个能级对应的电子环绕原子核的运动轨道周期 T_n 的表达式.

(3) 反电子（即正电子，质量和电量与电子相同，但电荷符号为正的基本粒子）与电子在库仑引力作用下束缚在一起构成的体系被称为正反电子偶素，其中正反电子绕其对称中心各自做半径相同的圆周运动，若将此半径作为轨道半径，则量子化条件应修改为 $2\pi(2r_n) = n\lambda_n$. 求正反电子偶素第 n 个能级对应的轨道半径 r_n' 的表达式.

【解析】 (1) 因为 $r_n = \frac{n\lambda}{2\pi}$，所以氢原子第 n 个能级电子的动量为
$$P_n = \frac{h}{\lambda_n} = \frac{n}{2\pi}\frac{h}{r_n}$$

电子做圆周运动,运动的向心力由库仑引力提供

$$k\frac{e^2}{r_n^2} = \frac{mv_n^2}{r_n} = \frac{n^2}{mr_n} = \frac{n}{4\pi^2}\frac{h^2}{mr_n^3}$$

或

$$r_n = \frac{n^2}{4\pi^2}\frac{h^2}{kme^2}$$

（2）周期为

$$T_n = \frac{2\pi r_n}{v_n}$$

而电子圆周运动的速率为

$$v_n = \frac{P_n}{m} = \frac{2\pi ke^2}{nh}$$

代入上式得

$$T_n = \frac{n^3 h^3}{4\pi^2 k^2 me^4}$$

（3）对正反电子偶素的半径为 $r_n = \frac{n\lambda}{4\pi}$，相应结果修改为

$$P_n = \frac{h}{\lambda_n} = \frac{nh}{4\pi r_n}$$

同时库仑力为 $k\frac{e^2}{4r_n^2}$，所以

$$k\frac{e^2}{4r_n^2} = \frac{mv_n^2}{r_n} = \frac{(nh)^2}{(4\pi)^2 mr_n^3}$$

因此正反电子偶素的半径的表达式不变,为

$$r_n = \frac{n^2}{4\pi^2}\frac{h^2}{kme^2}$$

43.（2012·卓越联盟） 通过荧光光谱分析可以探知元素的性质,荧光光谱分析仪是通过测量电子从激发态跃迁到基态时释放的光子频率来实现的. 激发态的原子可以采用激光照射基态原子的方法来获得. 现用激光照射迎着激光而来的一离子束,使其电子从基态跃迁到激发态,已知离子质量为 m,电荷量为 $e(e>0)$,假设该离子束处于基态时的速度分布如图所示,v_0 为该离子束中离子的最大速度（$v_0 \ll c$）.

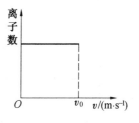

（1）速度为 v 的离子束迎着发射频率为 ν 的激光运动时,根据经典多普勒效应,接收到此激光的频率为 $\nu' = \nu(1 + \frac{v}{c})$,其中 c 为光速. 设波长为 λ_0 的激光能够激发速度 $v=0$ 的基态离子,若要激发全部离子,试推断激光的波长范围.

（2）若用电压为 U 的加速电场加速处于基态的离子束,试推断离子束的速度分布的范围是变大了还是变小了;加速后的基态离子束再被激发,那么激光的波长范围与（1）的结论相比如何变化?

【解析】 （1）由题意,激发速度 $v=0$ 的基态离子对应的波长为 λ_0,说明离子的激发态的能量 E_2 满足

$$E_2 - E_1 = h\nu_0 = \frac{hc}{\lambda_0}$$

此处 E_1 为基态能量.

离子以速度为 v 运动时,能级差 $E_2 - E_1$ 不变,但由经典多普勒效应,迎着激光以速度 v 运动的离子束接收到激光的频率为

$$\nu' = \nu(1 + \frac{v}{c}) \qquad ①$$

因此,离子能被激发的频率满足
$$E_2 - E_1 = h\nu'$$

或
$$\nu' = \frac{E_2 - E_1}{h} = \frac{c}{\lambda_0} \qquad ②$$

联立式①②得,激发速度为 v 的离子束的激光波长 λ 变为
$$\lambda = \lambda_0 \left(1 + \frac{v}{c}\right) \qquad ③$$

若要激发全部离子,激光的波长范围为
$$\lambda_0 \leq \lambda \leq \lambda_0 \left(1 + \frac{v}{c}\right) \qquad ④$$

(2) 速度为 v 的离子经加速电场后的速度为 v',由动能定理得
$$eU = \frac{1}{2}mv'^2 - \frac{1}{2}mv^2$$
$$v' = \sqrt{v^2 + \frac{2e}{m}U}$$

原来速度为零的离子加速后的速度最小,速度为 v_0 的离子加速后的速度最大,设加速后速度分布的范围为 (v_1, v_2),其中
$$v_1 = \sqrt{\frac{2e}{m}U}, \quad v_2 = \sqrt{v_0^2 + \frac{2e}{m}U}$$

速度范围为
$$\Delta v' = \sqrt{v_0^2 + \frac{2e}{m}U} - \sqrt{\frac{2e}{m}U}$$

整理得
$$\Delta v' = \frac{v_0^2}{\sqrt{v_0^2 + \frac{2e}{m}U} + \sqrt{\frac{2e}{m}U}}$$

加速前离子的速度分布范围为 $\Delta v = v_0 - 0$

所以
$$\Delta v' < \Delta v \qquad ⑤$$

离子束经加速电场后,速度分布的范围变小了.

在离子束不被加速时激光的波长范围为 $\Delta \lambda_0$,由式③可得
$$\Delta \lambda_0 = \lambda_0 \left(1 + \frac{v_0}{c}\right) - \lambda_0 = \frac{\lambda_0}{c} v_0 = \frac{\lambda_0}{c} \Delta v \qquad ⑥$$

经加速电场加速后所需激光的波长范围为 $\Delta \lambda$,仍由式③可得
$$\lambda_1 = \lambda_0 \left(1 + \frac{v_1}{c}\right), \quad \lambda_2 = \lambda_0 \left(1 + \frac{v_2}{c}\right)$$

所以
$$\Delta \lambda = \frac{\lambda_0}{c} \Delta v' \qquad ⑦$$

联立式⑤、⑥和⑦得
$$\Delta \lambda < \Delta \lambda_0$$

可见激发经加速电场后的全部离子,激光的波长范围变小.

44. (2011·卓越联盟) 利用光的干涉可以测量待测圆柱形金属丝与标准圆柱形金属丝的直径差(约为微米量级),实验装置如图所示. T_1 和 T_2 是具有标准平面的玻璃平晶,A_0 为标准金属丝,直径为 D_0;A 为待测金属丝,直径为 D;两者中心间距为 L. 实验中用波长为 λ 的单色光垂直照射平晶表面,观察到的干涉条纹如图所示,测得相邻条纹的间距为 Δl.

(1) 证明：$|D-D_0|=\dfrac{\lambda L}{2\Delta L}$.

(2) 若轻压 T_1 的右端，发现条纹间距变大，试由此分析 D 与 D_0 的大小关系.

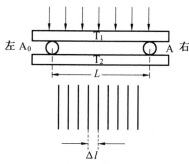

【解析】 (1) 两金属丝间的条纹数目为 $N=\dfrac{L}{\Delta L}$，相邻条纹的厚度差为 $\Delta e=\dfrac{\lambda}{2}$，所以总厚度差为 $N\Delta e$，或 $|D-D_0|=\dfrac{\lambda L}{2\Delta L}$.

(2) 条纹间距为 $\Delta l=\dfrac{\Delta e}{\theta}=\dfrac{\lambda}{2\theta}$，其中 θ 为 T_1 和 T_2 平晶平面所夹的劈尖角. 若轻压 T_1 的右端，发现条纹间距变大，说明 θ 变小，这只有当 D 大于 D_0 时才可能发生.

45.（2011·华约联盟） 如图，在杨氏双缝干涉实验中，若单色点光源从图示位置沿垂直于 SO 的方向向上移动一微小距离，则屏幕上的干涉条纹将(   ).

A. 向上移动，间距不变
B. 向上移动，间距变大
C. 向下移动，间距不变
D. 向下移动，间距变大

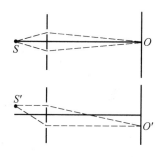

【答案】 C

【解析】 设点光源 S 经过上下双缝经过相等的光程会聚在 O 点，则当点光源向上移动到 S' 时，O' 点距 S' 的光程相等，可见条纹将下移. 间距不变，由缝宽和波长以及屏幕到双缝的距离确定，与光源位置无关. 故 C 选项正确.

46.（2011·华约联盟） 根据玻尔的氢原子理论，当某个氢原子吸收一个光子后(   ).

A. 氢原子所处的能级下降
B. 氢原子的电势能增大
C. 电子绕核运动的半径减小
D. 电子绕核运动的动能增大

【答案】 B

【解析】 电子所受库仑力为向心力

$$\dfrac{ke^2}{r^2}=m\dfrac{v^2}{r}$$

电子的动能为

$$E_k=\dfrac{1}{2}mv^2=\dfrac{ke^2}{2r}$$

电子的势能为

$$E_p=-\dfrac{ke^2}{r}$$

氢原子吸收光子后机械能增加，半径会增加，所以动能减少、势能增加，故 B 选项正确.

47.（2010·华约联盟） 在光电效应实验中，先后用频率相同但光强不同的两束光照射同一个光电管. 若实验 a 中的光强大于实验 b 中的光强，实验所得光电流 I 与光电管两端所加电压 U 间的关系曲线分别以 a、b 表示,则下列 4 图中可能正确的是(　　).

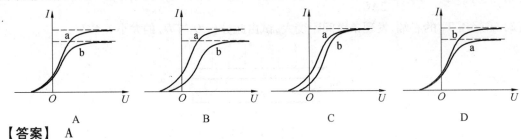

A　　　　　B　　　　　C　　　　　D

【答案】　A

【解析】　光强大光子多,产生的光电子数多,饱和电流大. 故 C、D 选项不对. 同一个光电管对应的遏止电压相同,故 B 选项错误. 答案为 A.

48.（2009·同济大学）　如图,一束平行单色光垂直照射到薄膜上,经上、下两表面反射的光束发生干涉,若薄膜的厚 e 且 $n_2 < n_3$,λ 为入射光在折射率为 n_1 的介质中的波长,则两束反射光在相遇点的相位差为(　　).

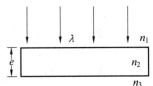

A. $\dfrac{2\pi}{\lambda} \cdot \dfrac{n_2}{n_1} e$　　　　　B. $\dfrac{2\pi}{\lambda} \cdot \dfrac{n_2}{n_1} e + \pi$

C. $\dfrac{4\pi}{\lambda} \cdot \dfrac{n_2}{n_1} e + \pi$　　　　　D. $\dfrac{4\pi}{\lambda} \cdot \dfrac{n_2}{n_1} e$

【答案】　D

【解析】　因 $n_1 < n_2$,故光在薄膜上表面反射时均会附加半个波长的光程,设真空中波长为 λ',因为 $\lambda' f = c, \lambda f = \dfrac{c}{n_1}$,所以波长满足关系

$$\lambda' f = n_1 \lambda$$

上、下表面两束反射光的光程差为

$$\delta = 2 n_2 e$$

故相位差

$$\Delta\varphi = \dfrac{4\pi n_2 e}{\lambda'} = \dfrac{4\pi n_2 e}{n_1 \lambda}$$

D 选项正确.

49.（2008·北京大学）　如图甲所示,折射率 $n = \sqrt{2}$ 的长方透明板 $ABCD$ 的四周是空气,AB 边长为 $2\sqrt{3}a$,BC 边长记为 $2x$. 点光源 S 位于透明板中分线 MN 上,S 与 AB 边相距 a,它朝着 AB 边对称地射出两条光线,光线的入射角用角度 θ_i 表示,已在图中示出. 光线进入透明板后,只讨论经一次反射后从 CD 边出射的光线.

（1）已知 $\theta_i = 45°$ 时,两条出射光线相交于 MN 上与 CD 边相距 a 的 S' 点,试求 x 值.

（2）令 θ_i 从 $45°$ 单调增大,当 θ_i 接近但未达到 $60°$ 时,从 CD 边出射的两条光线能否相交于 CD 边的右侧?

【解析】　（1）
$$\begin{cases} \sin\theta_i \cdot 1 = \sqrt{2} \cdot \sin\beta \\ \theta_i = 45° \end{cases}$$

$$\sin\beta = \dfrac{1}{2}, \quad \beta = 30°$$

因为 S 与 S' 关于 MN 轴对称,所以两条光线必射到 BC、AD 的中点后反射

$$x = (\sqrt{3}a - a) \cdot \operatorname{ctan} 30° = (3 - \sqrt{3})a$$

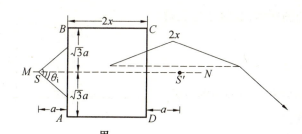

甲

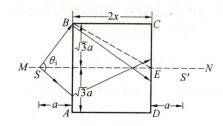

乙

（2）当 θ_i 接近 $60°$ 时，光线在 B 点附近入射，由 $n\sin\beta = \sin\theta_i$ 得，折射角为 $\beta = 37.8°$，在 BC 面上的入射角为

$$\theta_{BC} = 52.2°$$

$n = \sqrt{2}$ 时对应的全反射临界角为 $45°$，可见 $\theta_{BC} > 45°$，所以光线在 BC 面被全反射，反射角也为 θ_{BC}。而角度 $\angle ABE = \arctan(\dfrac{2x}{\sqrt{3}a}) \approx 55.7° > \theta_{BC}$，所以两条光线在 CD 边的左侧相交（如图乙）。

50.（2008·复旦大学） 为了在沉入水（水的折射率是 1.3）中的潜水艇内部观察外面的目标，在艇壁上开一个方形的孔，设壁厚为 51.96 cm，孔宽度为 30 cm，孔内嵌入折射率为 n 的特种玻璃砖（填满孔）。要想看到外面 $180°$ 范围内的景物，n 应是（　　）.

A. 2.6　　　　　B. 2
C. 1.3　　　　　D. 0.65

【答案】 C

【解析】 要想看到外面 $180°$ 范围内的景物，入射角最大要达到 $\alpha = 90°$，光路如图所示，其中 AB 为小孔内的折射光线。由折射定律得

$$n_{水}\sin 90° = n\sin\beta$$

另外由几何关系有

$$\sin\beta = \dfrac{30}{\sqrt{30^2 + 51.96^2}}$$

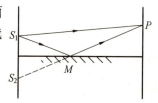

联立可得 $n = 2.6$，故选 A.

51.（2008·复旦大学） 在上下放置的双缝干涉实验中，若把下面一条缝封闭，并将一平面反射镜（镜面向上）平放在两缝的垂直平分线上，则在屏上（　　）.

A. 没有干涉条纹
B. 干涉条纹不变
C. 干涉条纹的区域只在屏中心以上的部分，干涉条纹的间距不变，亮纹和暗纹的位置也不变
D. 干涉条纹的区域只在屏中心以上的部分，干涉条纹的间距不变，亮纹和暗纹的位置与原来的对换

【答案】 D

【解析】 如图所示，挡住 S_2 孔后加放平面镜。因光无法到达屏中心以下的部分，故干涉条纹的区域只在屏中心以上的部分。又因光在平面镜上反射会有附加半个波长的光程，故干涉条纹的间距虽然不变，但亮纹与暗纹的位置与原来的正好交换，故选 D.

52.（2008·清华大学） 湖面上方 $h = 0.50$ m 处放一电磁波接收器，当某射电星从地平面渐渐升起时，接收器可测到一系列极大值。已知射电星所发射的电磁波的波长为 20 cm，求出现第一个极大值时射电星的射线与铅垂线间的夹角 θ（湖水可看作是电磁波的反射体）.

【解析】 接收器测到一系列极大值时，射电星的直射光与经湖面反射光符合相长干涉。因为

射电星很遥远,发射来的光可视为平行光. 如图所示,直射光与反射光到达接收器 P 的光程差为

$$\delta = \overline{OP} - \overline{QP} + \frac{\lambda}{2} = \overline{OP}(1 - \cos 2\alpha) + \frac{\lambda}{2}$$

此处考虑了电磁波在湖面上反射时有半波损失. 另外由图可见

$$\alpha = \frac{\pi}{2} - \theta, \quad \overline{OP} = \frac{h}{\cos \theta}$$

所以
$$\delta = 2h\cos\theta + \frac{\lambda}{2}$$

出现第 n 个极大值时,两束光干涉加强满足

$$\delta = n\lambda$$

取 $n = 1$ 得
$$\cos\theta = \frac{\lambda}{4h} = \frac{0.20}{4 \times 0.50} = 0.1$$

最后得
$$\theta = \arccos 0.1 = 84.26°$$

53.（2008·同济大学） 频率为 ν 的一束光以入射角 i 照射在平面镜上并完全反射,设光束单位体积中的光子数为 n,则每一光子的能量为_____,每一光子的动量为_____,每一光子的静质量为_____;光束对平面镜的光压(压强)为_____.

【答案】 $E = h\nu$; $P = \dfrac{h}{c}$; 0; $p = 2nh\nu\cos^2 i$

【解析】 每一个光子的能量为
$$E = h\nu$$

每一个光子的动量为
$$P = \frac{h}{\lambda} = \frac{h}{c}$$

每一个光子的静质量都为 0.

光射到平面镜上后以反射角 i 反射,每个光子的动量改变为

$$\Delta P = \frac{2h\nu\cos i}{c}$$

设入射到镜面上的光束截面积为 S,t 时间内射到镜面上的光子数为 N,则

$$N = nctS\cos i$$

由动量定理
$$Ft = N\Delta P$$

所以
$$F = 2Snh\nu\cos^2 i$$

最后得压强为
$$p = \frac{F}{S} = 2nh\nu\cos^2 i$$

54. 一定剂量的放射性钠盐在一分钟内有 12 000 个原子发生衰变,半衰期为 15 h. 将此溶剂注入病人血液,经 30 h,抽取 1.0 cm³ 的血液进行检查,发现每分钟有 0.5 次衰变. 试估计病人血液的总体积.

【解析】
$$N_t = N_0 e^{-\frac{t}{T}}$$

可知半衰期
$$t = T\ln 2, \quad T = \frac{\ln 2}{T_0}$$

依题意每一分钟有 $N_1 = 12\ 000$ 个 Na 原子衰变

则剩下未衰变的为
$$N_0 - N_1 = N \cdot e^{-\frac{t}{T}}$$

所以
$$N_0 = \frac{N_1}{1 - e^{-\frac{t}{T}}} = 1.56 \times 10^7$$

经 30 h 后,余下 Na 原子

$$N(t) = N_0(\frac{1}{2})^2 = 3.9 \times 10^6$$

此后,每分钟衰变的 Na 原子数

$$\Delta N = N(t) - N(t)e^{-\frac{t}{T}} = 3\,000$$

所以,血液总体积为

$$V = \frac{\Delta N}{0.5} \times 1.0 = 6 \times 10^3 \text{ cm}^3$$

附 录

金牌教练——赵维玲

第一章 "金牌教练"的由来

题记:所有辅导参与过奥林匹克竞赛的老师和同学都知道"金牌教练员"的分量有多重,然而这一称号对于我们的赵老师而言,承载着太多的责任与辛酸!

金牌是这样铸就的

——摘自《大连日报》(2003.9.24)记者晓光的报道

育明高中9名学生在第20届全国高中奥林匹克物理竞赛(复赛)中获得辽宁省一等奖,这一成绩再次令社会各界瞩目——

刚刚结束的第20届全国高中奥林匹克物理竞赛(复赛)传出佳音:大连育明高中以优异的成绩再次为我市争光,共有9名学生获得辽宁省一等奖,其中陈倾潇获全省第一名.

校长梁守功,主教练赵维玲、刘锋,获一等奖的9名学生为:

陈倾潇(高三)　刘守君(高三)　王斯蜜(高二)
张大志(高三)　李江宁(高三)　张寅达(高二)
王雨佳(高二)　姜　昊(高三)　丁雅楠(高二)

学生:奥赛使才能得到最大限度发挥

全国高中奥林匹克物理竞赛是全国最高级别的物理赛事.在这项赛事上获得省一等奖的学生同时也就获得了保送全国重点大学的资格或高考加10分的资格.自1999年以来,育明高中多名学生在这项赛事上取得了优异的成绩,像2001年全国高中奥林匹克物理竞赛全国决赛,育明高中的刘宇、洪礼明以全省第一、二名的成绩获国家级金、银奖,刘宇入选国家集训队,洪礼明被北京大学提前录取.此次比赛,育明高中不仅将全省前十名的4个名额囊括其中,而且还刷新了一项纪录:获得一等奖的9名学生中有4人是高二学生,而其他高中的参赛学生基本是高三学生.

老师:学生的成功就是我最大的快乐

亲手培养的学生们取得了如此好的成绩,最开心的莫过于他们的老师了.此次带队的育明高中两名物理奥赛主教练赵维玲、刘锋,先后被学校授予了"金牌教练"之称.谈起自己的弟子们,两位老师有着太多的话要说.

刘锋告诉记者,自从做了学校物理奥林匹克竞赛教练后,最大的感受就是累.这种累不仅体现在少有节假日休息上,更是一种心理上的压力.如何因材施教,如何将每位学生的潜能都充分发挥出来,这是他天天琢磨的事儿.当然,弟子们的突出表现也让他暂时忘却了这种累.赵维玲老师更是辅导奥林匹克竞赛的高手了.早在20世纪90代初她在长春从教的时候,因为她的学生屡屡在全国各项赛事中获大奖,她就被破格提升为高级教师.1998年底作为特殊人才被引进育明高中后,育明高中的学生在全国物理奥赛中就开始崭露头角,到如今已是全省瞩目.在物理教学上,赵维玲的心得很多,而孩子及家长们更愿意把她誉为"神奇的教练",因为一些成绩平平的孩子经过她的手就很快有了突飞猛进的发展.采访中一些学生告诉记者,物理本是一门枯燥学科,但赵老师的物理课既有知识性,又有趣味性,上课一点儿也不累.正因为如此,一到寒暑假,一些学生就干脆搬到赵维玲老师的家里住.别看赵老师在教学上是一位严师,在生活上可是一位慈祥的母亲,对这些学生的饮食起居她照顾得很是周到.她常挂在嘴边的一句话就是,你们的成功就是我最大的快乐.学生们也没有辜负恩师的期望,去年赵维玲所执教的毕业班有18个学生考入清华、北大.

校长:特殊人才就得有特殊的培养方法

在全国奥林匹克各项赛事中,育明高中的成绩一直名列前茅.对此,育明高中校长梁守功最大的体会就是,特殊人才就得有特殊的培养方法,即分层次教学.

育明根据学生的差异,按照分层次教学的原则,将学生分成实验 A 班、实验 B 班、平行班、强化班等不同类型的班级.这种划分不是创造同一"平等"的起点,而是创造对每一种类型学生更有利于发展的不同起点.对成绩在前列的学生,学校专门组建了奥林匹克培训中心,并聘请了优势师资作为教练,以高考促竞赛,以竞赛推高考,从而使有特长学生的优势充分发挥.对于成绩普通的学生,学校每周都针对其学习障碍点举行大型讲座,主讲教师由听课的学生选择.梁校长对此的概括是:我们要对全体学生负责,不能丢掉一个学生;同时我们又要对每一个学生的全面发展负责,因材施教.

> **编者手记:**
> 好一句"你们的成功就是我最大的快乐",这一句话委实道出了赵老师的心声.当自己的学生取得这样优异的成绩时,幸福的泪水早已融进她的心中,激动的心情无以言表.她的辛苦、她的努力终于在这一刻得到了最好的回报!

她在成功处微笑

——记大连市劳动模范、大连育明高中物理教研组组长赵维玲老师

摘自《大连日报》(2004.9.6)记者张轶的报道

教育是事业,事业的意义在于献身;教育是科学,科学的意义在于求真;教育是艺术,艺术的生命在于创新.献身,就是不能计较个人得失;求真,就是敢于坚持真理;创新,就要敢于独立思考.

大连市劳动模范、大连育明高中高三·二班班主任、物理教研组组长赵维玲老师,就是这样一个对教育事业献身、求真、创新的人.她以她的献身,燃烧自己,照亮别人;她以她的求真,探求知识,寻找智慧;她以她的创新,拓宽了孩子们自由创造的时间和空间,学会幻想、学会做梦、学会好奇,去尽情地释放生命中创造的能量!20多个春华秋实,她播下的知识的种子早已开花结果.她不知送走了多少成功的学生,她不知为多少孩子托起了明天的希望,而属于她自己的,是在成功处的微笑!

赵老师在为学生做课后讲解

赵老师在课堂上

一、她为大连捧来第一枚物理奥赛金牌——她承载了太多的付出和创造

年仅40岁的赵维玲老师承载了太多的荣誉和成功.而这荣誉和成功的背后,是她承载了太多的付出和创造.赵维玲老师是全国物理奥林匹克竞赛金牌教练、大连市劳动模范和辽宁省物理学会常务理事.1983年毕业于东北师范大学物理系的赵维玲在长春市的教育界赫赫有名,拥有长春市教学十佳之首、长春市骨干教师及物理学科带头人等头衔,并连续多年荣获全国物理奥赛优秀辅导教师奖.1998年底,立志建成全国一流名校的育明高中的登门邀请打动了赵维玲的心,她放弃了在长春的优越条件,举家来到了大连,担任了实验班的班主任以及物理奥赛的辅导工作.虽然时间不长,但她身上所承载的荣誉,让所有知道她名字的人难以忘怀,赵维玲为育明高中、也为大连市的物理奥赛打开了新的局面.2000年、2001年由她辅导的育明高中学生参加全国物理奥赛,勇夺大连市团体总分第一,辽宁省总分第一,其中进省代表队3名,刘宇同学更是获得了全国总决赛的金牌,洪礼明获银牌,打破了大连教育史上的一项纪录!她为大连捧来第一枚物理奥赛金牌!近几年,她所培养的学生进国家集训队1名,获国家金牌1名,获银牌6名,铜牌2名,获省赛区一等奖43名.其中培养的高一学生共有9名获辽宁省赛区一等奖,一名进省代表队,也是大连市的最高纪录.

——2002年学校毕业生共有38人进入清华、北大,而她所带的高三·十一班就有18人之多,赵维玲一下子有了"清华北大专业户"的美名.更让人惊叹的是,在一向是高三学生的战场的物理奥赛中,赵维玲去年率领仅辅导了一年的高二学生走上竞技场,最终竟然有王斯蜜、张寅达、王雨佳、丁雅楠4位学生一举获得了全国省赛区一等奖;赵老师这个班在高二时,班级就有9名同学分

别获得物理、化学、生物及计算机全国奥赛省赛区一等奖,并获得清华、北大等大学保送资格.

赵维玲,就像一个谜,吸引着所有人的目光——同行们在追随她:赵老师到底有什么魔力能带出这么好的成绩?家长们在追随她:能不能让我的孩子也到赵老师的班上去?

她的成功,来自于她独到的教育教学理念——在她眼里,每一个学生都是一幅生动的画卷,她能体会学生生命中最大的丰富性和主动性,她关注学生成长与发展的每一点进步,帮助学生发现自己、肯定自己.

——在她看来,苦辣甜酸都有营养,成功失败都是收获.她尊重学生属于自己的体验,让他们走进自己的生活世界,体验生活,体验社会,即使是失败,也可能成为学生终身受益无穷的财富.

——在她班上,没有不可教育的学生.她能开发每个学生的潜能,为每一个学生的成才提供机会,制订丰富而灵活的教育计划,以适合不同天资禀赋的学生.

——在她心中,张扬个性与创造性是她的目标.她从学生自我意识、学习风格、智力和能力等个性因素的分析入手,采取多种策略指导教育学生.最重要的是给予每个学生以充分的选择机会和发展空间,让每颗金子都发光.

赵维玲,她充满个性和创造性的教育教学,使多少学生走向成功.给孩子一些权利,让他自己去选择;给孩子一些机会,让他自己去体验;给孩子一点困难,让他自己去解决;给孩子一个问题,让他自己找答案;给孩子一种条件,让他自己去锻炼;给孩子一片空间,让他自己向前走.

二、美感教学推开了物理殿堂的大门——创造性教学引领孩子去攀登科学的高峰

教学需要美感,但是现实中我们的教学却常常忘了美、远离了美.赵维玲认为,教学活动原本是智慧与情感融合在一起的,人类追求文明的活动.孩子的智慧需要美的激活,教学的高效益要美的推动.她教学倡导的一个原则是:美感性,美应该是教育的磁石.赵老师认为,理想的激励是心理素质训练的必修课,她总是满怀激情地向学生讲述世界物理发展史;讲述物理学家的动人故事;讲述物理学每一个关键的突破会对人类产生的巨大的推动力.

这无疑是诗一般语言的召唤!莘莘学子摩拳擦掌,在轻松优美的氛围中进入物理学的大门.当年刘宇、洪礼明都表示要立志为物理学的殿堂添砖加瓦,争取早日获得诺贝尔物理奖.

于遥,原来是外班的一名学生.一次在无意中听了赵维玲老师的一堂物理课后,他十分激动:"我从来没有听过这么好的课,我太激动、太兴奋了!听了赵老师的课,我一下子就喜欢上物理了!"

能够带出好成绩的赵维玲,固然有她的过人之处,那就是在教学方法上形成了自己的独到特色,就是三大战术:心理战术、快乐战术、高度战术.

——何谓心理战术?就是打破学生们在物理学习上的传统认识,让他们从心理上变畏惧为喜欢.一提到物理,大多数的高中生都头疼:物理多难学啊!可是赵维玲在第一堂课上就告诉大家:"物理一点不难学啊,你看我们研究的物理,就是研究物质的世界,大到宏观的整个宇宙,小到微观的基本粒子,多有意思啊!"赵维玲深情地告诉孩子们:"物理学好了,你们学什么都不会觉得困难了.学好物理,非常了不起,是你有实力的象征.老师的最大理想就是当一名最优秀的物理老师,你们难道不想做老师最优秀的学生吗?"这些话语,在孩子们的心中掀起了巨大的波澜,强烈地激发了他们的自信心.赵老师上课总是能别出心裁,再枯燥的东西也能变得生动起来.她的新课引入能够吊住学生的胃口,擒获学生的注意力;她还经常利用一些简易实验把难懂的规律生动直观地呈现给学生;另外,在物理教学中,她还注意渗透美学教育,让学生感受物理规律、简约、对称的美.

——何谓快乐战术?就是把严密性、科学性极强的物理教学寓于快乐,以通俗、贴近生活的方式,让他们在学习上变乏味为乐趣.赵维玲虽然是个学理工出身的,可是她告诉记者,自己经常看一些人文学科的书目:"不为别的,为的是在教学中融入形象思维,在课堂上引起学生们的注意和遐

想." 在讲"动量"一课时,赵老师这样开始:"你在公园散步,突然一个膀大腰圆的举重运动员急匆匆向你撞来,你会怎样?如果急匆匆撞来的是一个3岁的小孩,你又会怎样?当我们在研究一个物体的运动效果时,仅用速度来描述物体的运动状态是不够的,还必须把物体的质量考虑进去.物理学中,人们把物体的质量和速度的乘积定义为动量……"

——何谓高度战术?就是赵老师给予学生的,比教学大纲要求的更有高度,她始终坚持把大学普通物理融入高中物理的教学中.

赵维玲在教学上最大的长处,就是她从不拘泥于书本,从不满足于大纲上所要求的内容,而是更加注重知识的融会贯通.她首先严格要求自己,从不放弃大学普通物理的研究和学习,并完美地将其与高中物理结合起来,因此,她带出来的学生,眼界和思维都比同龄的学生要开阔,从而得以在大赛中连连闯关.比如每讲到"稳恒电流"一章时,她都要上一节大学物理中的"多种等效电源"习题课,结果学生们得出的结论是,在后者思维下看前者,实在是太简单了,太有意思了!

孩子们都说,赵老师的物理课,从来就不是单一的就书本讲书本,她的课太丰富、太多元、太有激情了!有这样的老师,我们怎能不好好学习?

三、成功教育收获的是教育的成功——她让学生跃上人生更高的平台

成长需要激励,每一个学生都希望自己是成功者,都期待着收获肯定和赞誉.赵维玲十分珍惜学生心灵深处的渴望,积极创造机会,为学生制定成功的目标,不断地让学生取得"我能行"的成功体验.

在赵维玲的教育中,对学生的非智力因素的开发与培养更为重要.她这样教育学生:走向成功的关键,是品德高尚的情操、持之以恒的毅力、克服困难的勇气、乐观幽默的性格,是关心社会、尊重他人、善待自己的修养,是善于相处、善于合作的能力.记者去育明高中赵维玲的班级里采访,呼啦一下子围上来一大堆学生.从他们的脸上,记者读到的是强烈的自信和发自内心的热情.这自信来自哪里?这热情来自哪里?孩子们异口同声地说:"是赵老师给了我们自信!"光荣和梦想是人类进步的动力.她这样教育学生:一个没有理想的人,一个没有奋斗目标的人,一个没有社会责任感和历史使命感的人,不是一个成功的人.在一次次主题班会上,赵维玲围绕"民族、理想、荣誉"的主题掀起了学习的高潮.更为可贵的是,赵维玲给孩子设计的未来,从来都比他们自己的目标要高,并让学生们树立起信心.这些,都活生生地感染了赵维玲班级里的同学们——

卢巍同学说:"我是个内向的人,可是老师和同学们推举我当上了班长.第一次上台的时候,我的话一点逻辑都没有,紧张得要命,觉得自己能当好这个班长吗?可是赵老师总是鼓励我,给我信心,现在,我真的很有自信,看,我组织同学们接受记者的采访,还不错吧!"

丁雅楠同学说:"赵老师在我的眼中是一个非常有魔力的老师,记得到沈阳参加物理奥赛的时候,我对自己的成绩不是很满意,是赵老师让我振奋了起来,让我觉得挫折并不可怕,只要你有信心,就没有什么不能征服!"

张永刚同学说:"我永远难忘的,是赵老师教育我们,做人要有目标.我的成绩不是很理想,也没有像一些同学那样参加奥赛,但是我从来没有灰心过,因为赵老师让我们从不放弃自己的目标,达成一个,再奔向下一个!赵老师觉得我们每个人都有机会进清华北大……"

从每个人的自信,到整个集体的团结,赵维玲打造的不仅仅是一个团队,更是对学生们精神世界的升华.最终造就了全班同学情同手足、亲密无间的"和气",打造了"互敬、互爱、互助"的班级理念.有一种现象很令人羡慕:每天自习的时候,哪个同学有不会的问题,就写到黑板上去,班里的同学们就会一起为他解答,并最终看谁的方法最好.在记者采访的过程中,每个同学发言完毕时,现场都会响起热烈的掌声,这充满尊重、认可、鼓励的掌声,不正是这个集体强大凝聚力的最好体现吗?

· 189 ·

四、奥赛的领奖台铺满艰辛——学生们在她的大爱中成长

爱是一种信任,爱是一种尊重,爱是一种鞭策,爱是一种激情,爱更是一种能触及灵魂、动人心魄的教育过程.赵维玲的学生就是在她的这种大爱中成长的.她这样告诉记者,师爱的最高境界是友情,爱学生,就必须走进学生的情感世界,就必须把自己当作学生的朋友,去感受他们的喜怒哀乐.当学生对你说悄悄话的时候,你的教育就真的成功了.

她不仅把学生当朋友,更是把学生当成了自己的孩子.记得有人说过,爱自己的孩子是人,爱别人的孩子是神.赵维玲不是神,但她爱别人的孩子真是超过了自己的孩子.为此,她的学生感动得哭了!她的儿子委屈得哭了!

在与赵维玲交谈中,在与她的学生们交谈中,记者深深感受到了她身上的人格魅力.她有着天使般的善良,也有着母亲宽广的胸怀.采访中学生们说得最多的一句就是:"赵老师真正把我们当作了她的孩子!"

2002年升至清华大学基础科学班就读的姜世杰同学是1999年考入育明高中赵老师班级的,入学时,他的成绩中等,平时对自己要求也不严.寒假前夕,姜世杰的父母来到赵老师家让她帮助孩子补习物理,他们说:"我们就把他交给你了!"赵维玲一狠心,把自己刚上初一的孩子送回了吉林的母亲家里,专门为姜世杰腾出了一个房间,和他谈理想,一起探讨、研究学习,赵老师对他说:"你在我这里学上一个假期,看看你物理能不能拿个满分!"备受鼓舞的姜世杰珍惜老师对他的付出,经常学习到下半夜,最后,他不仅拿到了物理的满分,而且一开学就从班级的39名一跃到了第9名.而且,回到家里,他知道疼爱父母,比以前更晓事理了,他的爸妈激动地拉着赵老师的手说:"我们家姜世杰简直就变了一个人啊!"

奥赛教学的成功,是赵维玲对育明高中、也是对大连市教育的贡献.在辅导参加奥赛的教学中,赵维玲呕心沥血,竭尽全力,因人而异,不断激励.

赵老师对参加奥赛的学生采用带研究生式的教学方式.赵老师爱才而且善于发现人才,更善于因材施教.对那些在物理方面有巨大潜能的学生她采用带研究生式的教学方式,除正常课堂教学以外,还要指导他们自学一些大学普物教材和有关参考文献.在寒暑假期间,她干脆把几个同学留在家中同吃同住同研究,这些学生不但被赵老师渊博的知识、精湛的教学技艺所折服,更被她对科学的执著和热情所感染.赵老师在物理教学中培养了那么多"尖子"成功的原因之一,是培养学生的"金牌精神".自信自强、为国争光的理想,锲而不舍、顽强拼搏的意志和充分发挥自己聪明才智的能力,就是一种敢于进取、勇攀高峰的精神,一种勇夺金牌的精神,她激励她的学生为民族、为理想、为荣誉而奋斗.正是因为有了这样一种动力,有了这样一种精神,她和她的学生们才能不懈地、勇敢地向着那理想的高地奔去!理想的宫殿令人神往,但莘莘学生拾级而上的路上荆棘丛生,在学生遇到挫折时,赵老师总是善于激励学生昂然奋起,给他们注入新的力量,激励学生从失败中奋起.

赵维玲一心扑在学生们身上,只要是有利于班级的工作,有利于同学们进步,她从来不计较个人的得失.她经常在考试前自己掏钱买一些羽毛球拍、照相机等奖品.正像她的学生赵晓增说的那样:"她的心思只在我们身上,她最得意的事情,就是我们能够快乐地成长!"的确,相比之下,她对儿子的付出太少,她的儿子也在她教的这个年级.为了工作,她把儿子送到了别的班级.白子硕同学流着泪告诉记者:"周末的时候,赵老师把我这个外地学生领到她的家里去,亲自做饭给我吃;做物理题的时候,她也总是先回答我的问题,最后才管她的孩子,我的心里,真的非常感动……"如今,长大了的儿子已经对母亲有了更多的理解,但是在赵维玲的内心,仍满是对儿子的歉疚.

赵老师班级的班长卢巍道出了全班同学的心里话:"能遇到赵老师,是我们一生的幸福."赵维玲把她的爱,化作了教学中的孜孜不倦,化作了生活中的涓涓细流,她把智慧和希望的种子,播撒在每一个孩子的心田.这,是她自身实力的充分释放;这,是一种教书育人的强烈责任;这,是一种甘于奉献的精神力量.

赵维玲,就这样深深地住进了孩子们的心里.因为有爱,她和她的学生们,永远那么与众不同;因为有爱,她和她的学生们,永远那么阳光灿烂……

赵维玲,已记不清她把多少孩子送上了成功的道路,可是,已经在成功之路上的孩子们,一生都会记得他们的赵老师……

赵维玲,学生的成功就是你的幸福.当看到一批批学生成为国家的栋梁之材时,你会在遥远的地方为他们祝福,你会在他们的身后幸福地微笑!

编者手记:
"能遇到赵老师,是我们一生的幸福."是啊,对于赵老师的学生而言,今生能遇到赵老师,真的是他们最大的福气,同时,赵老师也为拥有这群学生而感到深深的自豪.看,她的脸上一直挂着微笑!

当之无愧的"金牌教练"

在大连育明高中,老师和学生们都知道奥林匹克金牌教练员评审条件是很苛刻的,我们先向大家介绍一下.

1. 辅导本校学生参加数学、物理、化学、生物、信息技术中学生国际奥林匹克竞赛决赛获得金、银、铜牌者;

2. 辅导本校学生参加数学、物理、化学、生物、信息技术全国中学生奥林匹克竞赛进入决赛冬令营获得金、银、铜牌者;

3. 辅导本校学生参加数学、物理、化学、生物、信息技术全国中学生奥林匹克竞赛,在辽宁赛区获一等奖人次超过十人以上者;

4. 辅导本校学生参加数学、物理、化学、生物、信息技术、外语全国中学生奥林匹克竞赛获得大连市团体第一及代表大连市参加辽宁赛区人数绝对领先,且在辽宁赛区取得优异成绩者.

第二章 再创佳绩,勇往直前

题记:究竟是怎样的人能做到战无不胜,究竟是怎样的人敢挑战 No.1,究竟是怎样的人一直面带着微笑……对于我们而言,她永远都是一个谜!

育明高中学生全国奥林匹克竞赛中捷报频传　金牌教练赵维玲再创奇迹

——摘自《大连晚报》记者梁红岩(2007.10.8)的报道

赵维玲(中)在指导学生实验操作

9月30日上午,大连市育明高中全体师生获悉了一条令人振奋的消息:在刚刚结束的第24届全国中学生物理竞赛复赛中,育明高中22名选手获得了辽宁赛区一等奖.其中,大赛的前4名,均是育明高中的学生,他们同时入选辽宁省代表队.

创造奇迹

按照规定,全国中学生竞赛复赛,一个赛区的一等奖人数只有46人.在辽宁省众多重点高中参赛选手中,育明高中独占22人(毕震、隋天举两名同学曾经是平行班的自费学生),可谓一个奇迹.辽宁省物理学会的有关负责人在获悉这一消息时感叹道:"育明高中了不起!赵维玲老师了不起!"

屡建奇功

自1998年调到大连育明高中后,赵维玲担任学校物理奥赛教练员.从2000年起,她所指导的学生就屡次打破大连市、辽宁省的纪录.2000年指导的学生13人获得辽宁赛区一等奖,其中高二学生5人,刘宇(高二)进入辽宁省代表队.转年,又有13人获得辽宁赛区一等奖,刘宇、洪礼明进入辽宁省代表队参加全国决赛.刘宇成为大连市第一个进入国家集训队的奥赛选手并获金牌.2004年指导学生17人获得辽宁赛区一等奖.其中丁雅楠获全国物理总决赛女子组第一名,成为辽宁省第一位全国物理奥赛女状元.当年,辽宁省代表队6人,其中育明高中5人,获得2金3银的优秀成绩.几年来,赵维玲所指导的学生在参加全国中学生物理竞赛中,先后有91人获得辽宁赛区一等奖.其中有17人进入辽宁代表队、5人进入国家集训队,获得金牌5枚、银牌7枚、铜牌1枚.先后培养出19名高二学生提前一年获得辽宁赛区一等奖,其中3名学生进入省代表队.2004年,辽宁省物理学会授予赵维玲"辽宁省物理竞赛特殊贡献奖."

编者手记：

整整十二年了！十二年来，赵老师在育明高中从事物理奥赛教学、组织，她将自己的全部都奉献给了自己的学生，她的学生从来没有辜负过她的期望.赵老师，金牌永远属于您！

家长眼里的赵维玲

——摘自《大连晚报》记者山石(2007.10.6)的报道

10月6日下午,室外下着大雨,5位获奖学生的家长如约来到报社接受采访.他们,有的从金州赶来,有的现与同事换班,就是为了"想要来补充介绍一点赵老师对孩子学习上、生活上,特别是在做人上的教导".赵老师的教学能力、敬业精神家长有目共睹,但家长们更看重的是赵老师对学生团队精神的培养和对孩子们自信心的激励.家长们说:"赵老师言传身教给孩子们团结、互助、拼搏、向上的品质,让孩子终生受益."

学生眼里的赵维玲

刘雨濛:24届全国中学生物理竞赛复赛辽宁赛区第1名,获一等奖并入选省队.赵老师是我遇到的最有气度的老师.她经常对我们说"物理学的是大气,只在乎一次失败的人是没有大出息的."

毕震:24届全国中学生物理竞赛复赛辽宁赛区第2名,获一等奖并入选省队.赵老师总是微笑着把物理思想与解题方法娓娓道来,将复杂的问题解释得清晰明了.在生活上对我们也非常关心.

张树栋:23届全国中学生物理竞赛复赛辽宁赛区第4名,获一等奖并以高二学生身份入选省队.24届全国中学生物理竞赛复赛辽宁赛区一等奖.赵老师经常鼓励我们和同学交流,让我和毕震给同学讲题、出题,使我的能力在和同学的交流中提高.

马冬晗:24届全国中学生物理竞赛复赛辽宁赛区第3名,获一等奖并入选省队.在我们沮丧时,是赵老师激发我们重拾信心,昂头再搏.我们取得的成绩,在别人看来是神话、是奇迹,在我们看来其实是验证了一条等式:敬业×1+奋斗×22=收获辉煌.

郑环宇:24届全国中学生物理竞赛复赛辽宁赛区第4名,获一等奖并入选省队.物理竞赛的前途是光明的,道路却是曲折的,赵老师就是我们的一盏指路明灯.复赛考前,我感到异常的紧张,赵老师对我说:"你是高手,是全省甚至全国的高手,只要放平心态,就会成功."

王贤东:24届全国中学生物理竞赛复赛辽宁赛区一等奖.我是高二的学生,赵老师利用业余时间帮我补课的同时,还经常激励我:育明的辉煌历史是拼搏出来的,身为育明人,就要用自己的拼搏捍卫它.

朱晓彤:24届全国中学生物理竞赛复赛辽宁赛区一等奖.几个人获得好成绩并不难,一个集体全都获得好成绩实属不易.赵老师为我们创造了团结互助的氛围.她鼓励交流,一道好题,一本好书,大家分享;她肯定互助,毕震、张树栋两位去年获一等奖的同学仍与我们一起学习,提供无私的帮助.

陈瑞竹:24届全国中学生物理竞赛复赛辽宁赛区一等奖.每到假期,赵老师都领着我们南征北战,请大学教授指导.每次考试前,赵老师都鼓励我们,让我们放下包袱从容发挥,为育明争光.

编者手记:

作为老师,都想拥有优秀的学生,可又有多少人知道培养这些优秀学生的艰辛呢,赵老师,您的付出,我们知道,您的心声,我们真的能够听得到.

育明高中夺得国际奥赛大连首金

——毕震同学成为大连市荣获"中学生国际物理奥林匹克竞赛"金牌第一人

摘自《半岛晨报》记者于雯(2008.9.2)

毕震同学获得"第三十九届中学生国际物理奥林匹克竞赛"的金牌！这是大连市有史以来，中学生在国际学科竞赛中获得的第一枚奖牌！这个消息在2008年的七、八月份震动了大连市教育界.

大连市教育局局长骆东升(右四)、副局长马瑞春(右三)亲自到机场迎接毕震(右五)

赵老师和学生毕震一起

由82个国家、376人参赛的第三十九届中学生国际物理奥林匹克竞赛于2008年7月份在越南河内举行.业内人士将中学生国际物理奥林匹克竞赛看作是中学竞赛领域的最高荣誉,其获金牌的难度甚至高于获奥运会金牌.作为中国中学生物理代表队5名选手之一的毕震,是中国北方诸省、市唯一入围者,在经历无数次考试、筛选之后,最终摘得金牌,不但成为辽宁省近10年来国际学科竞赛的一大突破(8年前沈阳东北育才学校的一名学生获得了国际奥赛的金牌),更成为大连市百余年来国际学科竞赛零的突破！

7月31日,大连市教育局局长骆东升、副局长马瑞春亲自赶到大连机场,与育明高中的部分师生一同迎接从越南河内凯旋而归的毕震.马瑞春称赞毕震夺得金牌是"奥林匹克精神在物理竞赛领域以及大连教育领域的体现".骆东升在接受记者采访时说,大连出现了不少在奥运会上夺得金牌的运动员,现在又出现了"头脑奥运会"的首枚金牌,大连的中学生能在国际高端智慧的碰撞中拿到奖牌,说明大连的基础教育在创新人才的培养方面又迈进了一大步.多年来,育明高中在培养尖端人才方面进行了有益的探索,获得了很多国家金牌和一枚亚洲金牌,如今又拿到了国际金牌.感谢多年来从事竞赛辅导的老师们.教育局领导当场表态,要奖励育明高中的师生们.8月31日,在"大连育明高中国际奥赛金牌表彰大会暨新学期开学典礼"上,教育局兑现了当初的承诺,给予育明高中10万元、毕震3万元的现金奖励.

育明高中也当场奖励物理奥赛指导教师、金牌教练赵维玲10万元,奖励毕震2万元.辽宁省物理学会分别授予育明高中和赵维玲老师"辽宁省物理竞赛模范学校"、"国际金牌教练"的称号,赵维玲成为辽宁省荣获这一称号的第一人.省物理学会、科协的相关领导声称,这种成绩的取得对育明高中来说并非偶然:多年来,育明高中抓素质教育,正确处理了普及与提高的关系,老师的默默耕耘与学生的锲而不舍,终于铸就了今天的辉煌.

特长生培养一直是育明高中发展的基石.建校仅10年时间,育明高中先后考出两个高考省状元,共有240人进入清华、北大,2 000多人进入全国排名前10所名牌大学;参加全国中学生各科奥林匹克竞赛,入选国家集训队9人,获国家金牌14枚、银牌13枚、铜牌9枚,获国家一、二等奖816人;向美国、英国、加拿大等输送留学生300多人,其中有140多人享受奖学金,有80多名学生就读美国麻省理工、英国剑桥等世界名牌大学.

刘春普校长在发言中总结道:建校10年来,育明高中突飞猛进,以无可争辩的事实,创造了大连教育界的奇迹!

编者手记:
毕震同学成为大连市荣获"中学生国际物理奥林匹克竞赛"金牌第一人,这可是真的No.1啊!能做出这样成绩的,可能只有赵老师了吧!

第三章 奥赛感言

题记:古语有云,"近朱者赤,近墨者黑",好的学习经验可以改变我们一生的命运,让我们一起来听听成功者的箴言吧!

国际奥赛金牌得主和他的金牌教练教你如何学物理——重在理解 学会归纳

——摘自《半岛晨报》记者方海征(2008.9.7)

2008年在越南河内举办的"中学生国际物理奥林匹克竞赛"中,来自大连育明高中的毕震为大连取得了一枚金牌,他也是大连市首位荣获"中学生国际物理奥林匹克竞赛"金牌的学生.如今,毕震已经被保送到北京大学.用怎样的学习方法能够将物理学得这么好?学习物理有没有什么独特的学习方法?本报记者专访毕震以及他的指导老师赵维玲,听他们一起来传授冠军的学习经验.

金牌得主秘诀

初中学习法 基础知识掌握扎实

毕震的父母都是计算机老师,同其他的孩子一样,他也是在初中二年级的时候开始学习物理.说起自己初中的物理学习,毕震首先要感谢一个人,"我是在大连海事大学附属中学读的初中,当时我的物理启蒙老师是韩刚老师,他很负责任,讲课有趣,而且讲的知识点也很多."

初中接触、学习过一段时间物理后,毕震感觉这并不是一门很难的学科,"我觉得初中学习物理,重在打基础,而且基础知识要学得很扎实."都说兴趣是学习的动力,当问及毕震今日取得如此好的成绩,是否初中的时候就对物理有着非常大的兴趣时,他想了想,"好像我那个时候对物理不是有着特别大的兴趣."说完,顿了一下,"换句话说,可能那个时候我还没有感觉到物理的魅力."说完,他"呵呵"地笑了起来.

说起初中物理的学习时,毕震打开了话匣子,"初中学习物理,最重要的一个方面就是一定要把课本的内容掌握扎实,或者可以说,初中物理学习是要打下一个很好的基础.基础打好了,就要细心,在看书和做题的时候,一定要细心."毕震读初中的时候,物理并不突出,"那个时候我的成绩算是中上等,不是尖子生."在那个时候,毕震用在学习物理上的时间,也没有比其他人多太多,"五大科,我用在语文、数学和英语学习上的时间比较多,用在物理和化学学习上的时间比较少."当然,为了培养自己对物理的兴趣,毕震也经常找一些课外知识以及与课本背景相关的内容来阅读.

高中学习法 学会归纳举一反三

上了高中之后,毕震师从育明高中物理老师赵维玲,毕震现在还记得当初老师对自己说的话,"我记得当初老师跟我们说,要坚持住,只要坚持下去就能有成绩."在毕震的眼中,每个人都有学习物理的天分,"我感觉物理真的不是一门很难的学科.如果说初中物理注重打基础的话,那么高中物理学习就是要注重对知识的理解."毕震不认为题海战术是一个好方法,"要做题,但是不能多做题,题海战术我很不赞成."

事实上,很多同学在初中时,物理学得很不错,但是到了高中,却一下子找不到从前的感觉,物理似乎一下子变得难学了起来.在毕震中考结束的那个假期,他提前学习了一点高中的物理,"当时就是想提前接触一点,我也怕自己到了高中之后会手足无措."在那个假期,接触一段时间物理后,毕震感觉还可以,"其实很多同学说高中物理难,其中一个方面是他们的心理在作怪,他们感觉

附 录

没有信心.初中物理是定性的,高中物理要多分析,打个力学的比方,初中力学以静态为主,而高中则是以动态为主."

在高中的学习上,毕震跟着老师的进度学习,"很简单,上课认真听讲,课后认真完成作业,不过我的一个秘籍就是我的笔记记得非常好."在课堂上,老师讲的精华以及知识重点,毕震一个字都不落.

课堂听讲,课后要做总结,"要学会将做过的题进行归纳,我就是这样做的.很多题都是同一类题,这样就可以做总结,将相同类型的题归纳到一起,学会举一反三,看到新题后,能够联想到自己曾经做过的题型."对于毕震来说,课后做题的时候,他会先复习一下当天讲过的知识点,同样,在做题的时候他也会针对自己某一方面的弱点,来进行调整."另外,在考试之前,要弄清楚知识点,在考试的过程中,看到题就能知道考查的是哪部分的知识点."

竞赛学习法　拓宽知识涉猎广泛

上面是毕震在初中和高中时的学习心得,而对于那些物理本来学得就很好,也想走竞赛这条道路的同学来说,物理学习要看的内容要多得多."如果想参加竞赛的话,要看很多大学的物理知识,参加竞赛的话就要多看题,多做题了,这种做题是为了能够看到更多的题型.在竞赛中,有的地方还需要高等数学的知识,这都是需要涉猎的."

在参加竞赛之前,毕震自学了一些大学的物理课程,"还有要熟悉历年竞赛的真题,将题与自己学过的知识联系起来,并且在考场上争取做到看到题就能够联想到自己曾经做过类似的题型.物理学习有很多好的方法,将这些方法总结出来,对自己有很大的帮助."而在平时学习的过程中,毕震还注重对科普方面知识的阅读,"一些竞赛题是从科普知识中变化而来的,多读些这样的书,对自己有好处."

而在考试的过程中,毕震认为放平心态最重要,"在考场上能做进去题,心态好一些,应该就够了."

编者手记:
物理这门学科真的很难学,还记得大学里的物理对于很多人来说,可真的是"大红灯笼高高挂"啊,不过赵老师的学生们,你们真的好幸福啊,有问题,找赵老师去!

金牌教练建议——重在理解不搞题海

——摘自《半岛晨报》记者方海征(2008.9.7)

赵维玲是国家物理奥林匹克竞赛金牌教练、辽宁省物理特级教师、辽宁省物理学会副秘书长、大连育明高中校长助理、大连市劳动模范.几年来,她培养的学生有100多人考入清华、北大,培养的全国奥林匹克物理竞赛学生有1人进入中国代表队、6人进入国家集训队、18人进入省代表队,获国际金牌1枚、国家金牌6枚、银牌10枚、铜牌2枚,获"女子总分第一"特殊奖和"实验总分第一"奖各1次.多次多项打破大连市纪录、辽宁省纪录、全国纪录.

记者:怎样培养学生学习物理的兴趣?

赵维玲:培养学生学习物理的兴趣是挺重要,培养的方法就是让学生们多了解一些在物理科学史上,物理学家所做的贡献.事实上,每个物理学家在发现一种规律性研究的背后,都有很动人的故事.另外,在日常生活中,有很多生活现象是可以用物理学进行解释的,除此之外,还有一些情况可以通过做实验进行理解.学生们一动手,兴趣就能够上来了.

记者:高中物理学习的主要特点是什么?

赵维玲:与初中物理学习不同,高中物理学习最大的特点就是要注重对知识的理解,并且要理解规律的哲学观点.内涵性的知识多一些,规律性的知识多一些,定量的多一些.规律性的知识可以总结,同学们可以通过实验揭示规律,也可以通过画图象诠释规律.

记者:从初中升入高中后,物理学习的这个过渡时期应该怎么学习?在物理学习上,有没有学习的误区?

赵维玲:初中学的物理知识主要是为了解释物理的现象,而到了高中后,研究到了一个更深层次.初中学的物理知识主要是物理知识表面、表壳上的东西,而高中物理知识的学习则开始加深和拓宽.物理其实就是研究自然的规律,需要同学们悟出其中的道理,如果没有悟出其中的道理,找出彼此间的关系,而是乱套公式,那就学不明白了.很多孩子到了高中之后,物理学不明白就是因为没有理解,之后有可能走上搞题海战术的路子,这样可能越学越觉得难,所以,最重要的还是要理解.

记者:像毕震这样获得奖项的同学,在以后升学道路上的好处都有什么?

赵维玲:获得奖项的同学们都能够被保送,像毕震被保送到了北京大学,在大学里,他学习的还是物理专业.事实上他也可以选报其他的专业,比如报清华大学学习建筑专业、电子专业等,甚至可以毫不夸张地说,清华大学、北京大学的所有系,毕震可以随便挑选.

记者:您以前也培养了不少获得奖项的同学,那么这些同学未来的发展方向都是怎样的呢?

赵维玲:在大学期间学习物理,学生的理性思维可以继续加深,如果将来对理论物理感兴趣的话,就可以做理论物理的研究,像毕震就是这样的学生,他对理论物理感兴趣,以后大概会选择对理论物理的研究.对实验物理感兴趣的同学,在大学期间可以学习实验物理.比如我从前教过的一个学生,现在在斯坦福实验物理学习,他现在的排名都是遥遥领先.除此之外,不少学生本科学完物理后,去做金融、搞经济、搞投资,有的转入电子行业,搞机械.有经商的,也有做领导的,他们的路子很宽.因为物理学好了,理性思维很强,想做什么都能做好.

编者手记:

"物理学好了,理性思维很强,想做什么都能做好."这可是我们赵老师多年来的经验总结,有心的同学,请继续在你们梦想的道路上勇往直前吧,加油!

当初的自费生　今日的保送生

——摘自《半岛晨报》记者于雯(2008.9.2)

早已被保送北京大学物理学院,如今又摘得国际奥赛的金牌,相信大家在称赞、羡慕毕震的同时,不知道这样一个内情:当年初升高时,毕震并非成绩一流,他只是一个自费生.

是毕震天生对物理有兴趣? 还是有物理天赋? 毕震说"都不是",他是到育明高中以后,才逐渐对物理有兴趣的.因为学校有竞赛辅导班,很多同学都报名了,他也不例外.是老师帮他培养了对物理的兴趣,"老师说过'兴趣是培养出来的',"毕震如此解释他爱好物理的原因.谈及今后的目标,毕震表示以后出国深造,搞研究.

毕震的学习经验跟其他学习好的同学没什么两样:上课认真听讲,课后认真做作业,跟上老师的步伐.

毕震的物理奥赛指导教师赵维玲认为,毕震的理性思维比一般同学高些,学习习惯很好,不照抄公式,善于思考,把理论理解得很透彻,不会的轻易不动手,动手很少做错题.赵维玲说,当时像毕震这样素质的学生有两三个,但毕震更全面一些:思维缜密,性格成熟、心态好……每经过一次大考,他就能提高一些,逐渐与别人拉开了距离.赵维玲对毕震的评价是:有理想有追求,为人不计较,大气,成熟,做人低调,做事高调."学生的成功就是我最大的快乐",赵维玲希望毕震将来能获诺贝尔奖.

编者手记:
毕震,你是赵老师的骄傲,也是育明高中的骄傲,你的明天很值得我们的期待!

毕震的获奖感言

——摘自《半岛晨报》第 A08 版专刊

  回想我的竞赛历程,我最感谢的就是我的母校——育明高中,是校长给了我这样一个平台,是赵老师激发了我对物理的兴趣和热情,是班主任老师和指导老师给了我生活上的无私关爱,是同学们跟我积极的交流使我提高,是关心我的同学家长们在我遇到困难时伸出援助之手……所有这些,都让我的每一步走得更加稳健,更让我浑身充满了斗志.

  一路走来经历很多收获也很多,近一年的竞赛旅程,有辛酸和痛苦,但因为有老师和同学的陪伴,辛酸中有了甘甜,痛苦中有了快乐.今天的成绩绝不是我一个人的,在我周围,关心我的每一个人都是我成功的助推器,我的成绩属于这里的每一个人.我希望明天的育明高中更加壮大!

编者手记:
  你的感言,赵老师听得到,你的斗志,赵老师看得到,继续努力吧!

附 录

往事回忆——记我在育明过去的日子

——摘自《育明人》第二十期　作者：李扬

作者简介：高三·二班学生.获物理奥林匹克竞赛国家级一等奖,已保送浙江大学.

那年秋天,我在一片沁人的凉意中走入育明.

那时的我,心中怀着极高远的理想——冬令营、金牌、清华……于是我开始了努力.我的班主任是赵维玲老师,她指导的学生曾冲入集训队,取得了极高的荣誉.为了能被她注意到,我在军训时便开始学习物理,并使物理成绩在一开始便相当不错,加上我平时对物理的感悟,很快便引起了她的重视.从此我跟随赵老师踏上了物理竞赛的漫漫征途.她教得很好,使我们在半年内便学完了高中物理的全部课程.

学习之余,我暗暗观察这个学校,发现一切新的事物都是那样的令人神往——新的环境、新的老师、新的课程……不过最让我高兴的还是见到过去的同学,一起坐下来聊一聊,聊聊现在的长进,聊聊未来的期望.学校开展了很多活动,我们踊跃参加,取得了不少好成绩,班里一直充满着欢声笑语.

期末到了,要举行分班考试.于是在昏天暗地的准备后,我开始了答题,此时任何一题都将决定命运,不光决定分在哪个层次,更决定进入哪个重点班.考试结果出来了,我很顺利地进入了重点班.幸运的还有,我的班主任仍是赵老师.刚进入重点班时,发现重点班的空气果然凝重,让人一进去就要窒息,一坐下就想握笔.不过一切在大家慢慢熟悉后好转.年级里的好手汇聚一堂.竞争自然激烈,一开始好多人便在马拉松式的赛道上启程.经过几轮争夺后,有些人稳居在第一集团,我眼看着被一个个人超过.不过我坚信着自己的实力,满怀信心地坚持着.过了一段时间,我们班也充满了欢笑,同学们彼此渐渐熟悉,开始互通有无.我看着大家诚挚的目光,心中有了自信,申请并担任了物理课代表一职.在二班的这段时间里,我的生活充满了阳光:课余时间,我拥有了知心朋友;篮球场上,我赢得了许多拍手叫好的热心观众;食堂里,我结交了许多谈天说地的哥们.这些人、这些事,会让我倍加珍惜,幻化成永恒的记忆.

即便这样,竞赛的学习也从未间断,我随物理竞赛的人一起,到青岛全国高中竞赛夏令营来学习进一步的课程.青岛真美,我的一切都似乎是在梦中.我们听取了大学老师风趣的讲课,学到了许多从未听说过的知识,我充满了快感.组织者开展了校间篮球比赛,我便一手组织了育明二队,经历了数场厮杀,杀入了决赛,最终取得了第二名.要说除了没有观众以外,还真没有什么别的遗憾,因为夺冠的也是育明人.青岛的自由感染了每一个人,引起了我们对大学的憧憬.青岛之行就这样轻松地结束了.

也许人生注定要有不如意,我的成绩也经历了不少的波折.在我最痛苦的时候,我充满了疲惫与懈怠,就在我认为快要坚持不住的时候,我似乎听见有人对我说:"你要坚强!"接着,我的情绪又变得和往常一样饱满,更加有力地坚持着自己的选择.第一次物理竞赛考试,我复赛在沈阳败北.那一刻,所有的委屈一齐涌了上来,我不相信命运会对我如此不公道,我不相信自己的实力不足以使我取得名次.接着,家长亲友劝我放弃竞赛,可我怎么能呢!跌倒后我爬起来,更加振奋地走在竞赛之路上.这条路上注定布满荆棘,也倒下了太多的人,但我不能倒,我要冲过去,越过远方的山巅,去看更高更远更美的群峰!

这时,赵老师找我谈话,问我是否坚持竞赛,我说是,她点了点头.此后她给了我极大的帮助,帮我渡过一个个难关,让我的心态逐渐调整到了应考的方向.

翌年,我们去了沈阳参加培训.我经过了一年的调整,已经有所进步,并在"稳"字上大下工夫,宁可少做两题,不容做错一题.渐渐的,我发现我的底气上来了.同时我经历了实验培训,一切只待

·203·

一战.沈阳还没有变,可我的心情已大不同于前.那段时光同青岛一样,是美丽的,但更使我怀念.

再临沈阳,我已突破了初赛,蓄势待发.经过一轮考试后我惊奇地发现自己名列省第七,极有希望杀入冬令营.实验考试前,大家在一起欢快地谈着,我看着他们的眼光,是那样的有自信,也使我受到了鼓舞.我要赢!我鼓励着自己.待到发榜时,我从前往后找着自己的名字,那一秒钟,我似乎什么也看不见,我无法接受任何其余的事实.然而事实就是这样:前六名没有我的名字——这是费了好大劲才反应过来的.再看发现自己仅比冬令营低了0.3分,清华就这样与我远离了.

进入冬令营的人各自都有了好的前程.我的归宿也绝对不能低.经历了短暂的调整情绪时期后,我开始认真地分析形势:高考参加的人数太多、考试类型对我不利,选择保送是明智之举;各高校保送方式不同,学校类型迥异,全国排名第三的浙江大学的考试时间便足使我有能力充分准备,而且它又是众人趋之若鹜的综合大学,再加其强大的工科排名,使我选择了浙大,同时浙大也选择了我.纵然有未上清华的遗憾,但我确信江南水乡会是我未来几年内最佳的归宿.

现在我坚信,通向最终辉煌的路有千万条,而我只要走上其中一条,便定能取得成功.我衷心感谢那些在我背后期盼着我的眼睛,是你们信任的目光,给了我无穷的动力,使我有信心走过过去和将来的道路.在这里,我要说:"谢谢你们,谢谢了!"

编者手记:

本文的作者李扬真的是一个很坚强和聪慧的人,他懂得从失败中汲取经验,在关键时刻,能够认清形势,从而得到了自己的最佳归宿.赵老师带出来的学生,果然不一样!

我的育明情结

——摘自《育明人》第二十六期　作者：郑环宇

姓名	保送院校	获得奖项
郑环宇	清华大学	第二十四届全国中学生物理竞赛决赛二等奖（银牌）

每个人都对名校有着一种特殊的向往与崇拜,由此产生了哈佛情结、斯坦福情结、清华北大情结……而我,独有一份育明情结,萦绕于心间,挥之不去……

育明 or 二十四：抉择成就人生

我的家在中山区,属于"敌占区",面对人生的十字路口,我坚定地选择了育明.因为她,承载着创业者的梦想和莘莘学子的希望.尤其是德高望重的梁校长,当我听他慷慨激昂的演讲时,我的心情无比激动.我看到育明的脚步是多么的自信和坚定,育明的未来是何等的灿烂与辉煌.学弟学妹们,我亲爱的朋友们,我以一个学长的身份告诉你们,你们的抉择无疑是正确的,坚定不移地走下去,这段人生必将成为生命中最值得回味的时光.

初涉竞赛：坚持就是胜利

刚开始搞竞赛的岁月是灰色的,无边无际的物理竞赛题目,有的竟连解答都难以看懂.无数个漫长的夜里,我曾为一道道难题而彻夜难眠;几多次行走在校园里,我在竞赛和学习的冲突上痛苦选择.最初的不适应,导致了那段岁月的迷茫.坚持与放弃,这是一个问题.我选择了前者,也就选择了今日在宁波,站在中国物理竞赛最高领奖台上,手握银牌的成就.

走出了初涉竞赛时的低谷,竞赛之路并非一马平川.当知识的范围扩大之后,遇到的自然是更大的压力与挑战.知识越来越多,题目越来越难,平时测试的小考,也时有失误发生.然而,我从未因为困难而退却,反而越学越轻松.这不但得益于我浓厚的兴趣和执著的追求,更有赵老师的鼓励一直给予我最大的力量.

赵维玲老师一站在竞赛课的讲台上,当班主任时的严厉立刻荡然无存,取而代之的是无比的和蔼与慈祥.从万有引力到热学定律,从电磁理论到原子世界,无数复杂的知识在她嘴角的微笑中消融,又在她生动的讲解中如鲜花播撒到每个学生的心田.即使我无法一下子掌握物理的原理,也能强烈地感受到物理的美,就像赵老师一直挂在嘴边的那句"物理是门美丽的科学".

在竞赛班里,说在当面的永远是赞美与表扬,批评永远留在促膝而谈的课下.无论是一次小考的名列前茅,还是偶然的进步,都不会被赵老师放过.她站在讲台上,用最甜最美的声调,大声朗读她的鼓励之词,似乎发现了什么物理学定律,或是获得了诺贝尔奖.我敢断言,凡是在物理班坚持到最后的人,没有不得到赵老师的夸奖的.甚至到了最后几个月,每次测验之后,她都要大声地读我们四个的名字,说我们一定能进省队.天啊！省队只有六个名额,而我们又面对着东北育才、鞍山一中这样强劲的对手,赵老师怎么那么有把握.然而,当复赛结束时,我们都惊呆了！我们四个果然都进了省代表队,并且是前四名！难道赵老师有未卜先知之术？不,是她毫不吝惜的鼓励,给了我们一次次的感动,一份份的爱,在竞赛一路走过的日子里,让我们在逆境中坚强,在奋斗之后享受成功的点滴满足.和赵老师共同奋战过的人都知道,一个真正的名师不但可以将课深入浅出地讲好,更重要的是,他或她懂得关爱每一个学生,给他们以自信和激情.正所谓"授之以鱼不如授之以渔",教会知识更要教会做人.

竞赛的峥嵘岁月早已化成一卷泛黄的丹青,在历史中永存.但在我心中,竞赛之路依然历历在目.而赵老师,永远是我们物理班30多人的母亲.她大声地鼓励,让我们奋勇向前;又小声地批评,为的是不让我们偏离方向.在这两种力量的驱动下,怎能不使这个班级强大.这就是"领袖"的风采.

携手共进:我们是兄弟姐妹

我们个个是标准的80后,基本都是独生子女,拥有着前辈不具有的个性与独立.然而,就是这群年轻人,却创造了一个团结的集体,一个温馨的家.

我每次拖着疲惫的身子踏进奥赛教室,就像嗅到了春的气息,顿时轻松好多.喜欢看课前大家低头钻研的身影,每个人都向着目标前进,没有人掉队;喜欢听同学们小声讨论的声音,我有知识,就毫无保留地告诉你;喜欢感觉兄弟姐妹们上课时专注的眼神,我们对物理的渴望是同一个梦想.于是,走在前面的为师,倾其所能,耐心教导;落在后面的为徒,不齿于问,奋力赶上.一面是无论知识还是方法,有问必答;一面是不管难题还是细节,打破砂锅问到底.在课下我们又是无所不谈的朋友,吃在一起,玩在一起,学在一起,心在一起.以至于当问及某人是哪个班的我会犹豫停顿,而若问是否属于物理班却能脱口而出.自己竞赛取得成绩并不在意,而兄弟姐妹们能够出类拔萃才给我莫大的惊喜.我深深感到,竞赛给我的远不止是那份荣誉,而在这个"家"中,我学会了分享、关爱与交流.

篇末语:

梁校长曾经告诉我:"无论走多远,都不能忘记你是个中国人,你是个育明人."是的,我怎么会忘记这里的一草一木,这里曾经给我温暖的校领导、老师和同学们,我爱你们!

育明情结,是一缕永远不断的丝线,将我的心与育明连在一起,将我的情与育明连在一起.

> **编者手记:**
> 郑环宇的育明情结将他的心与育明紧紧地拴在了一起,一个懂心的人必然会在自己的人生中创造出属于自己的成绩.

附 录

用什么来回报你,我的母校

——摘自《育明人》第二十七期 作者:马冬晗

灯光和花火一起闪亮,也亮不过我的梦想

两年前,一纸育明的录取通知书将我带到了这里,从此我站在梦想的起跑线上.两年前,选择了参加物理竞赛,从此驰骋在希望与拼搏的疆场.

第一次听赵维玲老师讲课,讲的是静力学知识,她耐心自然的讲解、简洁优美的板书,都令我如沐春风,醍醐灌顶,顿然感受到物理严谨、超然的美,灵魂中涌现对学好物理迷醉般的冲动.

参加培训时,赵老师借给我一本张大同老师编写的《通向金牌之路》,它立刻成为我亲切的伙伴.整整一个假期,我用心钻研这本书,虽然书中不少题很有难度,让我苦思冥想久久不得,但看到讲解中清晰的思路,我却对物理有了"开窍"之感.

在赵老师的指导下,我和同学们完成了一本本练习册,解决了一个个难题,竞赛成绩有了初步提高.寒暑节假,赵老师还安排我们去全国各地参加奥赛培训.背上行囊,我们走过沈阳、长春、天津、上海、杭州,聆听郑永令、吕天全等著名教授精彩的讲课.我仿佛触摸到了科学厚重的呼吸,对物理也有了深入的理解,随之产生的是浓厚的兴趣.我记得在天津培训时,北京大学的舒幼生教授给我们讲相对论中的"双生子佯谬"问题,听得我兴趣盎然,深深感受到物理的奇妙;杭州一行,王栩老师跟我们讨论的热学问题,更让我又惊讶,又折服.而最让我体会到美的则是物理中用到的初步微积分思想,看似复杂难解的题目,经过微积分处理立刻变得妙趣横生,简洁明了,让我每每惊叹.

时光让脸庞渐渐发光,风雪把悲伤轻轻吹亮,被淋湿的翅膀才拥有穿越过那暴风雨的力量

然而,在不断探索与进步的过程中难免遭逢坷坷坎坎.2006年9月,我们参加了物理竞赛复赛,我发挥得并不出色,只拿到省二等奖.成绩出来以后,我感到无比失落和灰心,甚至怀疑自己的能力.三个月的时间,我几乎没有再做物理题,每每拿起书本,就会觉得迷茫无助.在迷茫与选择中,2006年飞快地过去了,我们又迎来了一个"物理的寒假".

这时候,赵维玲老师找我谈话,分析我存在的问题:做题不够多、思路不灵活等等;又分析我的优势:思维缜密、做题仔细.她鼓励我冲击省队,去与全国选手竞争金银牌.

我们面对面地坐在三角厅里,我望着赵老师和蔼亲切的目光,在惭愧感动的同时,我深深地感到惊讶.原以为自己在老师眼中很平常,但赵老师的一席语重心长的话语让我重新看到了希望,看到了自己本应得到却被错过的辉煌.我更看到了风雪弥漫中前进的方向.

没有困难能把一颗坚定的心打倒,正如拿破仑·希尔说的,"把你一生中所发生的所有事件都看作是激励你上进而发生的事件."我重又开始了拼搏,从此勤思多练是我的桨,挑灯夜战是我的旗,战略战术是我的帆,我奋勇前行,在物理学蔚蓝的海面上.

这一年夏天有最感动的阳光,你给我梦想我勇敢往前闯

行行重行行,我们终于走到了2007年8月,进入了真正的冲刺集训阶段.即使是炎热的夏日,赵老师仍要求我们坚持奋战在物理实验室.至今仍难忘420教室里奋斗的每一天每一刻,三十几名同学为了前途命运,更为了"民族理想荣誉"的嘱托,在一起拼搏、讨论,互相鼓舞、昂扬斗志.赵老师还组织我们班几位优秀同学编写了近十套新题练习,从而大大开阔了我们的思路.清晨啼鸟尚未唤醒朝阳,我们已坐在桌前开始新一轮角逐;夜晚余霞早已点燃天空,我们仍伏案劳作探索着物理之美.每一次自习结束以后,走在回家的路上,我都感到无比充实和自信,仿佛看到自己乘着梦想的白翅膀飞向清华园.

是的,从小到大我的梦想一直就是那美丽的水木清华.即使不能通过竞赛保送,我也一定要通过高考考进清华.2008年我相信清华会等我.在准备复赛的过程中,我总是用"清华"鼓励自己,甚至在练习册上也写下"剑指清华,实现梦想"的豪言壮语.

北大学子说:"有些事的确会影响你的一生,但没有一件事能决定你的一生."但面对这个也许比高考更重要、更风险的考试,谁能不紧张呢.

好在,我有呵护我的父母和支持我的老师.整整两个月,在我困惑迷惘、焦虑不安的时候,都是他们帮助我卸下担子,让我勇敢前闯.我感激他们!

今天我终于站在这年轻的战场,谢谢你给我一束爱的光芒

2007年9月22日和23日,我们三十多个同学一起走进了复赛理论和实验考场.2007年11月3日和4日,我和三个同学又一同走进了决赛理论和实验考场.然后是2007年11月8日,我们登上了总决赛的领奖台.

胸前是光闪的奖牌,手中是珍贵的奖状,我站在台上,心潮澎湃.学竞赛的两年里,风雨兼程一路走来,苦也过泪也过,不变的是心底的执著;痛也罢泪也罢,不改的是奔流的本色.磕磕绊绊一路走来,学校的殷切关怀,老师的谆谆教诲,家长的百般呵护,都让我看到了最美好的爱,我会永远珍惜.

终于,一纸清华大学的预录通知书让我冲过梦想的界线,把希望书写得更高更长.梦圆清华,心在飞扬,我懂得明天又是一个崭新的开始,我肩上有更庄严的使命.

回首昨天,深深眷恋母校.我不禁想,拿什么回报你啊,我亲爱的母校育明?

我相信,我会不辱育明人的称号,清华园里再创佳绩,用青春热血挥毫生命的墨香,在岁月的长河上洒满胜利的韶光.

编者手记:
"用什么来回报你,我的母校",马东晗道出了所有育明学子的心声,其实答案很简单,用你们的智慧、用你们的努力来为自己的明天换取幸福,母校看到你们幸福,就是她最大的幸福.

第四章 新时代的知性女人

题记:知性女人应该是举止优雅、让人一见赏心悦目的那种,待人处事落落大方,她用身体语言告诉你,她是一个时尚的、得体的、尊重别人、爱惜自己、懂得生活的女人,她的女性魅力和她的处事能力一样令人刮目相看.自强、自立、自信的新时代女人.而她,具备了超出以上所有的条件,"新时代的知性女人"的称号自然花落她家.

赵维玲——我一定要写一写的女人

——来自 http://blog.sina.com.cn/yingning531

世上有两种人,男人和女人.

在我们普遍的价值观体系中,男人的价值大多体现在事业上,而女人的价值则更加体现在对家庭的经营和对子女的养育上.不过,这个世上偏偏有这样一种职业——让女人活得不像女人或者说更像别人家的女人——教师.而今天我要写的这个女人绝对是校园内外被争论的焦点,和她仅仅两次谈话之后,我几天的思想空间就都被她占据了.

与育明高中的赵维玲老师相识是节目的需要,但也是我个人的愿望.她的学生毕震刚刚获得了国际物理奥赛的金牌,这块大连建市百年的首枚国际奥赛金牌震动了大连市的教育界,也成为近日大连的家长们街谈巷议的话题.在人们称赞毕震的时候,我们不由地把目光转向了他背后的老师赵维玲身上,工作近三十年的她曾经培养出100余位被直接保送到清华北大的学生,若干年前"金牌教练"的称谓就在不断更新,可以说赵维玲已经成为了一个大连教育界中的传奇.当毕震回国在机场看到自己的恩师时,激动地拥抱,含着泪只说出了五个字:老师,谢谢你.这个时候除了这几个字,又能说什么呢? 这时候虽然只有这几个字,但是包含了千言万语.

每个人心中"厉害"教师的形象和标准都有所不同,但是我的经验中有一点是相同的,他们接受采访的时候要么很谦虚要么很官腔,这样表现都可以说是"安分"的.然而我眼中的赵维玲并没有这么"安分",可以想一想,当一个女人在心里坚定地把教书育人当作"创业"的时候,她的付出也就是惊人的,她承受的压力也就是我们始料不及的,所以她对自己的评价方式也是与众不同的.

周五的上午在育明高中(辽宁省重点,市政府亲自点兵点将的学校)的校长室我见到了赵老师:黑衣长裙,中年发福,走路缓慢;短发被染得很黄,素面朝天,精神欠佳,不过眉宇间含着英气;说话平缓倔强,举手投足是典型的东北女性.简单聊了几句我们约定下午一点半进行访谈录制.中午匆匆吃完饭后我早早地来到学校,在大厅里遇到了她.她没有午睡,把我带到了会议室,说两点半她要接着在这里主持召开教学会(除了教物理奥赛班,她还是校长助理、教科研室主任兼教务处副主任).我发现她稍微打扮了一下:涂了不是特别鲜艳的口红,画了画眉毛,梳理了头发,虽然我们只录声音,但她却注意了这样的细节.

十年前,在长春已经成绩斐然的她被梁校长调到刚建成的育明高中,当时的育明正处创建之时,在全国各地不惜一切代价招兵买马,有的是校长都来做教师,可以说强中自有强中手.当时赵维玲的心态就是自己要在这里创业,把贫瘠的教育土地变得草肥水美,所以在开始的时候也就投入了全部精力.后来开始带奥赛班,成立奥赛兴趣小组,经常一下子"收留"十几个学生在家里吃住,免费辅导,而把自己初中的儿子送回吉林老家.丈夫是自己的大学同学,又是一个办公室的老师,两个人基本没有多少精力顾家,可以说他们的家只有感情上的维系而没有生活上的享受.用赵老师儿子(上海交大大四)的话说:"妈妈,如果你在我的身上稍用一点心,今天的世界冠军就是我了."

改变赵老师性格的是几年前母亲的去世,为了信守与同学们达成的约定"风雨无误",她坚持上完了最后一堂课,当拿着梁校长给的"孝敬母亲"的一千元钱抵达老家时,母亲已经含笑九泉.想到父亲文革被打成右派,是母亲把几个儿女拉扯大,自己又没有尽孝连最后一面也没有赶上时,赵老师又一次泣不成声:"我觉得自己连个人都不如."在这样的自责中,几年来她的性格变了,脾气古怪,同事们也有时受不了她.不过她的压力并不只这些.

  这几年,每当打破纪录或者荣膺嘉奖的时候,她得到最多的不是鲜花和掌声,虽然领导们很器重很支持她,但是她总会遇到同事们的不解和非议:你一个女人,把丈夫儿子和妈都扔了,就算再辉煌你又图个什么呢?所以她辉煌一次,大家的议论就多一次,尤其是女教师之间,这种举动格外的多.在一次的学校发言上,赵维玲终于说出了多年来自己的苦衷:"屈辱与幸福同在,付出与收获并存……"(大致意思).之后我曾问过她的学生——现在也是该校的物理老师,也是母亲,我问如果有可能,你会不会选择师傅的路?她沉思了一会儿说:"我不会的.因为我希望我的生活是多彩的,作为一个女人,我不希望自己的事业成为活着的唯一目的."

  也许这就是价值观、人生观的不同.当看到这次学校奖励赵维玲10万元的时候,有人说她这么多年是图钱,可是我却听到了更多老师说:"即使给我再多的钱我也不干."有人说赵维玲是图名,但是我了解到一个细节,这次获得国际金牌的事情同事和身边的人都是和普通市民同时知道的,之前她并无张扬.至于她图什么,也许从她研究生毕业后对自己许下的三个愿望中可以看出:我想成为一名特级教师;我要培养出国际冠军.前两个愿望都实现了,至于第三个愿望在我再三要求下她才告诉我:我想成为一名有国际化水准的重点中学的校长,不过可能已经无法实现了.我告诉她,我相信她最后的这个梦想一定会实现.

  有两次我和赵老师同时从教导处走出,我发现她每次都会在门旁的落地镜子前停一下,整理一下着装,我认为这是教师注重仪表和精神状态的习惯,但是结合之前细节的观察我发觉,她还是一个女人.爱美之心人皆有之,何况一个女人呢?这个女人忙到放弃了对美的追求,放弃了对家人的照顾,我突然得出了一个结论:为什么大连这么多有能力的女教师没有像赵老师一样成功?因为一个女人想获得成功,不但要有追求成功的能力,更需要有追求成功的勇气,敢舍敢拼,我们不够优秀,也许就是缺乏这种勇气吧.

  无论赵老师选择了怎样的人生路,我都希望有更多的人支持她关注她(而不是嫉妒她、非议她),一个不懂圆滑却又能排除万难实现自己追求的人不应当受到社会更多的尊重么!因为毕竟她的勇气和胆识就足以让我们所有人敬佩.

后记:

  临走时赵老师的老胃病还在隐隐作痛.因为采访设备的问题我下午5:30——赵老师晚课前的半个小时里重新采访了她.勾起了赵老师痛苦的回忆,从她匆匆而去的背影中我开始问自己:我的到来是让喜欢把苦水往肚里咽的赵老师释放了一把呢,还是在她的心里负担上又加重了一级?打扰之处真的说声对不起.

编者手记:

  借引宋丹丹小品里的话,"做女人难,做名女人难,做新时代的知性女人更难",从赵老师的举止、谈吐间,我们可以看到新时代知性女人的风采.

第五章 期待下一个神话

题记:鲁迅说过,"其实地上本没有路,走的人多了,也便成了路."期待赵老师和育明高中在成功的道路上越走越远.

金牌教练赵维玲2008—2009学年度开学典礼讲话稿

尊敬的各位领导、各位来宾、老师们、同学们:

今天我们欢聚一堂,在此共同分享成功的喜悦,作为毕震同学的全程指导教练,我感到很荣幸,心中充满感激.这许多年来的拼搏,许多年来的奋斗,今天能得到各级领导的充分认可及奖励,我感到很荣幸,心中充满感动.然而这成绩的取得,绝非我与毕震一两个人所能做到的,它离不开已退休的老校长梁守功校长、已调任的王跃进校长在任期间的大力支持,离不开现任校长刘春普校长的高度重视,离不开他们的考前疏导,离不开他们的关怀帮助,离不开育明高中物理组全体老师的精诚合作,离不开所有关心我的人,帮助我的人,支持我的人,对我充满信心的人.在此,请允许我用一句最朴素的语言向你们道一声:谢谢!

各位领导、各位来宾、各位老师、亲爱的同学们:今天是个令人欢欣鼓舞的日子,也是个令人心潮澎湃的日子,当火红的八月燃烧出一个奥运的神话,当奥运的圣火澎湃成世人惊艳的奇迹,当同一个梦想拉起五十一块金灿灿的骄傲,当奥林匹克精神在我们的心底燃烧成熊熊的火炬,今天的育明也为美丽的大连捧来了第一枚国际物理奥林匹克金牌.这是大连建市百年学科奥赛首枚金牌,也是辽宁省十多年来学科竞赛的重大突破,它既为育明建校十周年添上隆重的一笔,也为大连的教育发展史掀开了新的篇章.

都说:育明是盛产奇迹的地方.然而奇迹诞生的背后是我们承载了太多的付出和创造,太多的艰辛和历练.

年轻的育明仅有十年的历史,但它先后两届考出"高考省状元",200多名学生考入"清华、北大",1 000多名学生考入全国排名前10所"名牌大学".获国际金牌1枚、亚洲金牌1枚、国家金牌14枚、银牌13枚、铜牌9枚、参加全国中学生奥林匹克竞赛进入中国代表队2人、进入国家集训队9人.获"女子总分第一"特殊奖2枚、获"实验总分第一"特殊奖1枚,并多次多项打破大连记录、辽宁记录、全国纪录.

屈辱与光荣并存,酸甜与苦辣同在.十年的风雨兼程,十年的呕心沥血,十年的摸爬滚打,十年的"民族、理想、荣誉"让我们拼出了"尊严",拼出了"灵魂",拼出了"价值".成绩让我们自豪,成绩让我们振奋,但成绩更让我们清醒:今后的育明如何在传承中稳固,在稳固中发展,在发展中创新,在创新中超越? 这是英俊、潇洒、聪明、智慧、德才兼备的刘春普校长在第三个五年计划中带给育明人严峻的思考问题,并作为育明发展的办学理念.

如果说教育是事业,那么事业的意义在于献身;

如果说教育是科学,那么科学的意义在于求真;

如果说教育是艺术,那么艺术的意义在于创新.

我们有育明的十年积淀,又有刘校长的英明果断,相信育明所有的老师都会成为一个对教育事业献身、求真、创新的人.育明也必将为大连市、为辽宁省摘得第二块、第三块乃至更多的国际金牌.育明高中必将会100%向国家输送拔尖人才、优秀人才、合格人才.

高一的同学们:你们选择了育明,也就选择了三年的不懈奋斗,而奋斗的结果必将与收获汇合,与成功拥抱!

高二的同学们：在过去的一年里，你们在追求中挑战，在拼搏中奋进，希望你们新学期里，迎难而上，乘胜追击！

高三的同学们：相信三年的学习生涯，育明定会为你们铸就雄厚的底蕴，希望你们战无不胜、攻无不克，为育明2009届再创辉煌！

海的尽头天作岸，山登绝顶人为峰．育明没有最好的，只有更好的．这是历史的责任，我们责无旁贷，我们别无选择，我们全体育明人必将秉承"民族、理想、荣誉"的校训，不负市政府、市教育局厚望，不断进取，以饱满的热情和全身心的投入，早日进入"省内领先、全国一流、世界知名"的优秀教育队伍中，并为开拓大连乃至辽宁的教育新形势奉献育明精神，传播育明文化，贡献育明力量．

谢谢！

大连育明高中　赵维玲

（物理金牌教练）

2008年8月31日

编者手记：

"海的尽头天作岸，山登绝顶人为峰．"道出了育明人勇于拼搏、孜孜不倦的求学、进取精神，这种精神激励着一代又一代天子骄子为之奋斗，更鼓舞着赵老师和她的同事们为之拼搏！